Aprender a Sentir com Cristo

Aprender a Sentir com Cristo

Aplicar hoje as regras inacianas

Tradução:
Raniéri de Araújo Gonçalves

JUAN ANTONIO
GUERRERO ALVES, SJ

Edições Loyola

Título original:
Aprender a sentir en Cristo. Aplicar hoy las reglas ignacianas
by Juan Antonio Guerrero Alves
© Editorial Sal Terrae 2024
Grupo de Comunicación Loyola, S. L. U. – Bilbao (Spain)
gcloyola.com
ISBN 978-84-293-3229-2

Dados Internacionais de Catalogação na Publicação (CIP)
(Câmara Brasileira do Livro, SP, Brasil)

Alves, Juan Antonio Guerrero
   Aprender a sentir com Cristo : aplicar hoje as regras inacianas / Juan Antonio Guerrero Alves ; tradução Raniéri de Araújo Gonçalves. -- 1. ed. -- São Paulo : Edições Loyola (Aneas), 2025. -- (Exercícios espirituais & discernimento)

   Título original: Aprender a sentir en Cristo: aplicar hoy las reglas ignacianas.
   ISBN 978-65-5504-454-6

   1. Cristianismo - Essência, natureza, etc. 2. Discernimento (Teologia cristã) 3. Espiritualidade - Cristianismo 4. Exercícios espirituais I. Título. II. Série.

25-270383
CDD-248.4

Índices para catálogo sistemático:
1. Espiritualidade : Cristianismo   248.4

Aline Graziele Benitez - Bibliotecária - CRB-1/3129

Diretor geral: Eliomar Ribeiro, SJ
Editor: Gabriel Frade

Capa: Ronaldo Hideo Inoue
Diagramação: Sowai Tam
Revisão: Tarsila Doná

Capa composta a partir da edição das imagens generativas de © sticker2you (frontal) e © keystoker (contracapa). Imagens do Adobe Stock. Na segunda orelha, foto do autor proveniente de seu arquivo pessoal.

Edições Loyola
Rua 1822 nº 341, Ipiranga
04216-000 São Paulo, SP
T 55 11 3385 8500/8501, 2063 4275
editorial@loyola.com.br, vendas@loyola.com.br
loyola.com.br, 🇫🇴🇮🇩 @edicoesloyola

Todos os direitos reservados. Nenhuma parte desta obra pode ser reproduzida ou transmitida por qualquer forma e/ou quaisquer meios (eletrônico ou mecânico, incluindo fotocópia e gravação) ou arquivada em qualquer sistema ou banco de dados sem permissão escrita da Editora.

ISBN 978-65-5504-454-6

© EDIÇÕES LOYOLA, São Paulo, Brasil, 2025

*A Elías Royón, SJ,
a Ulpiano Vázquez Moro, SJ (in memoriam),
a Alfonso Álvarez Bolado, SJ (in memoriam),
a Xavier Quintana, SJ,
a Miguel Elizondo, SJ (in memoriam),*

*que me ensinaram e ajudaram a saborear
e a amar os Exercícios Espirituais.
Agradecido.*

Sumário

Introdução 11

Capítulo 1
A interioridade habitada: uma carta sobre a luta interior 21
   1. A carta 21
      Os dois discursos do inimigo 23
      As lições que o Senhor geralmente dá ou permite 27
   2. Ler a carta cinco séculos depois 30
      A interioridade habitada 30
      Uma cultura sem bem nem mal? 38
      As vozes silenciosas de nossa cultura 43

Capítulo 2
Regras para aprender a sentir na cultura do "sentir-se bem" 45
   1. Alguns ruídos da cultura no aprender a sentir 45
      O novo normal 48
      O sujeito pós-moderno, dessubstanciado e flexível 51
      "Sentir-se bem" ou aprender a sentir? 54
      Uma espiritualidade da euforia? 59
      A aceleração alienante 61
      Superar a concepção pontilhista (fragmentada) do tempo ... 63
      O valor da alternância 66
   2. O primeiro conjunto de regras 68
      Um mapa do sentir. Primeiras notas para ler o sentir (1^a e 2ª Regras) ... 71

Aprender uma língua: consolação e desolação (3ª e 4ª Regras) 76
Vencer a tentação de abandonar. "A armadilha do tempo"
(5ª e 6ª Regras) 79
Viver outra experiência de tempo (7ª, 8ª, 10ª, 11ª Regras) 82
Situar o eu (7ª, 9ª, 10ª e 11ª Regras) 85
Estratégias contra o inimigo para fazer o bem (12ª a 14ª Regra) 88
3. Mais um passo em frente na libertação: vencer os escrúpulos
e dúvidas paralisantes 93
Notas sobre Escrúpulos 98
Mais uma ajuda para situar o eu 106

Capítulo 3
Regras para aprender a sentir com Cristo e escolher na cultura das infinitas possibilidades 109
1. Escolher na cultura das infinitas possibilidades 109
   Os ruídos internos da escolha 112
   Novamente a posição do sujeito. Agora na escolha 115
   O aninhamento da vocação 118
   "Para tudo e para sempre" 122
   A realização da escolha. Enfrentar a realidade: a encarnação do dom .. 125
   Uma armadilha autodestrutiva: viver uma "vida vicária" 127
2. Regras para escolher guiados pelo sentir em Cristo 132
   Duas dinâmicas espirituais, dois conjuntos de regras 132
   As Regras da Segunda Semana 133
3. Uma ajuda para reformar a própria vida:
   Regras para Distribuir Esmolas 154
   As regras 157

Capítulo 4
As Regras para se Ordenar no Comer e em outras atividades na cultura da abundância 163
1. O contexto das regras e do sujeito 163
   Por que essas regras na Terceira Semana? 163
   O significado da comida 166
   Saturados, colonizados, alienados 170
   A desordem 173
   A articulação de duas dinâmicas humanas 177
2. As regras 179
   O polo objetivo: o discernimento da coisa 182

O polo subjetivo: o discernimento a partir da atitude 186
Uma aplicação: regras para se ordenar no uso da Internet 190

Capítulo 5
Regras para Sentir com a Igreja em uma cultura individualista 195

1. A cultura na qual aplicar as regras 195
   - O individualismo e o enfraquecimento dos vínculos 199
   - Redes sociais, vínculos e comunidade eclesial 204
   - Que vínculo fortaleceria a Igreja? 207
   - Experiência pessoal e Igreja 210

2. As regras: "Para o verdadeiro sentido que
   devemos ter na Igreja militante" 215
   - Dois exemplos da vida do peregrino ilustram sua maneira pessoal
     de "sentir com a Igreja" 216
   - De Inácio ao Vaticano II 217
   - O verdadeiro sentido 220
   - Sentir com e sentir na Igreja 221
   - Atitudes básicas: abnegação e renúncia para sentir com a Igreja
     (1ª, 9ª e 13ª Regras) 226
   - Respeito e atitude positiva em relação às expressões de fé
     do povo cristão acolhidas pela Igreja 230
   - Problemas típicos em tempos de mudança 233
   - O tratamento de questões teológicas 237

Conclusão
O caminho reto para Deus passa pelo outro 243

Anexo
Carta de Inácio a Teresa Rejadell, de Veneza, em 18 de junho de 1536 251

[1. Introdução] 251
[2. Intenção da carta] 252
[3. Os dois discursos do inimigo] 252
   [3.1 O curso geral] 252
   [3.2 O outro discurso] 254
[4. As duas lições que o Senhor costuma dar ou permitir] 255
   [4.1 A que dá: consolação interior] 255
   [4.2 A que permite: a tentação] 255
   [4.3 Regulamentação incipiente] 256

[5. Compreender o sentido da lição do Senhor] 256
[6. Ainda há coisas que são melhores para serem sentidas do que declaradas] 258
[7. Despedida] 258

Bibliografia citada 259

Introdução

No ano passado tive o privilégio de gozar alguns meses sabáticos para orar, ler e me preparar para uma nova mudança de missão. Comecei lendo um livro que encontrei na biblioteca do centro de espiritualidade onde morava: Romano Guardini, *Introdução à vida de oração*. Gosto de ler Guardini, gosto daquela época do século XX, antes do Concílio, embora, cada vez mais, esse mundo pareça mais distante do nosso. Nesse livro Guardini tem algumas páginas preciosas sobre "o recolhimento". Algo que muitos de nós certamente desejamos devido a certa nostalgia provocada pela dispersão que vivemos. A seguir, li um livro de Edu Galán, que recebi de presente: *A máscara moral*, que trata da impostura que prevalece no mundo das redes sociais. Nos oitenta anos entre estes dois livros, o mundo mudou. Não sei se o recolhimento de que fala Guardini era possível antes. Certamente, com a dispersão induzida pelos atuais meios de comunicação, redes sociais, *smartphones* etc., hoje não me parece possível.

Mais uma vez, me vem um tema recorrente durante anos: o sujeito espiritual está em mutação. O sujeito espiritual em 2024 não é o mesmo de 1943. A "mudança de época" diagnosticada por milhares de ângulos tem consequências no sujeito espiritual. Cada vez que você para e observa, você vê que as mudanças produzidas são maiores e mais profundas. Quando dizemos "recolhimento", não é o mesmo na sociedade agrícola, que funcionava ao toque do sino da Igreja, como na nossa, com todos os nossos *smartphones*, relógios inteligentes, WhatsApp, Facebook, Instagram, X etc. Eles exigem e dispersam nossa atenção.

As mudanças foram enormes, primeiro no contexto externo, mas também no íntimo das pessoas e na forma como nos entendemos. Tudo isso sem a necessidade de considerar o transumanismo, o que complicaria ainda mais o cenário. No entanto, os cristãos continuamos a querer nos unir a Jesus Cristo, ouvir a Deus e deixar-nos guiar pelo seu Espírito. E para alguns, inclusive eu, parece que as intuições de Inácio de Loyola no século XVI, razoavelmente atualizadas, ainda são úteis para nos guiar internamente.

Às vezes acreditamos que somos o ponto de chegada culminante da civilização e não percebemos o quanto podemos aprender com aqueles que nos precederam. Aproximamo-nos das figuras do passado, se gostamos delas, para nos confirmarmos; a nós, que acreditamos ter inventado a felicidade, e para mostrar que eram tão inteligentes e avançadas que já pensavam como nós e agora concordam conosco no que fazemos. Às vezes pode ser assim, pois há gente que antecipa o seu tempo. Mas também, não tão convencidos de que inventamos a felicidade ou de que os antigos estavam delirando, podemos recorrer a essas grandes figuras para perceber aspectos importantes que esquecemos e corrigir o nosso caminho. Podemos aprender com a carta de Inácio de Loyola a Teresa Rejadell e com as regras que estudaremos, para nos fortalecer como sujeitos e nos comportar melhor em nossa vida.

Embora sempre tivesse me interessado pela espiritualidade inaciana e a tivesse estudado, quando me foi dada a missão de introduzir no nosso modo de vida os jovens noviços que se aproximavam da Companhia de Jesus, não me senti preparado. Eu vinha da Filosofia Social e da Política e da Antropologia. As perguntas e preocupações dos noviços direcionaram meus interesses de certa forma. Por exemplo, o noviciado é um momento em que se entra em contato com os ideais da vocação religiosa. Mas, quando foram propostas as grandes metas espirituais aos noviços, eles perguntaram: "E como se faz isso?".

Você pode fazer um belo discurso com as páginas de Guardini sobre o recolhimento, mas, se lhe perguntarem sobre a dispersão atual, não está nos livros da ascética tradicional, e provavelmente não será fácil explicar como chegar a esse recolhimento. Quase todo o ascetismo cristão é formulado para uma sociedade agrícola estável e não para a aceleração e superestimulação da nossa época. Por outro lado, parecia-me que também devia olhar mais para trás para poder ajudar aqueles jovens. Interessei-me pela literatura espiritual dos primeiros séculos, dos Padres do Deserto, porque eles desenvolveram uma cartografia interior que Inácio de Loyola utilizou e que ainda nos ilumina. Então comecei a me preocupar e a me interessar pelo tema do ascetismo. Infelizmente, o modo como viver a vida espiritual em nosso contexto não será diretamente o tema destas páginas, mas as regras que estudaremos possuem muita sabedoria e pedagogia sobre como fazê-lo.

A origem destas páginas está em um *workshop* em que me pediram para apresentar todas as regras dos *Exercícios Espirituais* de Santo Inácio a um grupo de colegas jesuítas. Sugeriram também que no curso eu tentasse relacionar as regras com a situação que vivemos em nossas sociedades e na nossa cultura. É isso que este livro tenta fazer.

Os *Exercícios Espirituais* incluem as regras de discernimento da Primeira Semana, as da Segunda Semana, as Notas sobre Escrúpulos, as Regras para Distribuir Esmolas, as Regras para Ordenar-se no Comer e as Regras para Sentir com a Igreja. Suponho que todas elas sejam mais ou menos conhecidas e praticadas por quem conhece bem os *Exercícios* ou fez a experiência dos *Exercícios* de trinta dias. Serão mais desconhecidas para as pessoas que não estão muito familiarizadas com essa espiritualidade. Mas elas não se sentirão estranhas, pois todos nós, de uma forma ou de outra, quando queremos seguir a Cristo, discernimos para nos ajustar a uma vida segundo o desejo de Deus.

Embora os *Exercícios Espirituais* incluam uma série de regras relacionadas com o discernimento, essa experiência obviamente os precede. Perceber uma luta em nosso interior e reconhecer nele uma linguagem de Deus pertence à tradição cristã ou, se se preferir, a todas as tradições religiosas ou espirituais. Certamente encontramos discernimento tanto no Antigo quanto no Novo Testamento e nos Padres do Deserto.

As regras de Santo Inácio recolhem a sua rica experiência pessoal de discernimento em Loyola, em seu retiro em Manresa, e a subsequente experiência em sua peregrinação vital. Podemos supor que ele também tenha aprendido acompanhando outras pessoas no caminho espiritual. Além de toda essa experiência, as regras incorporam conhecimentos da tradição espiritual adquiridos em suas leituras e estudos parisienses e nas vicissitudes eclesiais vividas em Roma. As regras contidas nos *Exercícios* não servem apenas para ser aplicadas no momento do retiro. Elas também podem nos ajudar a ler espiritualmente nossa vida fora do retiro.

A vida no Espírito requer discernimento. Isso, em primeiro lugar, nos levará a colocar-nos no caminho do bem, abandonando aquilo que nos destrói. O primeiro discernimento será entre o bem e o mal, para nos dissociarmos do mal que introjetamos. Esse é o objetivo da Primeira Semana dos *Exercícios Espirituais*, mas também da vida cristã nos seus primórdios. Então, trilhando o caminho do bem, é imprescindível despojar-se da vontade própria e aprender a sentir em Cristo, entrar em sintonia com a encarnação de Deus para escolher o que é a vontade de Deus. Essa é a tarefa da Segunda Semana dos *Exercícios*, mas também de uma vida cristã que avança no seguimento de Cristo. Quando unimos nossas vidas à vontade de Deus pela escolha, buscamos continuar em comunhão com o Crucificado Ressuscitado, eliminando os impedimentos que encontramos, guiados pelo *sensus Christi*. Dessa forma, somos levados a sentir com e na Igreja, guiada pelo mesmo Espírito, enriquecendo-a com a nossa vida e com o nosso serviço aos outros. Essa é a graça que se busca nas duas últimas Semanas dos *Exercícios* e na vida cristã.

Em todas as épocas esse discernimento se realiza com ruídos e dificuldades que vêm de nós mesmos ou de fora. Nossa vida espiritual pode ter mais ruídos do que a de nossos pais e avós. Talvez a vida urbana cause mais ruído dentro de nós do que a vida agrícola e rural. Ou talvez a vida espiritual em uma vida ativa na cidade tenha de lidar com mais ruídos do que em uma vida contemplativa em um mosteiro[1]. Vivemos com ruídos e interferências. Temos de viver nossa vida espiritual com ruídos. E, quando discernimos, também o fazemos com ruídos.

---

1. Cf. García, José Antonio, *En el mundo desde Dios. Vida religiosa y resistencia cultural*, Santander, Sal Terrae, 1989, 114.

Quando falo dos ruídos da vida espiritual, não me refiro à poluição sonora, ao aumento dos decibéis nas nossas cidades, que preocupa a Agência Europeia do Ambiente[2]. Refiro-me a outros "ruídos" que encontramos e interferem dentro de nós; ruídos induzidos pelo mundo em que vivemos, pela vida cultural, social ou política, e pelas suas solicitações, pelas redes sociais, pelos seus *slogans* ou por nossas desordens. Hoje, neste tempo acelerado e superestimulado, parece que eles chegam até nós muito mais do que no passado. Se a Comissão Europeia pode dar diretivas e regras para regular ou reduzir o ruído nas nossas cidades, não é o caso desse tipo de ruído espiritual. Temos de conviver com eles. Você não pode colocar portas no campo. Ajudados pela graça, cabe-nos ver como os processamos ou como nos defendemos deles.

Idealizações e busca de condições ideais para a vida espiritual não são típicas de quem segue Jesus. Ele não buscou condições ideais em sua encarnação: houve o edito de César, Herodes reinou, houve ocupação de uma potência estrangeira em seu país... Ele não eliminou os ruídos. Ele se dedicou a cumprir a vontade do Pai. Às vezes, as pessoas mais próximas a ele não o seguiam nem o entendiam. As autoridades religiosas primeiro o criticaram e depois o condenaram. Não aceitou fazer pactos com as autoridades políticas... Teve seus ruídos externos, mas viveu sabendo que era o Filho amado. Ele fez o que tinha visto o Pai fazer. Ele disse o que tinha ouvido do Pai. Ele prestou atenção ao contexto em que vivia para cumprir sua missão, ora sofrendo os ruídos, ora os evitando, ora tentando eliminá-los.

Ao reestudar as regras e os *Exercícios Espirituais*, percebi que, embora em nosso tempo existam muitas dinâmicas que poderíamos dizer que enfraquecem o sujeito espiritual, a proposta inaciana, neste tempo, configura um sujeito forte. Proponho, portanto, trazer as regras inacianas do século XVI e apresentá-las de uma forma que possa ser compreensível e útil, em nossos dias, para uma pessoa cristã que busca a Deus, que tenta prestar atenção ao que está acontecendo dentro de si e responder ao chamado que experimenta.

---

2. Cf. AGÊNCIA EUROPEIA DO AMBIENTE, *Environmental noise in Europe*, Relatório n. 22/2019, disponível em: <https://www.eea.europa.eu/publications/environmental-noise-in-europe>. Acessado em 09 abr. 2025.

Na visão de Santo Inácio, como veremos, a experiência espiritual interior procura traduzir-se em fazer o bem aos outros e ao mundo em que vivemos. Isso requer certa estratégia. Trarei algumas análises da sociedade e da cultura em que vivemos, tentando compreender como isso nos afeta na nossa vida espiritual, no nosso discernimento ou na nossa forma de sermos sujeitos. E, quase como de passagem, mas como fio condutor, gostaria de mostrar que a aplicação dessas regras, nos *Exercícios* ou fora deles, pode configurar um sujeito espiritual, dar-lhe consistência e equipá-lo internamente a enfrentar a vida hoje com generosidade, aportando bem ao mundo.

Ser sujeito na era da modernidade era considerado ter *consciência e liberdade*; ser autônomo, ser capaz de tomar as próprias decisões com conhecimento e liberdade. Ser capaz de se autodeterminar. Mas, quando escolho, posso escolher:

- Como delinquente: procurar o meu interesse, à custa dos outros, da natureza ou do mundo em que vivo. Nem o bem nem a verdade me vinculam.
- Como indivíduo egoísta ou egocêntrico: buscando o meu interesse, independente dos outros e do mundo em que vivo.
- Como homem ou mulher do bem: buscando o melhor para a realização integral da minha pessoa, não apenas como indivíduo isolado. Isto é, considerando a pessoa com sua rede de relações com os outros, com a comunidade ou o povo, com o mundo em que vive e com a natureza. Não considerando apenas o meu bem isolado. Essa pessoa, em suas escolhas, pode se aprofundar mais ou menos no "outro".
- Como uma pessoa de fé, como uma pessoa boa, buscando a vontade de Deus para minha vida, que irá definir ou guiar para o bem a minha rede de relacionamentos.

Algo deve ser acrescentado à consciência e à liberdade para sermos verdadeiramente sujeitos: a alteridade; perceber o outro, os outros e o Outro. Caso contrário, na melhor das hipóteses, estaremos escolhendo como se fôssemos seres individualistas e podemos facilmente cair em escolhas egoístas ou egocêntricas. Assim, para sermos sujeitos teremos de considerar a *consciência*, a *liberdade* e a *alteridade* (o sentido do outro). Esse sujeito é aquele a quem os *Exercícios Espirituais* darão mais consistência, fazendo-o crescer na consciência, na liberdade e no sentido do outro. Isso não está longe do programa de formação de alguns centros educacionais que visam formar pessoas dos quatro "C": conscientes (consciência), competentes (o que é específico de um centro educacional), compassivas (com o sentido do outro) e comprometidas (ou seja, o bom exercício da liberdade).

O conteúdo deste livro é o seguinte: começarei por apresentar uma carta de Inácio de Loyola a uma freira que lhe confidencia o estado da alma dela[3]. Nela, antes de as regras que estudaremos serem formuladas em seu estado atual, ele já as delineava e aplicava. Esse será o ponto de partida e a chave a partir da qual abordaremos a leitura das Regras dos *Exercícios*. Nessa carta, são apontadas as Regras da Primeira e as da Segunda Semana, as Notas sobre Escrúpulos e alguma ideia central para as Regras para Sentir com a Igreja. Já na carta, vemos a necessidade de ler também o nosso contexto para entendê-la e seguir em frente.

No segundo capítulo, trataremos das Regras de Discernimento da Primeira Semana, mais direcionadas ao início dos *Exercícios*, quando estamos em um momento de conversão, lidando com o nosso pecado. Mencionaremos também as Notas sobre Escrúpulos. Na primeira série de regras, o problema é que podemos entrar em crise e ser tentados a desistir, ou que ainda não tenhamos uma identificação clara das forças que lutam dentro de nós e estejamos excessivamente envolvidos com elas. Teremos também de considerar o sujeito do nosso tempo: a sua forma de sentir, a sua concepção do tempo ou sua busca pela "euforia perpétua", que o faz não valorizar a alternância de sentimentos, quando isso o fortaleceria. Também lidaremos com os escrúpulos, aquela tentação que nos bloqueia e nos envolve com medos, ansiedades e dúvidas paralisantes, provavelmente porque o nosso eu não está bem situado e não é capaz de tomar as rédeas da nossa própria vida ou entregá-las nas mãos de Deus.

---

3. INÁCIO DE LOYOLA, Carta a sor Teresa Rejadell, de 18 de junho de 1536, in: *Obras Completas*, Madrid, BAC, ³1977, 657-663. Eu a transcrevi em um anexo no final deste livro. [Trad. bras.: *Cartas escolhidas*, São Paulo, Loyola, 2008, 39-45.]

Dedicamos o terceiro capítulo às regras de discernimento mais adequadas para a Segunda Semana. São mais sutis, adequadas a um discernimento mais apurado. Essas regras correspondem ao momento em que fazemos escolha. É a etapa dos Exercícios em que procuramos unir a nossa vontade à de Deus e escolhemos a nossa vocação, acolhendo o seu chamado. Neste processo, uma das tentações mais frequentes é a tentação *sob a aparência de bem*, que busca levar à diminuição ou ao desvio do bem que somos chamados a fazer. O sujeito que aplica essas regras escolhe, mas abre-se caminho na cultura das infinitas possibilidades, onde não faltam enganos para colocar em prática o que foi escolhido e possibilidades de frustração. O capítulo será concluído com uma breve explicação das Regras para Distribuir Esmolas. Eram regras dirigidas ao esmoleiro, que, no tempo do santo, tinha a função de distribuir as esmolas da Igreja aos pobres. Nós vamos lê-las como regras para empregar os dons que temos a serviço dos outros. Todos recebemos um dom que deve proporcionar o nosso próprio bem e o dos outros. Todos nós, como o esmoleiro, de alguma forma, também somos administradores dos bens dos pobres. Nossa vida apostólica e nossos santos projetos podem fracassar se nos dedicarmos demasiadamente ao que é nosso, em detrimento dos recursos que deveríamos dedicar aos outros.

No quarto capítulo nos aprofundaremos nas Regras para Ordenar-se no Comer, que devemos aplicar em um contexto de abundância. Santo Inácio nos surpreende com essas regras ao incluí-las na Terceira Semana dos Exercícios, quando se contempla a Paixão do Senhor. Comer geralmente traz, junto com a satisfação da necessidade, algum prazer concomitante que pode nos fisgar e tirar nossa liberdade. A realidade é que são regras bastante práticas que nos ajudam a nos organizar na hora de comer, consumir, descansar, navegar na Internet e muitas outras coisas do cotidiano. Essas atividades, além de serem necessárias biológica, social ou culturalmente, têm algum significado concomitante que pode ficar desfigurado, nos fisgar e arruinar o que há de mais sagrado. Seria triste se uma vida chamada a ser vivida em profunda comunhão com o Senhor e no serviço aos outros acabasse distraída ou escravizada por algumas dessas atividades cotidianas que podem nos desordenar e nos roubar a liberdade.

Concluiremos com um quinto capítulo, dedicado às Regras para Sentir com a Igreja, que devem ser seguidas em uma cultura individualista. São regras que, mais do que para os *Exercícios*, são úteis para a pessoa que os concluiu ou fez uma experiência pessoal de Deus e é chamada a uma vida de serviço, fazendo o bem aos outros, sendo construtora de comunidade e mantendo comunhão com a Igreja. O dom pessoal e único que foi recebido na Igreja deve se encarnar, enriquecendo a Igreja e servindo os outros.

Meu primeiro agradecimento vai para Nano Polanco, que está na origem destas páginas. Ele me pediu o curso e me fez prepará-lo. Agradeço também a Carlos Gómez-Vírseda e aos primeiros destinatários do curso, que o suportaram estoicamente em seu estado mais primitivo, enriqueceram-no com os seus comentários e sugestões e incentivaram-me a publicá-lo. Devo também agradecer às observações dos amigos que leram o manuscrito ou parte dele em diferentes estágios de desenvolvimento e o enriqueceram com suas contribuições: Luis López-Yarto, Graciela Amo, Dani Izuzquiza, Elías Royón, Maru Cornejo, Gabino Uríbarri, Óscar Martín, Augusto Hortal, Miguel Poza, José Antonio García, Eduardo Díaz Gontijo, Margarita Bofarull e Chema Villanueva. Agradeço também ao padre Eliomar Ribeiro e ao editor Gabriel Frade pelo interesse e apoio na publicação por Edições Loyola deste livro no Brasil. Igualmente, um agradecimento ao padre Ranieri Araújo Gonçalves pela sua tradução e pelas notas do tradutor, que tanto facilitam a compreensão deste escrito pelos leitores brasileiros.

Embora o texto tenha surgido a partir de um curso para um grupo de jesuítas, as recomendações recebidas o fizeram evoluir consideravelmente. Além de completar e preencher algumas lacunas, procurei sobretudo refinar a linguagem da álgebra interna, procurando uma linguagem mais acessível. Espero que não seja necessário ser jesuíta ou inaciano para ler o livro e que baste ter interesse em cuidar da vida espiritual.

Capítulo 1
A interioridade habitada: uma carta sobre a luta interior

"Seja forte no Senhor e na força do seu poder".
(Ef 6,10)

1. A carta

1536. Uma religiosa encontra dificuldades em sua vida espiritual. Escreve a Inácio pedindo ajuda. Nos conselhos que ele lhe dará, podemos encontrar o embrião do seu modo de compreender o discernimento. Quando Inácio escreve essa carta a Teresa Rejadell, está em Veneza, com seus companheiros, à espera da partida do navio para a Terra Santa, que nunca zarparia. Quinze anos se passaram desde sua primeira conversão em Loyola, após a lesão de Pamplona. Nesses anos ele foi adquirindo *insights* a partir de sua rica experiência interior. Em Loyola, leu uma vida de Cristo e vidas de santos. Nos seus devaneios notou pela primeira vez em si mesmo uma diferença no sentir: por um lado, imaginava "o que deveria fazer ao serviço de uma Senhora", seguindo os pensamentos da sua vida cortesã, e, por outro, ressoaram nele as leituras das vidas dos santos. Então raciocinou consigo mesmo: "O que seria se eu fizesse isso que São Francisco fez ou aquilo que São Domingos fez?" (*Rel* 6-8)[1]. Ele gostou de ambos os pensamentos, mas o primeiro o deixou "seco e

---

1. Citarei *O Relato do peregrino (Autobiografia)* de Santo Inácio com esta abreviatura (*Rel*). [Trad. bras.: *O relato do peregrino (Autobiografia)*, São Paulo, Loyola, ²2006.]

insatisfeito", e o segundo "contente e alegre". Foi assim que surgiu seu desejo de ir a Jerusalém. Grandes mudanças estavam ocorrendo em sua alma. Sua saúde melhorou, e ele passava todo o tempo falando das coisas de Deus e ajudando as almas de sua casa (*Rel* 11).

No caminho para Jerusalém, os meses em que fará uma parada em Manresa, depois de ter passado por Monserrate, serão providenciais. Lá, sua alma passará por estados muito diferentes. No começo passou um tempo "em um mesmo estado interior" de alegria com sua nova vida, "sem ter nenhum conhecimento das coisas interiores espirituais" (*Rel* 20). Depois lhe vieram tentações, das quais encontramos eco na carta a Teresa Rejadell: "Como se lhe dissessem no interior da sua alma: 'Como você suportará essa vida nos setenta anos que deve viver?'. Em seguida experimentará 'grandes alternâncias em sua alma', altos e baixos, a tentação da falsa humildade e os escrúpulos que tanto o fizeram sofrer, até tentações de cometer suicídio" (*Rel* 20-24).

Em Manresa, tomou notas da sua experiência. Aparentemente teve contato com o Exercitatório de Cisneros ou com um compêndio dele. Da sua experiência em Manresa compreende que deve dedicar a sua vida a "ajudar as almas", e dos altos e baixos daqueles meses ganhará discernimento para ajudar os outros, propondo-lhes exercícios espirituais. Depois de Jerusalém, ele entende que para "ajudar as almas" deve estudar. Passará por Barcelona, Alcalá, Salamanca e Paris. É aqui que, dando os *Exercícios Espirituais* a alguns companheiros de estudos, forma-se o grupo que fundará a Companhia de Jesus. Os estudos em Paris, com seu *modus parisiensis*, e o contato com a *devotio moderna* terão grande influência na formulação definitiva dos *Exercícios Espirituais* e suas regras.

Inácio chamará a atenção da irmã Teresa para o que está acontecendo dentro dela. Não produzimos tudo o que acontece dentro de nós. Inácio se refere a outro ator interno: "O inimigo". Isso perturba a religiosa em duas coisas: sem fazê-la cair em pecado, separa-a do maior serviço do Senhor e do seu maior repouso. Essas duas coisas que a perturbam são o que na carta ele chama de "os dois discursos do inimigo". Outro ator interno é o Senhor, ou seus mensageiros, que buscam o nosso bem. Há um jogo sutil de alteridades: "Se em alguma coisa eu parecer ser amargo, serei mais contra aquele que procura perturbá-la do que contra vós". Com isso, ele também nos ensina que a pessoa que acompanha é uma ajuda para nos defendermos do inimigo.

A carta a Teresa Rejadell, além de nos oferecer muitos ecos da experiência de Inácio em Manresa, nos mostrará o embrião das Regras da Primeira Semana, da Segunda Semana, do Sentir com a Igreja e dos Escrúpulos. E nos ajudará a compreender o misticismo inaciano como estratégia. O convite do Senhor a permanecer no seu amor (Jo 15) não é nada quietista, exige agir com senso estratégico para continuar a sua missão. Em um mundo sujeito a tantas mudanças não há mística (entrar no mistério de Deus) sem estratégia.

As Anotações e Adições dos *Exercícios Espirituais* são ajudas neles incluídas para fazer melhor os Exercícios. Foram escritas principalmente para os Exercícios e têm aplicação, com as devidas adaptações, fora deles. Contudo, com as Regras parece que acontece o contrário, conforme mostra a carta a Teresa Rejadell. Elas nasceram para ser aplicadas na vida espiritual. Inicialmente, Inácio as descobriu em sua vida e, com adaptações, se aplicam nos Exercícios.

Os dois discursos do inimigo

A estratégia do inimigo é sempre contra a pessoa humana ou contra qualquer bem que ela possa receber ou fazer. O espírito maligno tentará tirar paz e tranquilidade de quem quiser fazer o bem. Trabalhará para que a pessoa não receba os dons do alto ou se desvie do bem que é chamada a fazer, de modo que faça um bem menor. A experiência espiritual guiada por Deus que a carta nos apresenta (Figura 1) consiste no fato de Deus querer nos dar os seus dons e se dar a nós, de modo que isso resulte no bem dos outros. Inácio é muito explícito ao explicar a estratégia do inimigo nos dois discursos que faz.

Figura 1

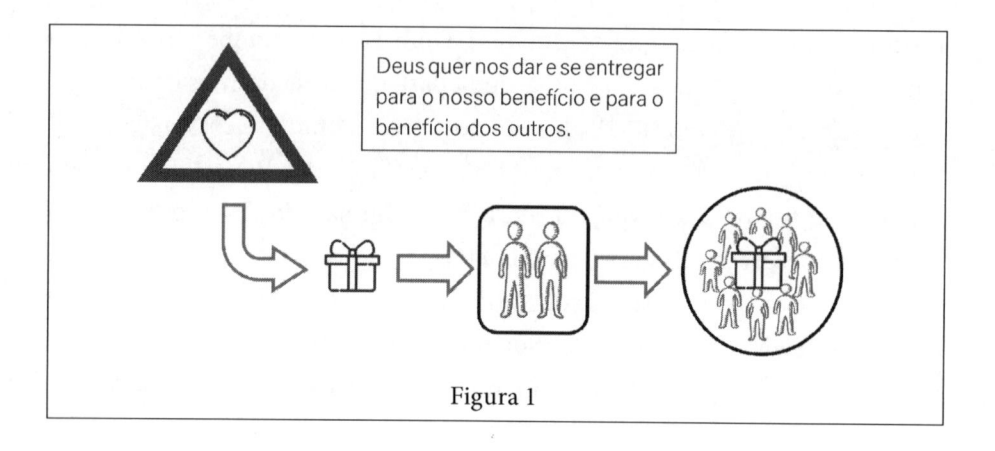

O primeiro discurso tem três armas

A primeira, poderíamos chamar de "armadilha do tempo": como você pode viver a vida inteira em tanta penitência, ou lutando contra tudo que você gosta, sem desfrutar das coisas que outras pessoas gostam? Ou como você poderá compartilhar toda a sua vida com a mesma pessoa cujas falhas você está vendo? O espírito maligno reúne no agora todos os inconvenientes da vida, escondendo os "consolos e as consolações" que o Senhor dá no devido tempo. Essa é a tentação de abandonar, de "ir-se embora", que veremos nas Regras da Primeira Semana. Esse é um dos principais problemas que o conjunto de regras irá atacar. Eu o represento esquematicamente na Figura 2.

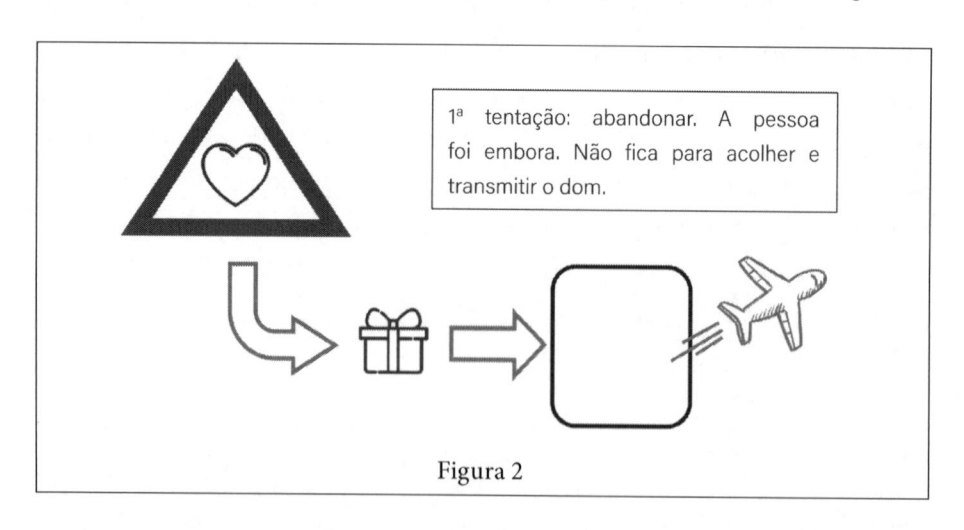

Figura 2

A segunda arma do mau espírito: se a pessoa não abandonou, ele a tenta à ostentação ou à vanglória. Nessa tentação a pessoa se dá a glória que não lhe pertence, se dá a glória que pertence a Deus. De alguma forma, ela se endeusa e, portanto, toma o lugar de Deus. Obviamente, se você ocupa o lugar de Deus não está em condições de aceitar o dom que Deus quer lhe dar (Figura 3). Se você resistir a esta tentação, humilhando-se e rebaixando-se, vem a terceira.

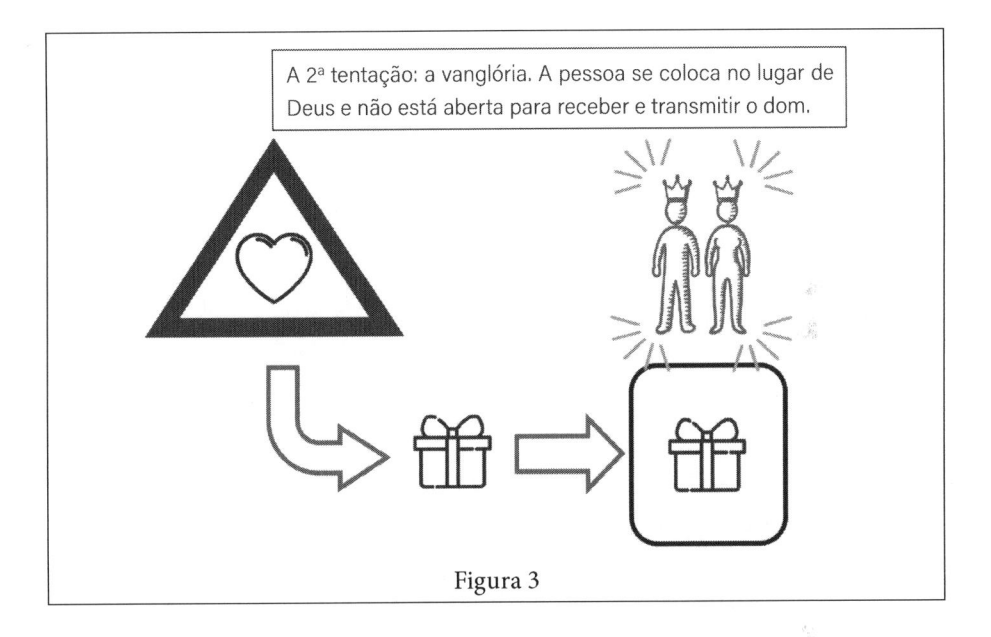

Figura 3

A terceira tentação é a falsa humildade. Nessa tentação, a pessoa que quer ser santa, por medo de se tornar vaidosa, se diminui e constrói assim uma santidade fictícia. Mas esta atitude a impede de acolher o dom e de dar os frutos esperados. Poderíamos dizer que não está em condições de recebê-lo (Figura 4).

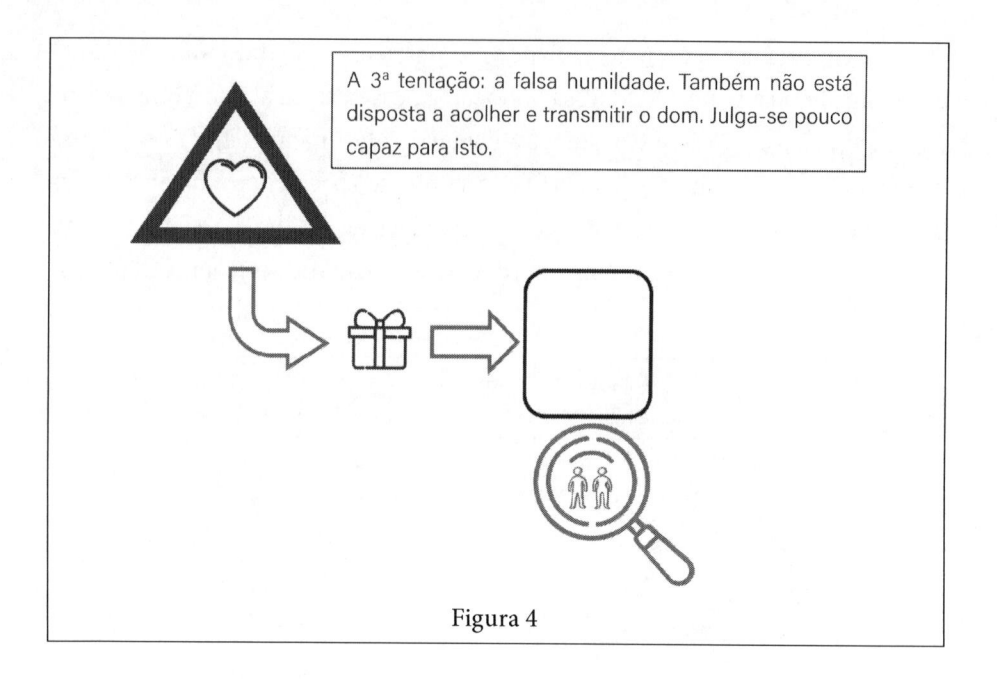

> A 3ª tentação: a falsa humildade. Também não está disposta a acolher e transmitir o dom. Julga-se pouco capaz para isto.

Figura 4

Com a primeira arma, o inimigo pretende interromper o caminho do bem através do abandono. Uma vez que o inimigo não atingiu seu objetivo, com a segunda e terceira armas, ele busca impedir que a pessoa receba o dom de Deus e seja capaz de dar o seu fruto, contando com o fato de a pessoa não estar bem situada na sua relação com Deus e consigo mesma. Esses são os temas do estado espiritual da Primeira Semana. São típicos do tempo de conversão ou do início da vida espiritual. E estão contemplados nas Regras de Discernimento da Primeira Semana. Elas são importantes para a formação do sujeito espiritual.

O outro discurso do inimigo: os escrúpulos

Como aponta Inácio, "se segue em grande parte do primeiro temor", ou seja, não está desconectado do processo de falsa humildade, daquela situação instável do eu que vimos anteriormente. O objetivo do tentador com esta nova forma de tentar é, por um lado, nos tirar a paz e a tranquilidade e, por outro, nos paralisar para que não avancemos no caminho do bem. Ao explicarmos as Notas sobre os Escrúpulos, veremos que normalmente são apresentados com uma base moral, em relação ao pecado, mas podem ser um fenômeno mais amplo. Também podemos ser tentados a entrar em labirintos que nos perturbam, nos afligem e nos tiram a paz. Aparecem dúvidas paralisantes que nos impedem de decidir se algo é pecado ou não. Dificultam a tomada de decisões em outros aspectos da vida, a formulação do conteúdo de nossa fé ou a expressão do nosso testemunho cristão. O escrúpulo pode ser um grande tormento.

O inimigo está contra nós e contra o bem. Triunfa se nos tirar a paz ou se nos impedir de fazer o bem. Quantas vezes ouvimos pessoas reclamar que antes de se converter ao Senhor as escolhas que faziam eram mais fáceis? E depois de entrar no caminho do seguimento de Cristo e querer acertar com a vontade de Deus, tudo parece mais complicado, como se estivessem entrando em labirintos que paralisam qualquer decisão, pelo medo de possíveis enganos ou equívocos.

Inácio acena na carta que a tentação dos escrúpulos decorre de alguma forma da falsa humildade. E o inimigo aproveita e tenta de acordo com a nossa natureza, seja ela de uma consciência grosseira ou delicada. No núcleo dessa tentação, podemos identificar os problemas de diferenciação do outro, do bom e do mau espírito; problemas de identificação do mau espírito, de identidade própria e de confiança no bom espírito. Também é necessário aprender a se situar ou a situar o próprio ser. O problema permanece, e talvez se torne mais agudo, com o sujeito moderno, devido aos seus problemas de identidade pessoal e às imagens atuais de Deus, que continuam a ser terreno fértil para as ações do espírito maligno com os mesmos fins. Veremos como as Regras da Primeira Semana nos ajudarão a diferenciar o que está acontecendo dentro de nós, a detectar estratégias e a ter a cartografia interna que nos guia e nos ajuda a identificar o inimigo contra o qual lutar.

As lições que o Senhor geralmente dá ou permite

Na carta, Inácio fala a Teresa Rejadell sobre a consolação e a desolação. A primeira é a lição que o Senhor dá; a tentação ele permite. Entre os efeitos da consolação estão: a confusão se dissipa, a alma se eleva no amor, nos é dada luz para desvendar segredos, os fardos parecem leves, a vida se torna mais suportável e doce, e nos são mostrados caminhos para seguir adiante. Ela nos é dada em seu momento para nosso proveito. Na tentação, por outro lado, o inimigo luta contra a consolação. Ele o faz criando transtornos que nos desviam do bem que iniciamos, causando tristeza tal que não sabemos por que estamos tristes ou com dificuldade para orar com devoção ou falar ou ouvir coisas sobre Deus. O mau espírito nos tira o sabor e o gosto interior. Faz-nos sentir esquecidos e separados de Deus, que nada do que fazemos ou podemos fazer vale alguma coisa. Gera em nós fragilidade, medo, desconfiança. Em suma, o mau espírito procura nos concentrar em nossas misérias e nos enganar.

Nesse momento, Inácio dá uma breve regulamentação, ainda incipiente, que será posteriormente desenvolvida nas Regras de Discernimento da Primeira e da Segunda Semanas. Destaca a importância de nos prepararmos para a alternância de estados internos e descobrirmos quem está em luta. Se é uma consolação, devemos aceitá-la com humildade, porque em algum momento a tentação também chegará até nós. Se a tentação nos atacar, devemos nos colocar contra ela e esperar pacientemente pela consolação, porque ela virá.

Hoje a consolação e a desolação nos pediriam que nos detivéssemos no significado do sentir e em algumas de suas nuances, pois sobre esse tema há muita confusão no sujeito moderno. É uma tendência normal confundir discernir com escolher o que me faz me sentir melhor.

Compreender o significado da lição do Senhor

Inácio se refere então à "lição" que o Senhor dá como uma experiência interior inefável, que, segundo ele, "acontece muitas vezes". Ele a descreve como "nosso Senhor move e força nossa alma a uma operação ou outra [...] falando dentro dela sem nenhum ruído de vozes, elevando tudo ao seu amor divino". Para acolher o significado do que nos foi mostrado, Inácio nos convida a não acrescentar nada à graça recebida e a acolhê-la dentro da Igreja, "conformar-nos aos mandamentos, aos preceitos da Igreja e à obediência aos mais velhos, cheios de toda humildade, porque *o mesmo Espírito divino está em tudo*"[2]. Ao mesmo tempo, nos encoraja também a não "diminuir a lição recebida", de modo que "cumpramos tudo o que nos foi mostrado". Para isso, devo "olhar mais para a pessoa dos outros do que para meus desejos". O que nos é dito é que o dom recebido deve ser fecundo na Igreja e deve ser colocado ao serviço dos outros, tendo em conta a situação e receptividade deles. Isto é, com estratégia: devemos agir como quem atravessa um vau; considerando a disposição dos outros, agir da forma que mais ajuda, para que o bem que nos foi confiado chegue ao seu destino.

Na carta a Teresa Rejadell, podemos reconhecer a diferença que encontraremos nos dois primeiros conjuntos de regras. O discernimento da Primeira Semana ajuda, sobretudo, a não ceder à desolação e a que a pessoa encontre o seu devido lugar diante do Senhor, para poder acolher os seus dons e fazer o bem. Na Segunda Semana e nas seguintes, trata-se de discernir os espíritos e saber de onde vêm e para onde levam, para que o bem possa ser verdadeiramente eficaz, sem desvios. O inimigo luta contra este segundo de forma grosseira ou sutil, e contra ele, ajudados pelo Senhor, precisamos de uma estratégia para enfrentá-lo. As Regras da Segunda Semana, desenhadas por Inácio "para o mesmo efeito com maior discrição dos espíritos" (EE 328), são mais sutis e delicadas. As da Primeira Semana terão como objetivo ordenar o coração, a vontade e a sensibilidade para poder servir a Deus e permanecer no seu serviço. Algumas das tentações da Primeira Semana serão a presunção, a falsa humildade e a vontade de desistir. As regras da Segunda Semana terão como objetivo iluminar a inteligência e o julgamento prático de quem se exercita quanto à escolha do caminho, ou a sua disposição com vista ao melhor serviço. Trata-se de iluminar a inteligência espiritual para não se desviar do maior serviço, como tentará fazer o inimigo, com suas ilusões e fantasias, já que não conseguiu fazer com que a pessoa abandonasse o serviço divino.

A carta a Teresa Rejadell, tal como o exercício do discernimento, já nos diz que "o caminho certo para Deus passa pelo outro". Sejam os outros

---

2. Ibidem. Itálico adicionado pelo autor.

destinatários últimos do dom de Deus que recebemos, seja o outro interior que devemos escutar e discernir para acolher o dom e encontrar o caminho.

2. Ler a carta cinco séculos depois

Mas trazer essa carta e esse discernimento do século XVI até os dias de hoje nos pede que nos aprofundemos no sujeito que somos e em quem podemos ser.

A interioridade habitada

Poucos duvidam de que hoje existe uma grande sede espiritual; a secularização não acabou com ela. Existem hoje inúmeras buscas espirituais, muitas delas centradas no eu, tentativas de autossalvação que nos fecham em nós mesmos. Para acertar e agir bem, o *slogan* "vá aonde seu coração levar você" não é suficiente. O coração é um magma no qual há muita mistura que devemos diferenciar. Enquanto não diferenciarmos, não existiremos.

Nosso sentimento interior se refere a outro. Mas a dura realidade é que, durante décadas, a nossa cultura foi lida como uma cultura narcisista[3]. Isso é detectado no fato de que temos dificuldade em distinguir o "eu" e o "não eu", e em nos distinguir do "outro". Temos dificuldade em nos relacionar com "o outro". Provavelmente, esse narcisismo cultural tem a ver com o fato de as nossas atuais sociedades de hiperconsumo satisfazerem todas as nossas necessidades, mesmo antes de elas aparecerem. A relação dela conosco é semelhante à de uma mãe com seu filho quando o amamenta. Esse é o estágio em que o narcisismo primário se forma na criança. No narcisismo primário, a criança ainda não distingue a mãe de si mesma. Vive como se estivesse em simbiose. Não distingue o "eu" do "não eu". *Faltam limites.* Ela percebe tudo como uma extensão de si mesma. Ela chora, e lhe amamentam. Ela pensa que o seu choro controla a realidade ou que *a realidade responde aos seus desejos.*

---

3. LASCH, CHRISTOPHER, *La cultura del narcisismo*, Barcelona, Andrés Bello, 1999. [Trad. bras.: *A cultura do narcisismo. A vida americana em uma era de expectativas decrescentes*, São Paulo, Fósforo, 2023.]

Em nosso caso, assim como a criança, o mercado nos abastece e satisfaz nossos desejos em tudo o que podemos solicitar, como uma mãe superprotetora, antecipando-se até mesmo aos nossos desejos. E, assim como a criança, não distinguimos que a fonte da necessidade é diferente da fonte que a satisfaz. Assim, podemos viver com *fantasias de onipotência*, acreditando que nossos desejos sempre alcançam a satisfação, que eles criam a realidade.

Por outro lado, utilizamos inúmeros aparelhos eletrônicos, engenhocas e dispositivos que acompanham nossas vidas, como o computador, o carro, o celular etc. Nós os usamos quase sem nos distinguir deles, como uma extensão do nosso eu, de nós mesmos. Novamente a dificuldade em distinguir o "eu" do "não eu".

Nosso senso de realidade e alteridade sofre. Oscilamos, como a criança, entre fantasias de onipotência e impotência. Essa simbiose entre o "eu" e o "não eu", entre o eu e o outro, coloca seus problemas para a nossa vida interior. Byung-Chul Han, por sua vez, denuncia em muitas de suas obras uma sociedade que nega o outro em suas diversas manifestações, uma sociedade plana, "lisa, acetinada", na qual tudo é igual. Esse desaparecimento do outro constitui o que ele chama de "terror do mesmo", que atinge todas as áreas da vida, inclusive a capacidade de ter experiências verdadeiras: "Viajamos para todos os lados sem ter nenhuma experiência. Informamo-nos de tudo sem adquirir nenhum conhecimento. Ansiamos por experiências e estímulos com os quais, no entanto, permanecemos sempre iguais a nós mesmos. Acumulamos amigos e seguidores sem jamais experimentar um encontro com alguém diferente[4]".

Hannah Arendt, com outras categorias, captou como o homem moderno vem encontrando no que ela chama de "introspecção" uma falsa força que anula a alteridade e o isola do mundo[5]. Quando o pensamento, em situação

---

4. HAN, BYUNG-CHUL, *La expulsión de lo distinto*, Barcelona, Herder, 2017 (Edição digital). [Trad. bras.: *A expulsão do outro*, Petrópolis, Vozes, 2022.]

5. Cf. ARENDT, HANNAH, *Rahel Varnhagen. The life of a Jewish woman*, San Diego-New York-London, Harcourt Brace, 1974, 10. [Trad. bras.: *Rahel Varnhagen. A vida de uma judia alemã na época do romantismo*, Rio de Janeiro, Relume-Dumará, 1994.]

de isolamento, revira-se sobre si mesmo, fazendo do eu seu objeto, torna-se introspecção. Ela pode dar uma sensação de onipotência, isolando a pessoa da realidade e evitando o confronto que ela apresenta. Dessa introspecção podemos emergir eufóricos e embriagados de ego, com uma sensação de poder ilimitado. O reencontro com a realidade é suficiente para o balão esvaziar. A introspecção, entendida dessa forma, elimina toda diferença e alteridade no interior da pessoa.

Na perspectiva da fé, quando rezamos ou examinamos a nossa consciência, nos relacionamos com Alguém; com o Outro. Reconhecemos que a nossa interioridade está habitada. A introspecção, por outro lado, faz a pessoa girar em torno de si mesma. No entanto, muitas vezes, saímos da oração e da introspecção "nos sentindo fortalecidos", "nos sentindo bem". Se avaliamos apenas pela sensação, não podemos discernir. Muito provavelmente a onipotência da introspecção, quando é preciso agir e vivenciar o confronto com a realidade, se transforma em impotência.

Hoje temos mais dificuldades em nos diferenciar daquilo que nos acontece, daquilo que nos afeta e altera. Portanto, corremos o risco de nos experienciarmos como uma sucessão mutável de estados de espírito, sob os quais não parece haver um eu concreto ou outro para nos alterar. Tudo é misturado e indiferenciado. Assim, chegamos a dizer: estou bem ou estou mal. Por trás de muitas crises vocacionais ou conjugais pode estar isto: não sabemos de onde vem o ar. Um "eu" sem conteúdos, com identidade difusa, sem alteridade, no fundo, não tem fidelidades, nem amores que durem para sempre.

Uma identidade assim, quando chega a desolação, a escuridão, a inquietação, quando as motivações mais elevadas são degradadas ou quando há silêncio de Deus, não reconhece que são os seus estados de espírito. Não pensa no que fazer com o que está acontecendo com ela, desde o ser que é e sempre foi. Em vez disso, ela diz para si mesma: "É assim que eu sou, é isso que sou, o que posso fazer comigo mesma?".

Santo Inácio, nos seus *Exercícios*, nos conta como é habitada a nossa interioridade: "Pressuponho que há em mim três pensamentos. A saber: o meu próprio, que provém da minha própria liberdade e querer, e outros dois que vêm de fora: um proveniente do bom espírito e outro do mau espírito"

(EE 32). Muito provavelmente, em sua época, essa pressuposição era uma evidência que poucos contestavam. Podemos encontrar a mesma abordagem em outros autores que serviram de fontes para Inácio. João Cassiano nos diz "que é importante sabermos, acima de tudo, que existem três princípios dos quais se originam nossos pensamentos: Deus, o diabo e nós mesmos"[6]. Os antigos Padres do Deserto também disseram: "Pergunte a cada pensamento que o assalta: você é um dos nossos ou vem do adversário?". E, se retrocedermos mais e formos a São Paulo, encontramos:

> [10]Quanto ao mais, confortai-vos no Senhor e no poder da sua força. [11]Revesti-vos da armadura de Deus, para que possais resistir às ciladas do Diabo. [12]Pois não temos de lutar contra a carne e o sangue, mas contra os principados, as potestades, os dominadores deste mundo das trevas, e os espíritos malignos dos ares. [13]É por isso que deveis revestir-vos da armadura de Deus, para que possais resistir no dia mau e, depois de tudo superar, continuar de pé. [14]Portanto, ficai em posição de alerta, tendo a verdade como cinturão de vossos rins, a justiça como armadura de vosso corpo, [15]e o zelo em propagar o Evangelho da paz, como vosso calçado. [16]Empunhai o escudo da fé, com o qual podereis apagar todas as flechas incendiárias do Maligno. [17]Tomai, enfim, o capacete da salvação e a espada do Espírito, isto é, a palavra de Deus, [18]em orações e súplicas, rezando sempre no Espírito. Aplicai-vos a isso com incansável vigilância, pedindo por todos os santos. [19]E por mim também, para que ao falar me seja dada a palavra, a fim de pregar, com franqueza, o Mistério do Evangelho, [20]do qual sou embaixador, nas minhas algemas. Que eu possa pregá-lo como se deve falar! (Ef 6,10-20).

O que ocorre dentro de nós não é uma batalha contra nós ou contra elementos meramente mundanos. Se este é o inimigo, precisamos das armas de Deus. Se tal inimigo não existisse, não necessitaríamos das armas de Deus. Bastariam a Psicologia, a Sociologia, a Economia, a Filosofia, a ciência, o bom senso ou o simples conhecimento da cultura.

Talvez em nossa cultura e em nossa vida espiritual não estejamos suficientemente diferenciados de Deus, podemos até estar um pouco endeusados.

---

6. CASIANO, JOÃO, *Colaciones*, v. I, Madrid, Rialp, 2019, XIX, 29. [Trad. bras.: *Conferências 1 a 7*, v. I, Juiz de Fora, Edições Subiaco, 2003.]

Talvez não tenhamos consciência da nossa liberdade nem tenhamos identificado o inimigo. Podemos estar usando armas inúteis, disparando saraivadas ou, o que é pior, lutando contra nós mesmos, sem a ajuda da força vinda do alto; quando, na realidade, devemos lutar contra os pensamentos ou sugestões que nos assaltam. É preciso ressaltar que precisamos das armas de Deus, do seu Espírito, que é Senhor e doador da vida. Senhor que derrota qualquer senhorio de qualquer espírito, pensamento ou sugestão daqueles que vêm retirar a vida...

Em nosso mundo materialista é fácil pensar que nos tempos antigos havia uma tendência a personificar realidades que escapavam à compreensão. Para essa mentalidade, demônios, anjos ou espíritos poderiam ser reduzidos a processos mentais, com os quais hoje as ciências poderiam lidar melhor. A maioria das pessoas no mundo ocidental provavelmente pensa assim. Não devemos nos distrair com palavras e expressões de outra época. A realidade é o que é. Pode ser difícil para nós, modernos, aceitar essas origens espirituais dos nossos pensamentos. Irenée Hausherr, um estudioso dos Padres Orientais, está bem consciente da dificuldade de falar sobre isso quando escreve:

> Ainda mais abaixo que os elementos psíquicos despercebidos, existe uma força, uma série de forças que os usam e são temíveis! Os modernos, sem dúvida, se recusam a chamar esses poderes obscuros de demônios ou espíritos. Mas essa mudança de nome não elimina ou transforma essencialmente a questão. Nossos antigos psicanalistas também usam palavras mais neutras, como *logismoi* ou *prosbolé*[7].

Podemos nos referir a pensamentos e sugestões que nos assaltam, que não saem de nossa liberdade e que buscam nos conduzir a partir de nosso interior.

Se olharmos para nossa própria experiência, podemos até nos surpreender com quantas vezes nos vemos abalados ou confusos pelos pensamentos

---

7. HAUSHERR, IRÉNÉE, *La direction spirituelle en Orient autrefois*, Roma, Pont. Institutum Orientalium Studiorum, 1955, 94. [Os *logismói* são pensamentos patológicos (associados às paixões ou afeições desordenadas). Segundo Evágrio Pôntico [*345-†399], os mais comuns são oito. O primeiro é o pensamento da gula. Depois vem o pensamento da fornicação (luxúria). O terceiro é o da avareza. O quarto é o da tristeza. O quinto é o da ira. O sexto é o da acídia (preguiça espiritual). O sétimo é o da vanglória e oitavo é o do orgulho. (N. do T.)]

que nos chegam ou pelas ressonâncias das experiências vividas. E é normal considerarmos que somos simplesmente nós que produzimos esses estados dentro de nós e que não há nada que não saia de nós. Tendemos espontaneamente a acreditar que todos os pensamentos que chegam até nós saem de nós. A isso devemos acrescentar que a nossa cultura narcisista, como vimos, agrava a situação, uma vez que Narciso confundiu muito as fronteiras entre o eu e o não eu. O narcisismo tem problemas com a alteridade. E é nela que podemos encontrar a nossa salvação.

Quantas vezes desabamos quando um pensamento ou tentação dissonante nos assalta. Ficamos desanimados e nos perguntamos: "Como posso ser assim?", "Como podem sair de mim estes pensamentos?", "Como eu, que procuro fazer o bem, posso encontrar estes desejos em mim?". Em primeiro lugar, é importante reconhecê-los como "outros" ou, se quiser, como "não meus", como "não eu". Caso contrário, já começamos a luta contra a tentação enfraquecidos e diminuídos, quando a nossa liberdade ainda não disse sua primeira palavra.

É claro que somos afetados e alterados por esses pensamentos e essas sugestões que vêm de fora da nossa liberdade, sobre os quais ela deve se pronunciar, acolhendo ou rejeitando. Tanto para Inácio quanto para os Padres do Deserto, não somos responsáveis por eles nos atacarem. Portanto, não devemos nos culpar por ter maus pensamentos ou ser vaidosos por ter os bons. Somos responsáveis apenas por aceitá-los ou rejeitá-los para colocá-los em prática. Santo Inácio os chama de espíritos, o bom e o mau, e às vezes de anjos. Não há nenhuma responsabilidade nossa por termos estes ou aqueles pensamentos e sugestões. "Porque, assim como não devo ser salvo pelas boas obras dos anjos bons, também não devo ser prejudicado pelos maus pensamentos e fraquezas que os anjos maus, o mundo, o diabo e a carne me apresentam[8]."

Špidlík, citando os antigos Padres Orientais, assinala as diferentes etapas ou momentos em que o mau pensamento ou a tentação podem ser rejeitados

---

8. LOYOLA, INÁCIO DE, Carta a Teresa Rejadell de 11 de setembro de 1536, in: *Obras completas*, op. cit., 663-664, aqui, 664. Trad. port.: *Cartas*, Braga, Editorial Apostolado da Oração, 2006, 52-54.

sem se tornarem pecado. A sugestão pode ser rejeitada imediatamente e não é pecado. Às vezes avança ainda mais, até o ponto em que com ele se estabelece um diálogo e ele é rejeitado: também não é pecado. Às vezes, a sugestão é mais persistente, não é facilmente expulsa e se chega a brigar com ela. Nada disso é pecado, porque não temos responsabilidade sobre isso. Somente quando a tentação é aceita ou consentida em ser colocada em prática é que ela se torna pecado. Se for repetida, consentida e se tornar hábito, vira paixão. Isso, sim, é um pecado[9].

Algumas pessoas me aconselham a não usar essa linguagem de bom espírito, mau espírito, inimigo ou tentador. Elas acreditam que não têm referências nas pessoas de hoje. Devo admitir que não posso definir seu estatuto ontológico nem explicar como são nem os apontar com o dedo. Contudo, argumentar, recorrendo a eles, me permite explicar e compreender coisas que acontecem em meu mundo interior e exterior, ajuda-me a melhorar e a evitar a confusão interior. Percebi também que tem ajudado outras pessoas a explicar o que está acontecendo dentro delas e a serem melhores. Não posso deixar de usar esses termos para me referir ao que acontece dentro de nós, até porque não encontrei outros mais satisfatórios. Por outro lado, eles estão unidos às observações e à sabedoria secular.

Podemos dizer que agora diferenciamos os atores. Mas, por outro lado, devemos reconhecer uma grande diferença entre o mundo de Inácio e o nosso. A forma como o eu era vivenciado na época de Inácio é muito diferente de como é vivenciado hoje. Inácio pressupõe um sujeito forte com um núcleo pessoal claro, um centro de energia forte que possa enfrentar o que está acontecendo dentro de si. Um eu que é capaz de aceitar ou rejeitar esses pensamentos, dependendo de sua conveniência ou não. Por outro lado, para o homem e a mulher de hoje não é tão fácil vivenciar esse núcleo pessoal. Neles se misturam conteúdos flutuantes que não vêm de si mesmos, mas que atribuímos espontaneamente a nós mesmos. Parece que hoje é mais difícil nos desligarmos daqueles estados que nos afetam e nos alteram. O eu forte que os

---

9. ŠPIDLÍK, TOMÁS, *El camino del Espíritu*, Madrid, PPC, 1998, 63-65. [Trad. bras.: *O caminho do espírito. O método da espiritualidade cristã*, São Paulo, Paulinas, 2002.]

Exercícios pressupõem é agora um eu mais fraco, mais viscoso, mais misturado com o que lhe acontece. Porém, à medida que ele se diferencia do que lhe acontece e decide, se fortalece internamente.

Nos *Exercícios* considera-se que o sujeito é criado por Deus para louvá-Lo, reverenciá-Lo e servi-Lo e mediante isso salvar sua alma. Já está constituído. Ele tem um *telos* (fim), é um eu constituído e orientado. Na Bíblia, a vida espiritual não começa com "eu", mas com "eis-me aqui" (Ex 3,4). Há um amor que nos precede. Porém, o sujeito atual não é constituído nem orientado, tende a se posicionar como externo a tudo e se percebe como sua própria referência. Nessa pessoa, a fé não faz parte de sua identidade mais profunda, pois pode ser escolhida e alterada a qualquer momento. O mesmo se pode dizer de muitas outras qualificações da pessoa que a situavam e que já não o fazem, inclusive o gênero.

O "eu" é experimentado como um lugar onde qualquer coisa pode aderir ou se agarrar, sem fazer parte dele. Nada faz parte dele, mas ao mesmo tempo tudo pode se misturar com ele, como se fosse tudo ou como se não fosse nada. Musil o descreve como "um homem sem atributos", Agamben como "uma vida despida". Isso significa que a pessoa pode ser qualquer coisa porque não é definida por um núcleo pessoal. O indivíduo pode ser tudo, mas nada em particular, porque não encontra um eu profundo por trás de tudo que é mutante. Dessa forma, os vínculos e as responsabilidades ou não existem ou são frágeis.

A aplicação dessas regras que estudaremos ajudará a construir um eu que possa gerenciar experiências passageiras a partir de suas camadas mais profundas. Pois a partir do eu sem atributos, vínculos ou identidade, não há como diferenciar o que é temporário do que é permanente. O sujeito espiritual de hoje, marcado pela cultura narcisista, pode se encontrar preso em suas próprias sensações subjetivas e carecer de pontos de referência objetivos contrastantes. A sua liberdade pode ser seduzida e a sua interioridade colonizada por forças externas. Essa pessoa precisa de ajuda para ter uma vida espiritual autêntica e ser capaz de discernir. Embora tenhamos a tendência de pensar que nunca houve problemas tão graves como os nossos, na realidade cada época tem as suas dificuldades, os seus ruídos para a vida espiritual, e sempre se encontram formas de os superar, avançar e sair mais fortes. A vida sempre segue seu passo, sempre encontra um caminho.

Tradicionalmente, o ascetismo tem ajudado a vida espiritual. Porém, se há um aspecto das práticas espirituais atuais que está pouco evoluído e requer uma revisão urgente, é o da ascese. Cada época exige certas disposições para a experiência espiritual. As práticas ascéticas que conhecemos hoje foram pensadas para pessoas de uma sociedade agrícola, com outros tipos de relações humanas, estímulos, possibilidades, relações com o espaço e o tempo, e formas de interagir. Essas práticas não estão adaptadas à nossa sociedade hiperconsumista, hipercomunicativa, hiperacelerada e superestimulada.

Os Exercícios podem ajudar a reconstruir e fortalecer o eu, diferenciando-o das falsas influências, das seduções ambientais profanas e piedosas, daquilo que não é. Ao distinguir o que lhe acontece do que realmente é, e ao tentar "vencer a si mesmo", a partir de um núcleo pessoal, superando o que é falso ou temporário, o sujeito ganhará força e consistência.

Percebe-se que quando ignoramos essa realidade interior não perdemos apenas a relação com a realidade espiritual, mas também com nós mesmos. Deixamos de pensar e de manter diálogos internos. Embora acreditemos que somos onipotentes em nossa introspecção, na verdade nos tornamos seres dirigidos por forças externas, algo como átomos movidos pelo "sistema de alto-falantes" do sistema. Nesse estado, a distinção entre fazer o bem ou o mal torna-se irrelevante.

Uma cultura sem bem nem mal?

Na relação entre o bom espírito, o mau espírito e o eu (alma), este último pode perder a relação consigo mesmo e parar de pensar. Segundo Hannah Arendt, a falta de pensamento foi um dos elementos antropológicos que tornaram possível o totalitarismo. Sua ideia da banalidade do mal se referia ao fato de que os seres humanos incapazes de pensar eram capazes de cometer todo aquele mal, sem serem malvados[10].

---

10. Hannah Arendt identificou a falta de reflexão, de diálogo interno consigo mesmo, como uma das raízes antropológicas do totalitarismo. Cf. *Eichmann en Jerusalén*,

O pensamento, "os dois em um", como Arendt gosta de chamá-lo, é a atividade pela qual cada pessoa se reconcilia consigo mesma, pela qual chega a um acordo e é consistente consigo mesma. "Não sou propriamente uma. Uma diferença foi inserida em minha unidade[11]." Citando Sócrates, ela escreveu: "Seria melhor para mim se minha lira ou um coro que eu dirigisse estivesse desafinado e soasse discordante, e que multidões de pessoas estivessem em desacordo comigo, em vez de eu, sendo uma, estar em desarmonia comigo mesma e me contradissesse"[12]. Eu falo comigo mesma e decido. Para agir com consciência, temos de pensar.

Este diálogo interno consigo mesmo, que podemos considerar um preâmbulo da oração, ajuda a ter consciência e a preferir sofrer o mal a cometê-lo. Para Sócrates, a consciência é a antecipação do companheiro que nos espera quando chegamos em casa no final do dia[13], e é difícil suportar viver em dissonância consigo mesmo. Esse "dois em um" é aquele que julga, e acolhe ou rejeita, as moções espirituais, dependendo de onde elas venham ou para onde conduzam.

O novo sistema totalitário que surgiu no século XX, que Arendt estudou, e sobre o qual alertou que algo dele permaneceria residente nas nossas sociedades, baseia-se em duas experiências antropológicas relativamente recentes. Juntamente com a falta de reflexão acima mencionada, refere-se a uma espécie de solidão (*loneliness*) profunda e desoladora, diferente da solidão (*solitude*) do monge ou do filósofo. Essa solidão desoladora leva a pessoa a se tornar um indivíduo isolado, um átomo sem alteridade, sem diferença,

---

Barcelona, Lúmen, 2013, 21.34. Nessa obra, ela descreveu o assassino como alguém "incapaz de pensar" ou "de distinguir o bem do mal". [Trad. bras.: *Eichmann em Jerusalém. Um relato sobre a banalidade do mal*, São Paulo, Companhia das Letras, 1999.]

11. ARENDT, HANNAH, *Life of the mind*, San Diego-New York-London, Harcourt Brace, 1981, 183. [Trad. bras.: *A vida do espírito*, Rio de Janeiro, Civilização Brasileira, 10ª2009.] Paul Ricoeur também detecta uma importante cisão no sujeito na construção de sua identidade, como indica o título de sua obra *Soi-même comme un autre*, Paris, Seuil, 1990. [Trad. bras.: *O si-mesmo como outro*, São Paulo, WMF Martins Fontes (POD), 2014.]

12. PLATÃO, *Górgias*, 482c. Citado por ARENDT, op. cit.

13. Ibid., I, 191.

sem aquele diálogo interno sobre o outro, que é o pensamento. Neste estado, perde-se a confiança em si mesmo, como companheiro de seus pensamentos, e no mundo: "O eu e o mundo, a capacidade de pensamento e de experiência, se perdem ao mesmo tempo"[14].

Quando se perde o diálogo consigo mesmo sobre o mundo e sobre o que nos é próprio (poderíamos dizer o diálogo interno sobre as ressonâncias que as experiências que temos, ou os espíritos, deixam em nós), perde-se esta diferença interior. Tornamo-nos átomos, incapazes do diálogo interno que nos permite julgar se devemos acolher ou rejeitar o que nos chega de fora. Daqueles que perderam o diálogo interno consigo mesmos, pode-se esperar muito pouca resistência ao mal e à dinâmica envolvente que exclui e torna os seres humanos descartáveis. Pouca capacidade de exame e discernimento pode ser esperada destas pessoas. Provavelmente não resistirão ao mal e se deixarão levar pela corrente, vivendo em um estado de alienação. Nas pessoas banais, Arendt reconheceu a incapacidade de julgar, de distinguir o bem do mal. Décadas mais tarde, reconheceríamos a vigência do relativismo.

O discernimento será afetado, pois não podemos eliminar dele a referência ao bem e ao mal. O que ocorre dentro de nós pode ser questionado se nos leva ao bem ou ao mal, à liberdade ou à escravidão, se nos leva para casa ou para a prisão. Aquele indivíduo incapaz de pensar, de que fala Arendt, que não sabe distinguir o bem do mal[15], assemelha-se ao homem-massa que Ortega descreve em *A rebelião das massas*: "Não é que o homem-massa despreze uma antiquada [moralidade] em benefício de outra emergente, mas o centro do seu regime vital consiste precisamente na aspiração de viver sem estar subordinado a nenhuma moralidade"[16]. Não valerá a pena pensar que se trata de uma nova moral ou de uma luta entre duas moralidades, uma que nasce e outra que morre. "O homem-massa simplesmente carece de moralidade,

---

14. ARENDT, HANNAH, *Orígenes del totalitarismo*, Madrid, Taurus, 1974, 578. [Trad. bras.: *Origens do totalitarismo*, São Paulo, Companhia de Bolso, 2013.]

15. Essa é a tese fundamental de Hannah Arendt em *Eichmann em Jerusalém...*, op. cit.

16. ORTEGA Y GASSET, JOSÉ, *La rebelión de las masas*, Madrid, Revista de Occidente, 1972, 257. [Trad. bras.: *A rebelião das massas*, Campinas, Vide Editorial, 2016.]

que é sempre, por essência, sentimento de submissão a algo, consciência de serviço e obrigação[17]." Se o diagnóstico de Ortega do homem-massa ou o de Nietzsche do "último homem" está correto, não esperemos deles atividade espiritual, discernimento ou capacidade de escolha. Serão engrenagens do sistema; átomos dirigidos por sua megafonia.

O problema de não acolhermos a diferença em nós, de não identificarmos o outro em nós, está relacionado com o fato de, em geral, as nossas sociedades eliminarem ou ignorarem "o outro" e tudo ser "o mesmo". O espiritual é o outro do material. A história da humanidade passou por tempos em que a realidade espiritual era mais real que a realidade material (desde Parmênides, o suprassensível é mais real que o sensível). Hoje não é assim. Byung-Chul Han em *Sociedade do cansaço* critica "o excesso de positividade"[18] da nossa sociedade, caracterizada pelo "desaparecimento da alteridade e da estranheza"[19].

Quando se diz que "Deus está morto", na verdade está-se negando a diferença entre o sensível e o suprassensível, entre o visível e o invisível, afirmando a eliminação do suprassensível e do invisível, *do outro* do sensível e do visível, negando o que não podemos ver e tocar. Na realidade, o excesso de positividade se caracteriza pela negação do outro, reduzindo-o à inexistência. Se, além de eliminarmos aquele outro interior com quem dialogar, retirarmos a realidade do que vem de fora e nos guiarmos apenas pela sucessão de estímulos que temos, pelo simples "me sinto bem / me sinto mal", e chamamos de discernimento escolher o que nos faz sentir bem, não estamos avançando muito.

Junto a esses chamados de atenção sobre a nossa cultura, existem outros conceitos trazidos por autores atuais que abrem caminhos mais positivos e esperançosos que, de alguma forma, resgatam aspectos que temos sugerido.

---

17. Ibid., 259.
18. HAN, BYUNG-CHUL, *La sociedad del cansancio*, Barcelona, Herder, 2012, 11. [Trad. bras.: *Sociedade do cansaço*, Petrópolis, Vozes, ²2017.] Cf., também do mesmo autor, *La expulsión de lo distinto*, Barcelona, Herder, 2017. [Trad. bras.: *A expulsão do outro*, Petrópolis, Vozes, 2022.]
19. Ibid., 8.

Às vezes, nos referimos às nossas experiências internas e aos movimentos dos espíritos como "as ressonâncias" que aquilo que vivenciamos deixou em nós. Nos últimos anos, a partir da teoria crítica da sociedade, Hartmut Rosa fez da "ressonância" um conceito-chave para a sua sociologia da relação com o mundo. Ele entende a ressonância como uma forma de estar no mundo que não se baseia na dominação ou no controle, mas na escuta e na capacidade de dar resposta. Segundo Rosa, essa ressonância começa quando algo, seja uma ideia, uma música ou uma pessoa, move você, toca você ou chama você. "É como ouvir um chamado." Após responder a esse chamado, a pessoa vivencia uma transformação: "Quando você está em ressonância com alguma coisa, esse estado muda você, você já não é mais a mesma pessoa".

A ressonância tem quatro características cruciais: 1) afeição: a realidade "nos fala"; 2) autoeficácia: você pode responder ao chamado ou à afeição; 3) transformação: aquilo com que você está em ressonância tem um efeito transformador em você; 4) evitação: a ressonância tem um elemento evasivo, você não pode controlá-la. A ressonância é o oposto da alienação; nos sentimos vivos e bem quando nos sentimos conectados de forma receptiva conosco mesmos, com a natureza, com o trabalho, com a nossa família[20]. Não podemos dizer que a ressonância seja como o discernimento, mas abre uma porta para a alteridade.

As regras de discernimento nos ensinarão a diferenciar o que acontece dentro de nós, além do sistema binário de "me sinto bem / me sinto mal". No desenvolvimento dos *Exercícios*, reconheceremos a nossa alteridade nos movimentos internos, de onde vêm e para onde conduzem. Ao aplicar as regras, começaremos a distinguir, a aceitar o que nos faz bem ou nos leva ao bem e a rejeitar o que nos prejudica e nos separa dele. Também "aprenderemos a sentir".

---

20. Cf. *Entrevista a Hartmut Rosa* disponível em: <https://loyol.ink/govsp>. Cf. também: Rosa, Hartmut, La "resonancia" como concepto fundamental de una sociología de la relación con el mundo, *Revista Diferencias*, n. 7 (2019) 71-81, disponível em: <https://loyol.ink/4rljk>. Cf. também: Rosa, Hartmut, *Resonancia. Una sociología de relación con el mundo*, Buenos Aires, Katz, 2019. [Trad. bras.: *Ressonância. Uma sociologia da relação com o mundo*, São Paulo, Unesp, 2019.]

As vozes silenciosas de nossa cultura

Essa antropologia do bom espírito, do mau espírito e da própria liberdade pode encontrar hoje alguns obstáculos. Baseia-se na ideia de uma pessoa que consegue se distinguir daquilo que lhe acontece internamente, que consegue identificar os seus pensamentos internos e distingui-los daqueles que vêm de fora e decidir sobre eles. Embora esse "de fora" não seja espacial, ele vem de fora da própria liberdade e reivindica a atenção desta.

Nossas culturas estão organizadas em torno de mensagens elementares que justificam avaliações e critérios de ação[21]. Essas mensagens, tidas como verdades óbvias, embora não sejam nomeadas, estão presentes na mente de quem faz parte daquela cultura. Elas podem ser relativas a nós mesmos, como, por exemplo: "Não se pode ser fanático ou fundamentalista"; ao mundo: "O mundo de hoje é difícil e desigual"; à ação: "Devemos ir para a prática"; ou ao tempo: "O que não é atual não vale mais". São vozes silenciosas, mensagens silenciosas, comumente aceitas sem questionamento, assumidas sem crítica. É normal que vozes arcanas ou silenciosas com significados divergentes ou contraditórios coexistam em tempos de mudança. Essas vozes silenciosas flutuam nas mentes das pessoas que fazem os Exercícios e discernem. Toda a indústria da comunicação exerce influência sobre nós e tende a incutir essas vozes silenciosas nas pessoas.

Na realidade, os mecanismos de saturação e colonização do eu podem *controlar as pessoas a partir de dentro*, utilizando as armas da sedução, tornando menos acessíveis para nós nossa interioridade e nossos próprios desejos[22]. Esses mecanismos preenchem o nosso ambiente com vozes silenciosas que falam e ressoam em nós. Assim, elas tornam difícil reconhecer em uma interioridade em ebulição (ebulição induzida desde fora, por meios técnicos)

---

21. Tornos, Andrés, Voces mudas de la cultura entre los ejercitantes de hoy, *Manresa*, n. 70 (1998) 129-147.

22. Cf. Gergen, Kenneth J., *El yo saturado. Dilemas de la identidad en la vida contemporánea*, Barcelona, Paidós, 1992. Cf. também: Lipovetsky, Gilles, *Gustar y emocionar. Ensayo sobre la sociedad de la seducción*, Barcelona, Anagrama, 2020. Trad. port.: *Agradar e tocar. Ensaio sobre a sociedade da sedução*, Porto, Edições 70, 2019.

quais são as palavras, as ideias, os próprios padrões de comportamento, os induzidos de fora e a Palavra que desce do alto e apela à nossa liberdade.

Nossos desejos, atenção e afetos, matéria-prima da vida espiritual e do discernimento, são constantemente distraídos ou mesmo sequestrados pelas infinitas reivindicações e demandas que recebemos em nosso dia a dia. Podemos afirmar que a nossa liberdade está *seduzida*, como que habitada por outro, que certamente não é Deus. Pelo contrário, são os requisitos de um sistema econômico ou político. A pessoa encontrará dificuldades em captar, identificar, discernir e tomar decisões sobre os seus movimentos internos movida e conduzida pelo "amor que desce do alto, o amor de Deus" (EE 184). Junto com as vozes silenciosas que nos invadem estão os *pontos cegos*, aspectos que quem participa de uma cultura não consegue detectar. Por exemplo, as sociedades que lutavam pela liberdade foram incapazes de reconhecer a injustiça da escravatura até que esta finalmente se tornou evidente. Da mesma forma, podemos ter pontos cegos em nossa cultura atual. O consumo excessivo, e o desenvolvimento que é prejudicial e torna o planeta insustentável, durante algum tempo foi um *ponto cego* que agora estamos começando a compreender.

Nesta sociedade com seus valores e inúmeras vítimas que produz, há aspectos que não conseguimos ver. Alguns são invisíveis para nós porque a ideologia nos cega, e outros porque o sistema os esconde ou disfarça para torná-los invisíveis. Considerando o sofrimento de tantas pessoas, fica evidente que o mundo não foi criado para haver tantas vítimas. Se elas existem, deve ser porque não estamos vendo algo importante, e, nesse caso, o *ponto cego* se converte em uma *ferramenta para escavar* e fazer perguntas até que se torne visível. Também em nossa vida pessoal podemos ter pontos cegos, que não conseguimos ver. Sintomas como ansiedade, agressividade, desejos estranhos, atonia espiritual, desolação etc. podem indicar que algo não vai bem, que deixamos algo impróprio entrar em nós, e é uma ocasião para indagar e examinar mais profundamente nosso interior. A suspeita de um *ponto cego* se torna uma *ferramenta de escavação*.

Tomar consciência das vozes silenciosas em nós e acolher aquelas que são para o bem e rejeitar aquelas que são para o mal irá nos definir e fortalecer. Isso nos fará ganhar liberdade.

Capítulo 2
Regras para aprender a sentir na cultura do "sentir-se bem"

> "Meu filho, queres servir ao Senhor? Prepara-te para a prova!"
> (Eclo 2,1)

1. Alguns ruídos da cultura no aprender a sentir

Nos *Exercícios Espirituais*, vivemos, talvez de forma mais concentrada, a tripla dinâmica existencial da espiritualidade cristã, que é bastante contracultural. Trata-se de:

- Um *processo de sair de si mesmo*. Crescemos saindo de nós mesmos e não nos fechando. Ao tentar descobrir o que Deus quer de nós, ao procurar como acertar o que temos de fazer na vida, vivemos um processo de saída de nós mesmos. A atitude de retraimento, de buscar "fazer do meu jeito", de se apegar à própria vontade, são maus conselheiros.
- Um *processo de identificação com Cristo*. O que significa segui-lo radicalmente e alcançar "a perfeição em qualquer vida ou estado que Deus, nosso Senhor, nos der a escolher". Queremos reproduzir a vida de Cristo. Mas, para isso, por vezes, as ideias, os discursos, nem mesmo as práticas, são suficientes. Os fariseus fizeram o que tinha de ser feito, mas com o coração em outro lugar. É preciso algo mais... Nos *Exercícios* procuramos um conhecimento interno de Cristo para mais amá-lo e segui-lo e ter uma comunhão profunda com Ele, na sua morte e ressurreição.

- Um processo de *transformação do coração e educação da sensibilidade*. Isso significa um processo de conversão que atinge todas as camadas do ser, não apenas ideias ou comportamentos. Não se trata apenas de dizer o que Jesus diz e fazer o que ele faz; mas, como diz São Paulo, ter a mesma sensibilidade, os mesmos sentimentos de Cristo Jesus (1Cor 2,16; Fl 2,5). Ou seja, que a nossa sensibilidade seja educada pela sensibilidade do Senhor, que Cristo se torne instinto em nós... Assim as nossas opções serão as dele, porque no final a nossa sensibilidade decide. Mas devemos aprender a sentir e educar a nossa sensibilidade. E discernir é aprender a se sentir em Cristo, em sintonia com a Encarnação de Deus.

Essa tríplice dinâmica é exigente e necessária para crescer no discernimento, mas também é progressiva. Ocorre na dinâmica dos Exercícios e na própria vida. Primeiro, implica evitar o mal, desvinculando-nos da nossa cumplicidade com ele, e, depois, procurar o bem. Ou seja, começamos por deixar de viver fechados em nós mesmos, abandonando os mecanismos autodestrutivos do pecado e seguindo pelo caminho do bem. Ao identificar claramente o que nos destrói e ao rejeitá-lo, libertamos e recuperamos nossa liberdade para depois seguir o caminho do bem, tal como Cristo o encarna. Inácio de Loyola sugere que algumas pessoas não prossigam nos *Exercícios* ao final da Primeira Semana.

As Regras da Primeira Semana ajudarão a aprofundar essa experiência de dissociação do mal e de constituição de um sujeito para o bem. Porém, ao final dessa Primeira Semana, ainda não estamos prontos para escolher o que é bom de modo adequado, pois apenas aprendemos a reconhecer e nos afastar do que é mau. O verdadeiro bem nos será revelado na Segunda Semana, através da contemplação dos mistérios da vida de Cristo. Por outro lado, na Primeira Semana, Inácio propõe dois exames: o Exame Particular (EE 24-31) e o Exame Geral de Consciência (EE 32-44). Praticar ambos nos ajudará a entrar mais profundamente em nós mesmos e a descobrir, de forma mais realista, o que habita em nossos corações. Os exames nos ensinarão a enxergar dentro de nós mesmos. A princípio pode parecer que estamos entrando em um quarto escuro. A verdade é que a nossa capacidade de perceber o que nos acontece, o que nos habita, será cada vez mais apurada.

O Exame Particular procura a purificação do coração: nos colocar progressivamente em nossa verdade. Ele se concentra em algum defeito que nos impede de viver segundo o Evangelho e começa a contabilizar quantas vezes a pessoa caiu nele, com a intenção de reduzi-los. "É a porta que conduz à vida do espírito. Você entra nela por causa do negativo. O mal é um começo de sensibilidade não só para o corpo, mas também para o espírito. Se você está bem, não sente o seu corpo[1]." O Exame Geral de Consciência, por sua vez, centra-se na purificação da própria consciência; e, na Primeira Semana, está mais orientado para a confissão. Esse exame nos educa a agradecer pelo que recebemos, a saber o que temos dentro de nós e a corrigir as faltas. Ele nos dá uma folga interior, essencial para agir com liberdade e responsabilidade. Os exames nos ensinam a nos distinguirmos do outro, da tentação, dos convites do bom espírito e das decisões de nossa liberdade.

Contudo, segundo Byung-Chul Han, enfrentamos o desafio de viver em uma época em que "os tempos em que o outro existia já se foram"[2]. Nossa cultura narcisista torna difícil reconhecermos o outro e confunde a fronteira entre o eu e o outro. Perdeu-se a clareza da própria identidade, que se define na relação com os outros. Segundo Han, o outro é essencial para formar um eu estável. Os *Exercícios Espirituais* e o processo de discernimento nos ajudarão a nos formar como pessoas estáveis, reconhecendo não só a alteridade do outro, mas também a nossa própria alteridade interior.

Na Primeira Semana dos *Exercícios*, procuramos sair da vida de pecado e nos dissociar daquilo que nos destrói, o que nem sempre é evidente. Para fazer isso, devemos primeiro desmascarar o que se tornou o nosso "novo normal": hábitos nocivos que normalizamos sem ter consciência dos seus danos. É crucial reconhecermos e nos desvincular desses hábitos.

---

1. Fausti, Silvano, *Ocasión o tentación. El arte de discernir y decidir*, Madrid, PPC, 2001, 53.
2. Han, Byung-Chul, *La expulsión de lo distinto*, Barcelona, Herder, 2017. [Trad. bras.: *A expulsão do outro*, Petrópolis, Vozes, 2022.]

Começamos também a sentir em nós mesmos os efeitos da ação do bom e do mau espírito, ressonâncias do que vivenciamos que nos constroem ou destroem. Aqui nos deparamos com o sujeito pós-moderno, que se tornou mais flexível e dessubstancializado, para se enquadrar melhor no sistema, para ser mais comercializável, tornando-se um "eu mínimo", com dificuldades em reconhecer sua alteridade. Ao se exercitar internamente, ele se verá questionado e começará a descobrir aspectos desconhecidos de si mesmo, reconhecendo em si a alteridade que não conhecia e se abrindo ao outro.

Em terceiro lugar, a idolatria da emotividade, centrada no "sentir-se bem" ou na busca da *euforia perpétua*, é outro obstáculo no caminho da formação de um sujeito espiritual e da incorporação no caminho do bem. A tarefa é aprender a sentir. A negação do outro leva à negação do sofrimento, da dor e de tudo que não seja prazeroso, o que impede o desenvolvimento espiritual. A experiência de alternar entre consolação e desolação pode ser redentora nesse sentido.

Por fim, em quarto lugar, a aceleração da sociedade, o imediatismo e a experiência fragmentada (pontilhista[3]) do tempo também estão relacionados com a negação do outro. O discernimento que transforma pontos em linhas e ensina a exercer a liberdade ajudará a lidar com a experiência do tempo acelerado e pontilhista. A alternância entre consolação e desolação, entre uma e "outra", revela-se como bênção e apoio na formação de um indivíduo forte e orientado para o bem. Essa alternância também nos ajuda a exorcizar a tendência de viver em uma temporalidade pontual e imediata e a aceitar que "não se sentir bem" às vezes pode ser o melhor. Enfrentar dificuldades geralmente é uma graça salvífica.

O novo normal

É positivo que os ruídos que enfrentamos em nossa vida espiritual, tanto internos quanto externos, nos façam sentir como se estivéssemos em uma

---

3. O pontilhismo é uma técnica de pintura, derivada do movimento impressionista, em que pequenas manchas ou pontos de cor provocam, pela justaposição, uma mistura ótica nos olhos do observador. (N. do T.)

luta, como ensina a sabedoria antiga. A mentalidade de buscar constantemente se sentir bem tentará fugir dessa luta. Contudo, os escolhidos de Deus foram muitas vezes provados através de tribulações. Aqueles que estão sob a influência do espírito maligno podem experimentar uma falsa sensação de paz, como se estivessem anestesiados, sem conflitos. Podemos viver em uma escravidão que nos parece mais confortável do que a liberdade, porque na luta também enfrentamos a resistência do mau espírito. "Diz-se que foi mais fácil para Deus tirar Israel do Egito do que tirar o Egito do coração de Israel. Quarenta anos de deserto não foram suficientes[4]." Às vezes a vida escrava fica enraizada em nós, tornou-se normal para nós e nos faz esquecer a vida livre.

Se pensarmos em um ruído de fundo persistente que temos em nosso interior, o primeiro passo é que nossas células nos avisem e o ruído cause estresse. Uma possibilidade é nos acostumarmos com o ruído de fundo e tolerá-lo. Nesse caso, nossas células se tornaram menos sensíveis e receptivas aos estímulos. O ruído continua, pode ser que eu me acostume, meu nível de tolerância ao ruído aumenta, e chega um momento em que não percebo o ruído de fundo. Mas ele pode aumentar ou permanecer intolerável. Assim, um novo equilíbrio deve ser estabelecido. Então as células começam a sofrer mudanças reais, e um novo normal se estabelece. A isso se dá o nome de adaptação.

É o que acontece com os nossos apegos, vícios, afetos desordenados e pecados. Começam muito dissonantes, mas podemos nos adaptar a eles, aumentando nosso nível de tolerância e ficando mais insensíveis. Porém, normalmente nosso nível de tolerância, assim como acontece com as drogas, tende a aumentar até que ocorram mudanças internas e então começamos a nos adaptar a um *novo normal*. As mudanças internas produzidas em nós fizeram com que o que não era normal se tornasse normal.

A plasticidade e capacidade de adaptação do ser humano é imensa. Isso nos permitiu dominar o mundo. No entanto, essa mesma capacidade de adaptação e criação de novos normais também nos torna vulneráveis a inúmeros apegos. Cada vez que um apego se desenvolve, um novo normal

---

4. FAUSTI, op. cit., 42.

é estabelecido; e com isso muitas vezes vem o vício. Muitas vezes não temos consciência dos nossos vícios, mas eles sequestram a nossa liberdade e, com a seu novo normal, tornam-se um mecanismo substituto da nossa relação com Deus, que nos criou livres e sempre nos deixa livres[5]. Esse modo de funcionamento do ser humano levou Montesquieu escrever no prefácio de *O espírito das leis*[6] que

> o homem, ser flexível que na sociedade se adapta aos pensamentos e impressões dos outros, é capaz de conhecer a sua própria natureza quando alguém a mostra, mas também é capaz de perder até mesmo o sentimento dela quando esta lhe é escondida.

O que pode acontecer? Que o novo normal anule a liberdade e não percebamos mais isso. Que possamos entrar em tal estado de alienação que esqueçamos quem somos. Na dinâmica do pecado, por exemplo, um ato isolado e dissonante não é o mesmo que quando se tornou um hábito ou uma paixão. Pode acontecer que nos acostumemos a um novo normal em que não percebamos mais a dissonância de nossas ações. Foi o que aconteceu com Davi, que precisou do profeta Natã para se dar conta do seu pecado (2Sm 11–12).

Essa dinâmica pode criar muitos pontos cegos em nossa autoconsciência, uma vez que a psique humana tende a esconder de nós o que não queremos ver ou a gerar mecanismos de autojustificação. Porém, pequenas dissonâncias que nos revelam que vivemos em uma falsa normalidade podem nos levar a examinar e perceber que estamos nos distanciando do que poderíamos ser ou do que fomos chamados a ser. Algo que, talvez, já tenhamos esquecido, mas que com toda probabilidade ainda almejamos sem saber.

---

5. Esta é a ideia que permeia o trabalho de GERALD G. MAY, *Addiction and grace. Love and spirituality in the heal of addictions*, Harper Collins e-books, 2009, (1ª ed., 1988).

6. Esta obra, publicada em 1748 por Montesquieu, é uma das mais importantes do pensamento político e jurídico ocidental. Ele desenvolve nela a teoria da separação dos poderes (Executivo, Legislativo e Judiciário), que influenciou profundamente as bases das democracias modernas. Trad. Bras.: *O espírito das leis*, Bauru, Edipro, ²2023. (N. do T.)

O Exame Particular e o Exame de Consciência nos farão mexer profundamente e nos ajudarão a descobrir os pontos cegos que as novas normalidades nos escondem. E, a partir daí, buscar nos dissociar desses hábitos ou vícios para iniciar novos itinerários.

O sujeito pós-moderno, dessubstanciado e flexível

O sujeito espiritual que a literatura sociológica e psicológica recente nos apresenta está muito distante daquele que os *Exercícios* pressupõem e formam. O eu pós-moderno é descrito como um espaço "flutuante", sem âncoras ou referências, uma *disponibilidade pura*, que se adapta à aceleração e fluidez dos nossos sistemas, tornando-se um instrumento flexível desta constante reciclagem psicológica[7]. Giles Lipovetsky, em *La era del vacío*, e Christopher Lasch, em *The Minimal Self*, exploram como esse self (eu) pós-moderno se tornou despersonalizado e teve de se dessubstanciar, para ser mais maleável e menos resistente às influências do sistema.

Curiosamente, essa "disponibilidade pura", que deveria ser reservada a Deus, é o que o homem pós-moderno, talvez inconscientemente, dá aos sistemas que organizam a sua vida, deixando-a flutuar ansiosamente e sujeita às suas mudanças e acelerações. Essa perda de substância do eu lhe permite se adaptar e se mover com menos rigidez nas correntes do sistema. No local de trabalho, essa flexibilidade também é exigida. As novas condições de trabalho e de vida social exigem uma maior disponibilidade e mobilidade das pessoas, muitas vezes em troca de menos estabilidade[8]. A flexibilidade

---

7. LIPOVETSKY, GILES, *La era del vacío. Ensayos sobre el individualismo contemporáneo*, Barcelona, Anagrama, ⁴1990, 58 (grifo meu) (original francês, 1983). [Trad. bras.: *A era do vazio. Ensaios sobre o individualismo contemporâneo*, São Paulo, Manole, 2005.] Cf. LASCH, CHRISTOPHER, *The minimal self. Psychic survival in troubled times*, New York, W.W. Norton & Company, 1984. [Trad. bras.: *O mínimo eu. Sobrevivência psíquica em tempos difíceis*. São Paulo, Brasiliense, 1990.] A tese de Lasch é de que, sob cerco, o eu se defende. "O equilíbrio emocional requer um eu mínimo, não o eu imperial de tempos atrás", 15.

8. Cf. SENNETT, RICHARD, *La corrosión del carácter*, Barcelona, Anagrama, 2000. Trab. bras.: *A corrosão do caráter. As consequências pessoais do trabalho no novo capitalismo*, Rio de Janeiro, Record, 2015.

consiste em reduzir a resistência aos automatismos do sistema, o que por sua vez significa reduzir o eu como sujeito e, com ele, a sua capacidade de escolher o bem, de acolher e rejeitar as várias moções e ressonâncias que ocorrem no seu interior.

É evidente que a vida nas nossas sociedades nos configura, e parece que na sociedade atual um sujeito dessubstanciado, sem um projeto claro, parece mais desejável do que um sujeito com uma finalidade definida. Este último terá de lutar cansativamente contra as acelerações e correntes criadas pelo sistema; enquanto o primeiro pode se tornar um elemento flutuante, movido pelas correntes do sistema, sem opor resistência.

A preparação prévia do sujeito para a realização dos *Exercícios Espirituais* merece alguma reflexão. Contudo, o fato de entrar na dinâmica dos Exercícios ou em uma dinâmica espiritual séria também contribui para moldar o sujeito, provavelmente de uma forma mais forte e definitiva do que a própria sociedade. A vida espiritual vivida com critério e discernimento fornece ferramentas internas para resistir aos ruídos e navegar nas correntes desta sociedade, permitindo contribuir com o bem dentro dela. Uma vida espiritual vivida com critério e discernimento pode nos ajudar a ser sujeitos sólidos nestes tempos líquidos.

Na iniciação cristã, em tempos passados, falava-se do "mundo, do diabo e da carne" como inimigos da alma. "O mundo" corresponde à resistência da realidade ao nosso desenvolvimento espiritual, a esses ruídos que temos apontado. Tendemos a pensar que o tempo que vivemos é o pior, que "o mundo" nunca colocou problemas tão grandes como os que nos apresenta, que nunca colocou tanta resistência ao espiritual, mas essa é uma percepção errada. Santo Agostinho já escrevia que "encontramos homens que protestam contra os tempos atuais e dizem que os dos nossos antepassados eram melhores. Porém, essas mesmas pessoas, se pudessem ser colocadas nos tempos que almejam, também protestariam. Na verdade, julgas que os tempos passados são bons porque não são os teus [...]. Temos mais motivos para estar felizes por viver neste tempo do que para nos queixar dele"[9].

---

9. Santo Agostinho, *Sermão Caillau-Saint-Yves* 2,92, PLS 2, 441-442 (Liturgia das Horas, Ofício de leituras da quarta-feira da XX semana do tempo comum).

A cultura em que vivemos, com as dificuldades que ela nos coloca e as possibilidades que nos oferece, nos molda de uma forma específica, embora não nos determine. Muitas espécies desaparecem ou estão em crise porque o seu hábitat ou ecossistema, "seu mundo", mudou imperceptivelmente para elas, sem que se apercebessem, e não se adaptaram. Elas simplesmente desaparecem.

É verdade que em nosso tempo ou em nosso mundo existem muitas dinâmicas socioculturais que enfraquecem o sujeito espiritual, e a da dessubstancialização do sujeito pode ser uma delas. Mesmo sendo dramático, poderíamos dizer que ameaça o futuro da fé ou da vida espiritual. Mas, quando olhamos para a nossa realidade sociocultural, não podemos esquecer a plasticidade e a capacidade de adaptação da espécie humana e do Espírito que nos guia. Pode-se dizer também que aquilo que não nos mata nos torna mais fortes. Se ao longo deste livro menciono algumas características negativas de nossa cultura que desafiam o sujeito espiritual, não é que eu pense que vivemos no pior de todos os mundos possíveis, pois cada época apresenta suas dificuldades específicas. Contudo, acredito que, ao identificar e enfrentar esses aspectos "do mundo", nos tornamos mais fortes.

O eu mínimo pós-moderno, ao passar pelo processo dos *Exercícios Espirituais*, começa a se examinar e a entrar em seu próprio coração. Embora a princípio ele não veja nada, aos poucos descobrirá mais detalhes sobre si mesmo. Progressivamente, esse processo o levará à reconstrução da sua alteridade perdida, reconhecendo os demais, o outro dentro de si e o Outro divino. Por exemplo, no Exame de Consciência (EE 43), o primeiro ponto é "dar graças a Deus", reconhecendo assim o Outro como doador de dons. Esse passo envolve reconhecer que a pessoa não é Deus e perceber quando o próprio eu se tornou um deus. O segundo passo do exame é pedir a ajuda divina (boa alteridade) para reconhecer o pecado e dissociar-se dele. O terceiro envolve questionar a alma, esse outro de si mesmo, por sua cumplicidade com o mal, quando sua liberdade se associou à sedução do mau espírito (a má alteridade). No quarto passo, buscamos rejeitar este mal, dissociar-nos dele e pedir perdão, tomando finalmente a vida nas mãos para exercer a liberdade e propor a emenda.

Esse processo envolve enfrentar a negatividade, o outro. Exatamente o que tendemos a negar, especialmente quando transformamos o bem-estar em um ídolo. Deve-se notar que um elemento essencial das terapias de reintegração de pessoas dependentes é aprender a tolerar a frustração. A negação ou o ocultamento da negatividade nos tornou mais frágeis e vulneráveis.

"Sentir-se bem" ou aprender a sentir?

Alguns apontam que um problema do discernimento é dar demasiada importância ao sentimento e à emotividade. Concordo com o julgamento, mas me parece mais ser uma interpretação errônea do discernimento, baseada em uma má prática dele. Esses críticos estão corretos no caso de muitas abordagens simplificadas atuais. Parece que basta distinguir entre se sentir bem e se sentir mal para poder escolher, uma vez que Deus quer que nos sintamos bem. Também se cai em uma simplificação ao acolher aquilo que me traz paz e rejeitar o que me perturba. Isso que parece mais espiritual, pois Deus traz a paz. Contudo, o discernimento não é hedonismo espiritual. Não se trata de escolher o que me dá prazer e rejeitar o que me faz sofrer ou me preocupa. São simplificações e más compreensões da consolação e da desolação, que não levam em conta a situação de quem discerne, o que é essencial para poder ler corretamente o que lhe sucede.

O estado emocional pode desempenhar o seu papel nos primórdios da vida espiritual. Alguns mestres espirituais sugerem que geralmente essa é a linguagem de Deus no início. Mas as emoções também podem se tornar um obstáculo para aceitar a graça que nos é dada quando avançamos na vida no Espírito. Hoje existe uma tendência a supervalorizar o emocional na vida espiritual. Quando damos um passo importante na vida, muitas vezes nos perguntam: "Como você se sente?", "Você se sente bem?", "Isto é o que é importante". O "sentir-se bem" é um ídolo ao qual oferecemos muitos sacrifícios. Na falta de fé, lutamos contra nossos medos em busca de recompensa emocional. Basta ouvir as homilias fúnebres para compreender que, mais do que buscar a fé ou a esperança, buscamos o equilíbrio emocional. A perda de confiança no absoluto resulta em uma forte insegurança pessoal e certa ansiedade que nos leva a procurar desesperadamente "sentir-nos" úteis e obter satisfação, mais que fazer o bem.

Se a vontade de Deus se manifestasse apenas naqueles momentos em que "nos sentimos bem", então Jesus nunca teria passado pelo sofrimento do Getsêmani. Ele teria voltado atrás, acreditando erroneamente que "não era a vontade de Deus" seguir em frente, devido à sua angústia. A consolação que ajuda a discernir é diferente e mais complexa. É de grande importância aprender a distinguir os "sentimentos", pois nem todo sentir-se bem é uma verdadeira consolação e nem deve orientar as nossas decisões de vida.

Guy Bajoit examina as mudanças sociais e culturais do nosso tempo e capta uma mutação nos princípios últimos de significado invocados em nossa sociedade, ou, o que dá no mesmo, no "modelo cultural" que legitima o modo de vida da nossa sociedade. Então ele confirma que, em sua maioria, não nos voltamos mais para Deus ou para a razão, mas para o indivíduo, que é o novo deus[10]. Um dos "dogmas" amplamente aceitos em nossa cultura, reconhecido por este autor, é o direito-dever do prazer. Bajoit o formula bem quando o apresenta como um dos quatro mandamentos do grande ISA (Indivíduo-Sujeito-Ator), que nos rege social e culturalmente:

> Em todos os seus vínculos sociais, cada indivíduo se sente com o direito de aproveitar a vida, de se sentir bem no coração, no corpo e na cabeça, de fazer poucos sacrifícios, de não deixar para amanhã o prazer que pode obter hoje. Entramos em uma era que proíbe o sofrimento: não queremos mais sofrer, seja para nascer, para aprender, para viver juntos, para trabalhar ou para enfrentar a doença e a morte! Especifiquemos que este direito ao prazer, embora seja verdade que engendra em alguns certo recolhimento narcísico em si mesmo, não é necessariamente sinônimo de egoísmo. Cada um pode desejar este prazer para si, mas também para os outros, por solidariedade, convívio ou generosidade. Uma sociedade

---

10. Bajoit, Guy, *El cambio social. Análisis sociológico del cambio social y cultural en las sociedades contemporáneas*, Madrid, Siglo XXI, 2008, 99.153s. [Trad. bras.: *Tudo muda. Proposta teórica e análise da mudança sociocultural*, Ijuí, RS, Ed. Unijuí, 2006.]

de indivíduos não é um mundo sem valores e normas, nem sem justiça e solidariedade[11].

Em consonância com esse princípio, segundo Lipovetsky[12], em uma sociedade de consumo como a nossa, uma "sociedade de hiperconsumo" como ele a chama, convivemos com desejos superexcitados e constantemente estimulados; e não há lugar para o sofrimento, para os aspectos negativos da vida. Passamos do consumo de ostentação, em que comprávamos para nos mostrar de uma forma diferente, ao consumo experiencial. O nome dado ao consumo nessa fase é hiperconsumo:

> O hiperconsumidor dispõe cada vez menos de meios simbólicos para dar sentido às dificuldades que encontra na vida. Em um tempo em que o sofrimento já não tem o sentido de uma prova a ser superada, a exigência de eliminá-lo o mais rápido possível, quimicamente, se torna generalizada. Os problemas que afligem o paciente e que aparecem como uma simples disfunção, uma anomalia tanto mais insuportável quanto mais o bem-estar se impõe como ideal de vida predominante. O uso diário de psicotrópicos pode ser interpretado como um sinal da extensão do bem-estar físico à esfera moral, do impulso do ideal de conforto, que agora envolve o domínio psíquico. A novidade do assunto reside na crescente intolerância ao desconforto interior, bem como na espiral de exigências consumistas em relação ao bem-estar psicológico[13].

A *medicalização da existência* responde ao imaginário de bem-estar e qualidade de vida que agora abrange também o campo psíquico. A tolerância à frustração em tal cultura é mínima. Não toleramos demoras, inconvenientes ou contratempos na satisfação de desejos. Não aceitamos sentimentos ou

---

11. BAJOIT, GUY, *La tiranía del Gran ISA, Cultura representaciones sociales*, 3/6, México, marzo de 2009, disponível em: <https://www.scielo.org.mx/scielo.php?script=sci_arttext&pid=S2007-81102009000100001&lng=es&nrm=iso&tlng=es>.
12. LIPOVETSKY, GILLES, *La felicidad paradójica. Ensayo sobre la sociedad de hiperconsumo*, Barcelona, Anagrama, 2007. [Trad. bras.: *A felicidade paradoxal. Ensaio sobre a sociedade de hiperconsumismo*. São Paulo, Companhia das Letras, 2007.]
13. Ibid., 278-279.

circunstâncias desagradáveis... Não toleramos nos sentir frustrados... Não toleramos que a realidade não responda aos nossos desejos.

Diante disso, perde-se a noção de que o *princípio da realidade* deve prevalecer sobre o *princípio do prazer* para manter a coexistência humana. Em uma sociedade em que o mundo objetivo se evapora, a realidade que opõe resistência também desaparece. Nesta sociedade de consumidores, tudo é como se deseja que seja:

> De uma forma ou de outra, a oposição entre "prazer" e "princípio de realidade", até recentemente considerada intransponível, foi superada: render-se às rigorosas exigências do "princípio de realidade" se traduz no cumprimento da obrigação de procurar o prazer e a felicidade, e, portanto, é vivido como um exercício de liberdade e um ato de autoafirmação[14].

Se pararmos de buscar o prazer e a felicidade, paramos de consumir e o sistema se paralisa. Portanto, para sermos consistentes com o princípio da realidade, devemos viver a partir do princípio do prazer. O que pensar de uma vida espiritual em que se alternam consolação e desolação? Parece que com esta concepção tudo conspira para eliminar a alternância que nos educa e ensina.

Por outro lado, parece que, perante uma cultura como a nossa, tão técnica e impessoal, tão dura e racional, ocorre uma reação que tenta afirmar, talvez defensiva e acriticamente, algo que na vida cotidiana é sistematicamente negado: o sentimento. Estudiosos como Robert Wuthnow e Robert Bellah já estavam preocupados com a ênfase que tem sido dada aos "bons sentimentos"[15]. A busca por recompensa emocional começou a substituir a fé transcendente. Isso se reflete em um tipo de espiritualidade ambígua focada no "sentir-se bem", que tem deixado o hedonismo entrar na vida interior e na vida centrada em si mesmo, em uma busca *light* de felicidade, do "êxtase" ou

---

14. BAUMAN, ZYGMUNT, *Vidas de consumo*, México, Fondo de Cultura Económica, 2007, 105. [Trad. bras.: *Vida para consumo. A transformação das pessoas em mercadoria*, Rio de Janeiro, Zahar, 2008.]

15. Cf. WUTHNOW, ROBERT, *Actos de compasión. Cuidar de los demás y ayudarse a uno mismo*, Madrid, Alianza, 1995, 117-119.

da euforia. Trata-se de uma espiritualidade que busca o excitante, viver na crista da onda, que foge do sofrimento e se vê desarmada diante dele, quando ele chega. A vida espiritual não substitui a cocaína ou qualquer outro estimulante. Segundo Thomas Merton, os estados transbordantes da afetividade podem fazer parte dos primórdios da vida espiritual, mas significam pouco e certamente não são necessários para uma vida espiritual adulta e madura[16].

Essa espiritualidade emotiva afirma que "Deus quer que nos sintamos bem e, se não nos sentimos bem, isso não deve ser a vontade de Deus". Trata-se de um enfoque incapaz de compromissos estáveis, pois subordina tudo ao mutante bem-estar individual. Não é incomum que a expressão "simplesmente não sinto nada" ou "não me sinto bem" se torne o motivo para abandonar um compromisso. Essa espiritualidade não gera bom húmus nem contribui para um desenvolvimento espiritual profundo e que dê frutos. Pascal Bruckner em sua obra *Euforia perpétua: sobre o dever de ser feliz*[17], faz um diagnóstico da nossa cultura ocidental que pode ser resumido no título de sua obra. Ser feliz, como hoje se entende, tem muito a ver com "sentir-se bem" e se tornou um imperativo, a tal ponto que "é suspeito não transbordar de alegria"[18]. Somos as primeiras gerações "infelizes por não ser felizes".

Essa tendência de focar nos sentimentos e na emotividade na espiritualidade tem diversas manifestações. Hoje, muitas atividades, como ajudar os outros, rezar ou participar da Eucaristia, são valorizadas pela forma como nos fazem nos sentir bem. "Sentir-se bem" se tornou um motivo legitimador dos nossos compromissos religiosos e espirituais e uma espécie de ídolo ao qual são feitos muitos sacrifícios. Alguém destacou que é difícil imaginar Cristo dizendo: "Pegue a sua cruz e siga-me; isso lhe fará sentir-se bem"[19].

---

16. Cf. MERTON, THOMAS, La falsa llama, in: ID., *Nuevas semillas de contemplación*, Santander, Sal Terrae, Santander 2003, 253-256. [Trad. bras.: *Novas sementes de contemplação*, Petrópolis, Vozes, 2017.]

17. BRUCKNER, PASCAL, *La euforia perpetua. Sobre el deber de ser feliz*, Barcelona, Tusquets, 2001. [Trad. bras.: *A euforia perpétua. Ensaio sobre o dever de felicidade*, Rio de Janeiro, Bertrand Brasil, ^{5}2002.]

18. Ibid., 55.

19. WUTHNOW, op. cit., 117.

Desde Platão, pelo menos, sabemos que, quando vivemos para nos sentir bem, acabamos lutando para não nos sentirmos mal.

As regras inacianas nos ensinarão a discernir o nosso sentir e a aprender a sentir em Cristo. Isso nos levará a nos encher de amor, a viver plenamente a nossa humanidade, a desfrutar uma sensibilidade misericordiosa que nos une na comunidade e na fraternidade, ser gratos e humildes e ter força na adversidade. Trata-se de configurar a nossa sensibilidade para ter os mesmos sentimentos de Cristo Jesus. Em suma, é viver cada dia mais plenamente aquilo para o qual fomos criados: "Estar em união com o amor divino" (EE 370).

Uma espiritualidade da euforia?

O concílio de Éfeso (431) condenou como herética a doutrina dos euquitas ou messalianos[20], surgida na Síria na segunda metade do século IV. Há relatos de reaparecimentos dessa heresia, sob diferentes aspectos, na Idade Média e na Idade Moderna. Os messalianos desprezavam a oração da Igreja, seus sacramentos e seus ensinamentos. Valorizavam a oração sobretudo pelos seus frutos sensíveis. Para eles, o cristão não recebia o Espírito Santo no Batismo, mas na oração, *de forma sensível* e *"produzindo um sentimento de plenitude e certeza"*. Com sua oração, pretendiam obter a verdadeira comunicação com o Espírito, de uma forma sensível e real, *a sensação do Espírito*, que os sacramentos da Igreja não podiam proporcionar. Eles se referiam a essa vinda do Espírito como a um orgasmo.

Uma vez que tiveram a experiência da libertação, ou seja, uma vez que já experimentaram o "êxtase", já se consideravam "espirituais", acreditavam que não estavam sujeitos às paixões e, portanto, não precisavam de tais práticas ascéticas. Eles até zombaram da imperfeição dos monges que "ainda" precisavam de ascetismo e penitência. Eles, por outro lado, "já" não precisavam se proteger do perigo. Podiam viver tranquilos e, às vezes, se entregar

---

20. Cf. GUILLAUMONT, ANTOINE, Messaliens, in: *Dictionnaire de Spiritualité*, Paris, Beauchesne, 1980, v. X, cc. 1074-1083. O nome "messaliano" vem do sírio e significa "orante".

a uma vida licenciosa, porque "já", tendo recebido o Espírito, faziam tudo sem paixão.

O messalianismo é estranho às nossas comunidades cristãs? A nossa cultura tem algo de euquita, e nos contamina com a cripto-heresia messaliana. Não tanto pela valorização da oração em detrimento dos sacramentos, talvez também, mas, sobretudo, pela supervalorização da euforia, do sensível, do "êxtase" emocional-espiritual. Esse tipo de cristianismo se converte em tirano que tudo instrumentaliza, pervertendo a relação pessoal com Deus e com os outros. Transforma a vida espiritual, o compromisso, a liturgia, a Igreja, as relações com os outros, até mesmo a ajuda aos pobres, em um meio de obter satisfação pessoal.

Por outro lado, em uma cultura individualista como a nossa, a relação com Cristo deve ser pessoal, tem de passar pela subjetividade e por tudo o que nos molda como humanos, pela razão, pelos sentimentos e pelos afetos. Eu chamaria esse conjunto de sentir interior ou sentir com o coração, que no sentido bíblico é sentir e conhecer a partir do núcleo da pessoa. Se o Cristianismo quiser ter futuro, isso requer uma experiência pessoal de Cristo[21]. Para isso, é necessário desmontar a superficialização do sentir interior e o simplismo de reduzi-lo a sentir-se bem/sentir-se mal, sem maiores diferenças. Embora testemunhemos uma hipervalorização dos elementos emocionais, afetivos e sentimentais da vida espiritual, eles não devem ser simplesmente estigmatizados e rejeitados, precisam de discernimento.

Inácio de Loyola, em seus *Exercícios*, pode nos ensinar a sentir. Sua experiência espiritual também pode nos dar pistas. Em seu leito de Loyola, quando convalescia, Inácio distinguiu duas formas de "sentir-se bem": a produzida

---

21. A partir da Sociologia, poder-se-ia pensar também no Cristianismo do futuro como um movimento de massas. Perante o desamparo e a solidão das pessoas em uma sociedade como a nossa, elas se refugiam em grupos calorosos e emocionais, nos quais fundem a sua individualidade com a dos outros, perdendo-a. Os adeptos do desporto ou da política podem dar origem a esses grupos dirigidos por sistemas de sonorização, e poder-se-ia pensar em um Cristianismo desse tipo, massivo e despersonalizado, mas não o considerarei. Talvez um Cristianismo desse tipo dê a segurança dos números, porque reúne muitas pessoas, mas o povo de Deus não é massa, não é plebe. Através da Aliança, tornou-se um povo.

pelas proezas que imaginava realizar ao serviço de uma dama e a produzida pela imitação de Jesus e dos santos. Esse "sentir-se bem" ainda era insuficiente para se decidir. Os dois pensamentos o fizeram "sentir-se bem". Quando, cansado, deixou os primeiros pensamentos, viu-se "seco e descontente", e quando deixou os segundos pensamentos "permaneceu alegre e contente". Mais tarde, seus olhos se abriram para essa diferença. Guiado por essa luz, ele se pôs a caminho. Porém, mais tarde, em sua vida, ele nos mostrará que o gosto espiritual não é a última palavra, mas a vontade de Deus.

Inácio nos ensina desde o início a relativizar as "visitações internas", pois o que conta é *"avançar no caminho do serviço divino,* seja com visitações ou sem elas" (Co 260)[22]. Do *Diário Espiritual,* sabemos que, vinte e três anos depois de sua primeira conversão em Loyola, Inácio, que procurava a confirmação divina para sua escolha, percebeu que o desejo de um "coração consolado e satisfeito em tudo" (DE 145)[23] era um empecilho para encontrar a vontade de Deus. Ele teve de abandoná-lo para alcançar a verdadeira *satisfação,* fora do seu "eu". Inácio passou a buscar *"o prazer de Deus"* (DE 147-148). Há um longo caminho entre buscar a confirmação da escolha na satisfação pessoal e buscá-la no *prazer de Deus.*

A aceleração alienante

Hartmut Rosa, em seu diagnóstico das sociedades modernas, identifica a aceleração como a característica distintiva das nossas sociedades. Aceleração tanto tecnológica como do ritmo de vida e da mudança social. Essa aceleração se retroalimenta e resultará em um estado de alienação dos indivíduos, do nosso estar no mundo e de nossas relações com os outros, as coisas, o nosso espaço e as nossas próprias ações, com respeito ao tempo. Tornamo-nos estranhos às coisas que usamos. Tomemos, como exemplo de nossa alienação

---

22. Referir-me-ei com essa abreviatura (Co), seguida do número, às *Constituições da Companhia de Jesus.*
23. Referir-me-ei ao *Diário Espiritual* de Santo Inácio com essa abreviatura (DE), seguida do número que lhe corresponde.

das coisas, um botão de confirmação. Quem lê e entende todas as instruções e condições dos dispositivos, garantias, medicamentos, programas de computador…? Quem antes de clicar em "aceito" lê as condições de utilização dos programas de computador e as compreende?

Temos de considerar a aceleração como um desses ruídos que nos são impostos sem o nosso consentimento. Rosa destaca que, embora essas forças de aceleração não estejam claramente articuladas e definidas, e pareçam naturais, elas exercem forte pressão sobre o indivíduo moderno, chegando ao ponto de configurar um regime acelerador totalitário[24]. Pelas nossas costas, sem pedir a nossa permissão, o regime de aceleração da modernidade transforma a nossa relação com o mundo, com os nossos semelhantes, com a sociedade, com o espaço e com o tempo. Isso ocorre também com a natureza e com o mundo dos objetos inanimados; transformando finalmente as formas da subjetividade humana e do nosso ser no mundo.

Byung-Chul Han, que critica a obra de Rosa por não considerar a aceleração o motor da modernidade, também encontra nela uma característica importante do nosso tempo. A consequência é uma aglomeração de imagens, acontecimentos e informações que impossibilita qualquer desaceleração contemplativa. A consequência é viver fazendo *zapping*[25]:

> A aceleração generalizada do processo priva o ser humano da capacidade contemplativa. Daí que as coisas que só se abrem em um demorar-se contemplativo lhe permaneçam fechadas […]. A incapacidade de permanecer na contemplação pode dar origem à força motriz que leva à pressa e à dispersão generalizadas[26].

---

24. ROSA, HARTMUT, *Alienación y aceleración. Hacia una teoría crítica de la temporalidad en la modernidad tardía*, Buenos Aires, Katz, 2016, 71-72. [Trad. bras.: *Alienação e aceleração. Por uma teoria crítica da temporalidade tardo-moderna*, Petrópolis, Vozes, 2022.]

25. Fazer *zapping* é o ato de trocar de canal repetidamente, geralmente de forma rápida, em busca de algo interessante para assistir. O termo é comumente associado à televisão, mas também pode se aplicar a outras situações, como mudar rapidamente entre músicas, vídeos ou abas de navegação na internet. (N. do T.)

26. HAN, BYUNG-CHUL, *El aroma del tiempo. Un ensayo filosófico sobre el arte de demorarse*, Barcelona, Herder, 2015, 103-104. Trad. port.: *O aroma do tempo. Um ensaio filosófico sobre a arte da demora*, Lisboa, Relógio D'Água, 2016.

Para cultivar nossa vida espiritual, superar o estado de alienação e viver nossa vida como se fosse nossa, responsabilizando-nos por ela, por vezes é necessário quebrar essa aceleração. Para fazer isso, buscamos uma experiência de tempo diferente. Continuam a existir "oásis de desaceleração" na nossa sociedade, como a comunidade Amish[27], bem como práticas de desaceleração intencionais e deliberadas. Sem extremismo ou isolamento total do mundo, precisamos encontrar formas de desaceleração, tais como espaços de retiros temporários e práticas ascéticas atualizadas. Provavelmente nem sempre será possível desacelerar. Além disso, há coisas que é bom que sejam rápidas e aceleradas, como as listas de espera nos serviços de saúde. Teremos de descobrir como contornar a aceleração, mas não nos iludamos. Precisaremos de uma ascese que nos ajude a lidar com ela, superá-la e, às vezes, simplesmente suportá-la. Prestar atenção à nossa vida espiritual e ao que ressoa nela, ou seja, o discernimento, junto com a dinâmica da Primeira Semana, também nos ajudará a superar o estado de alienação e uma visão excessivamente fragmentada do tempo.

Superar a concepção pontilhista (fragmentada) do tempo

Até agora conhecemos um *tempo linear*: infância, adolescência, escolha…; também um *tempo cíclico*: semear, colher, semear… Zygmunt Bauman chama a atenção para uma experiência do tempo diferente nos nossos dias: "O consumismo líquido moderno se caracteriza, antes de tudo e fundamentalmente, por uma *renegociação do significado do tempo*, algo até então sem precedentes"[28]. Vivemos o tempo de uma forma que Bauman descreve como nem cíclica nem linear, tal como o conhecemos até agora. Trata-se de um

---

27. A comunidade Amish é um grupo religioso cristão anabatista conhecido por seu estilo de vida simples e pela rejeição de muitas tecnologias modernas. Originados no final do século XVII, os Amish remontam suas raízes ao movimento anabatista na Europa Central e receberam esse nome em homenagem a Jakob Ammann, um líder suíço que defendia práticas religiosas rigorosas e uma separação clara do mundo exterior. (N. do T.)

28. BAUMAN, op. cit., 51.

tempo pontilhista, cheio de rupturas e descontinuidades. Esse tempo se distingue melhor pela inconsistência e falta de coesão do que por elementos coesos ou de continuidade.

Por sua vez, Byung-Chul Han, na mesma linha, se refere a um tempo atomizado, descontínuo, em que nada liga os acontecimentos, gerando uma duração, ou uma narrativa[29]. Para Byung-Chul Han, a aceleração é um sintoma, uma consequência da atomização do tempo, da perda de uma estrutura de sentido, da falta de algum tipo de gravitação que o governe[30].

O tempo pontilhista de Bauman é pulverizado em uma *"sucessão de instantes eternos"*, mônadas[31] fechadas sobre si mesmas. Atualmente, vivemos com a crença de que cada ponto-instante implica a possibilidade de outro *Big Bang*[32]. E se acredita que o mesmo ocorra nos instantes sucessivos, independentemente do que tenha acontecido nos anteriores e apesar de a experiência mostrar que "a maioria das oportunidades tende a ser erroneamente antecipada ou adiada, enquanto a maioria dos pontos-instantes se revelam estéreis, se não nascem mortos"[33].

Na vida pontilhista, busca-se em cada momento uma experiência fundante. No mesmo sentido, Nietzsche dizia que a vida é aquela atividade que considera que o mundo acaba a cada momento. A vida assim entendida é como viver na crista da onda, em momentos eternos. Assistir ao fim do mundo a cada momento é bastante semelhante ao tempo pontilhista. Se cada instante é como o fim do mundo, isso é certamente um grande acelerador do ritmo de vida.

---

29. Cf. HAN, *El aroma del tiempo...*, op. cit., 37. Ele também fala de uma "destemporalização que não permite que haja nenhum processo narrativo" (34).

30. Cf. ibid., 38.

31. Mônada é um conceito-chave na filosofia de Leibniz. No sistema filosófico desse autor, significa uma substância simples. Como tal, faz parte dos compostos, sendo ela própria sem partes e, portanto, indissolúvel e indestrutível. (N. do T.)

32. A teoria do *Big Bang* descreve a origem do Universo a partir da expansão violenta de uma partícula muito densa e extremamente quente que teve início há 13,8 bilhões de anos, aproximadamente. (N. do T.)

33. BAUMAN, op. cit., 53.

Se a vida espiritual for concebida como uma euforia perpétua ou como viver continuamente na crista de uma onda, ela só poderá se assemelhar a um cemitério de possibilidades imaginadas e desperdiçadas. Será como uma promessa continuamente não cumprida onde a taxa de sonhos abortados é muito alta: uma terra de desencanto e decepção. O que sempre fora prometido como um novo começo de tudo, como um *Big Bang* fundante, acaba por ser decepcionante: "Um *Big Bang* muito pequeno".

A experiência pontilhista do tempo elimina a unidade narrativa da vida. Sob esse modelo, pode-se justificar um abandono ou uma ruptura na desolação com a ideia de que as pessoas mudam e, portanto, os compromissos passados não podem ser mantidos. Um homem pode então dizer: "A mulher com quem me casei não é a mesma com a qual convivo hoje. Mudou completamente. Não preciso manter a fidelidade que prometi". Um religioso ou uma religiosa pode dizer: "Não sou a mesma pessoa de quando fiz os votos, aos 20 anos. Não faz sentido, agora aos cinquenta anos, continuar mantendo compromissos que outra pessoa assumiu e que já não significam nada para mim".

Da mesma forma, descarta-se a ideia de progresso, treinamento e aprendizado lento e sacrificial. Não há espaço para adquirir habilidades, para formar hábitos, hábitos do coração. Cada etapa aspira a ser uma novidade absoluta. Também não há espaço para a paciência em tempos de desolação e para esperar a consolação que virá.

O tempo pontilhista se converte facilmente em uma sucessão de oportunidades perdidas. Um acompanhamento espiritual, ao nos obrigar a explicar a sucessão de pontos, pode dar certa unidade narrativa, transformando-os em partes de um itinerário. Assim, as oportunidades perdidas, com a decepção que acarretam, podem nos fazer sair dessa concepção frustrante do tempo. E, como veremos nas regras de discernimento, resistir nas dificuldades e ter reservatórios de memória afetiva configuram outra experiência do tempo, convertendo pontos em linhas.

Há algo de verdadeiro nessa concepção pontilhista do tempo, como na linear e na circular. Para um judeu "a qualquer momento o Messias pode vir ou entrar em nossa história". Os cristãos também esperamos pela segunda e pela terceira vinda de Cristo; aquela vinda diária no Espírito e a definitiva[34]. Porém, para nós, o tempo pontilhista terminou com a Encarnação do Filho, que foi "um novo *Big Bang*", no qual ainda vivemos, mas já não esperamos por outro. Vivemos no último dia! Tendo encontrado o tesouro escondido, estamos na fase de adquiri-lo e não de buscar outros.

O valor da alternância

No início da vida espiritual, a perda da consolação pode ser desconcertante. O mau espírito, em sua estratégia, esconde o valor da alternância entre a consolação e a desolação, fazendo-nos pensar que esta última será eterna. Quando perdemos o rastro da consolação e a vida se torna pesada, o mau espírito pode causar danos, especialmente às almas mornas e covardes que dão ouvidos às suas sugestões. Porém, nos sujeitos mais firmes, experientes e generosos, essa ação é neutralizada, permanecendo fiéis e colhendo os frutos que a Providência lhes destinou ao "permitir essa lição". Da desolação, sairão mais purificados das suas "inclinações mercenárias" e instalados em uma humildade vivenciada. Conscientes de "para que são feitos", acolhendo o seu lugar para poder acolher os dons do Doador de todos os dons.

Na sociedade do "excesso de positividade" ou da "euforia perpétua" não há lugar para a humildade; tudo está sempre bem, tudo tem de ser "legal". A tendência é superestimar nossas capacidades, acreditando erroneamente que podemos receber os dons por nós mesmos. Trata-se de se instalar naquilo que não nos pertence, o que Inácio chama de "fazer ninho em casa alheia" (EE 322,4). Assim, alimentamos uma autossuficiência secreta que nos torna incapazes de receber os dons do alto. Ignorar o benefício da alternância entre consolação e desolação nos impede de saber lidar com a negatividade quando ela chega. Por outro lado, quando graças à alternância percebemos que não podemos produzir as graças e o pouco que somos sem elas, pois quem dá os dons é o Senhor, então nos dispomos a recebê-las.

---

34. São Bernardo, Sermão 5 do Advento do Senhor, 1-3, in: *Opera omnia*, Edição Cisterciense, 1966, 188-190. [Trad. bras.: *Sermões de São Bernardo*, São Paulo, Paulus, 2023, v. I.]

Silvano Fausti afirma que se entra na vida espiritual através do negativo. Sentir-se mal é um alerta não só para o corpo, mas também para o espírito. Assim como quando uma pessoa está bem não sente seu corpo, se não está bem sente imediatamente a parte dolorida. E, quando alguém presta atenção em um ponto, também aprende um pouco, ao mesmo tempo, a perceber o resto. Fausti compara o mal na vida espiritual com o atrito no movimento físico: embora por si só possa impedir o movimento, sem ele deslizaríamos incontrolavelmente. No final das contas resulta que "o que atrapalha você se converte naquilo que permite o seu caminho"[35].

Byung-Chul Han, em *Sociedade paliativa*, destaca que vivemos em uma sociedade que busca eliminar toda negatividade, vendo a dor como a negatividade por excelência[36]. Devemos evitar o "excesso de positividade" que nega essa parte da realidade e a alternância que nos faz crescer:

> Nada deve doer. Não só a arte, mas a própria vida tem de poder ser carregada no Instagram, ou seja, deve estar livre de arestas, conflitos e contradições que possam ser dolorosas. Esquecemos que a *dor purifica*, que opera uma *catarse*. A cultura da complacência carece da possibilidade de *catarse*, e é assim que a pessoa se asfixia entre as *escórias da positividade* que se acumulam sob a superfície da cultura da complacência[37].

Nietzsche também elaborou a mesma coisa:

> Se a pessoa não deixa seu sofrimento descansar dentro de si nem por uma hora, mas está constantemente se antecipando a todas as dores possíveis; se geralmente considera que toda dor e desconforto são algo ruim, odioso, digno de ser eliminado, como um defeito da vida, então ela tem no coração outra religião, além da piedade, que talvez seja a mãe desta: a *religião do conforto*! Quão pouco as almas acomodadas e bondosas sabem sobre a *felicidade* humana[38].

---

35. Fausti, op. cit., 53-54.
36. Han, Byung-Chul, *La sociedad paliativa*, Barcelona, Herder, 2022, 12. [Trad. bras.: *Sociedade paliativa. A dor hoje*, Petrópolis, Vozes, 2021.]
37. Ibid., 14.
38. Nietzsche, Friedrich, *La gaya ciencia*, Madrid, M. E. Editores, 1995, n. 338, 207-209. [Trad. bras.: *A Gaia Ciência*, São Paulo, Companhia de Bolso, 2012.]

A realidade não é monocromática. Obviamente, não procuramos desolação, dor e sofrimento. A consolação é desejável e nos permite navegar com vento favorável. Porém, a desolação não deve ser temida, mesmo que nos faça navegar contra o vento. No devido tempo, pode ser benéfica, fortalecendo-nos, se a vivermos bem e nos formarmos como súditos fortes. Também aprendemos nela. A alternância entre consolação e desolação é fecunda e, quando aceita e não evitada, fortalece o sujeito e o coloca diante de Deus no seu devido lugar. Através dela, nos purificamos, abandonamos o amor-próprio e nos enraizamos na humildade vivenciada e na nossa própria verdade.

Conta-se, nos ditos dos Padres do Deserto, a história do monge João, que se vangloriava de "estar acima de todas as tentações" e de já não as experimentar. A ele, o ancião aconselhou a rezar a Deus para que o submetesse a alguma dura prova, se quisesse que a sua vida continuasse a valer alguma coisa. Em outros ditos a resposta do ancião é registrada como: "Vá e ore ao Senhor para que suscite em você alguma batalha que o estimule, porque a alma só amadurece através das batalhas"[39].

2. O primeiro conjunto de regras

Nos *Exercícios Espirituais*, Santo Inácio nos oferece algumas regras de discernimento para nos ajudar a educar a nossa sensibilidade e aprender a ler o que sentimos. Essas regras não se baseiam na racionalização de sentimentos, mas no aprendizado a partir deles, de forma experiencial e existencial. É como aprender a ler, algo que se tornará conatural. Usando conhecimentos de séculos de sabedoria espiritual, Inácio formulou vários conjuntos de regras que nos ajudam a interpretar a nossa experiência interior.

No discernimento falamos sobre espíritos e moções. Os espíritos são entidades ou influências externas, também pensamentos e sugestões, diferentes de nós, que nos afetam e nos alteram. Muitas vezes são chamados de anjos

---

39. MERTON, THOMAS, *La saggezza del deserto. Detti dei primi eremiti cristiani*, Torino, Lindau, 2009. [Trad. bras.: *A sabedoria do deserto. Ditos dos primeiros eremitas cristãos*, São Paulo, WMF Martins Fontes, 2004.]

bons ou maus, mensageiros bons ou maus, bom espírito e mau espírito. Essas são forças externas à nossa liberdade. Forças amigas e inimigas que buscam o nosso bem ou o nosso mal. As moções são as reações internas que temos à ação desses espíritos ou de nós mesmos. Incluem luzes, atrações, repugnâncias, sentimentos, chamados... Entender essas moções nos leva a colocar a vida em jogo. Sem nos envolvermos e nos arriscarmos, não há discernimento.

A arte do discernimento é delicada. Como disse Santo Inácio a Ribadeneira, "em Salamanca não se aprende", ou seja, não é fruto de estudos acadêmicos. Embora as regras inacianas sejam úteis, não são o único método de discernimento. Muitas pessoas acostumadas a sair de si mesmas, que não buscam apenas o próprio benefício e que procuram seguir a Cristo, já praticam alguma forma de discernimento.

Santo Inácio propõe um método e fornece um conjunto de regras que se aplicam à necessidade de quem se exercita e ao momento espiritual em que se encontra (EE 8-10). As Regras da Primeira Semana são mais adequadas para a etapa purgativa, quando estamos em contato com o nosso pecado, em processo de conversão. As Regras da Segunda Semana são para a chamada via iluminativa[40], onde procuramos caminhar no bem e fazer as nossas próprias escolhas.

---

40. As vias purgativa, iluminativa e unitiva são as três etapas clássicas da vida espiritual cristã, especialmente destacadas na teologia mística. Elas descrevem o processo de crescimento em santidade e união com Deus. (1) A Via Purgativa é a etapa inicial, na qual a pessoa busca se purificar dos pecados e das imperfeições. Caracteriza-se pela prática da penitência, do arrependimento e da luta contra os afetos desordenados. O objetivo é alinhar a vida às virtudes básicas e à obediência à vontade de Deus. (2) Na Via Iluminativa, o foco é aprofundar a relação com Deus por meio da oração, da contemplação e da prática das virtudes cristãs. A pessoa recebe maior clareza e luz sobre os mistérios da fé e sobre a vontade divina. É marcada pelo crescimento no amor a Deus e pela busca de uma vida mais santa. (3) A Via Unitiva representa o estágio mais elevado, no qual a pessoa alcança a união íntima e transformadora com Deus. É um estado de contemplação profunda, onde a pessoa experimenta a presença de Deus de maneira mais plena. Aqui, o amor divino toma o centro da vida, e a pessoa vive em conformidade quase total com a vontade divina. Essas etapas não são necessariamente lineares; muitas vezes, há uma alternância entre elas, dependendo da experiência espiritual individual. (N. do T.)

As regras do discernimento são eficazes quando estamos em uma dinâmica espiritual. Pressupõem "fervor generoso e tendência resoluta à perfeição"[41]. São válidas quando se pretende viver no Espírito, converter-se, abandonar a vida de pecado, seguir a Cristo, viver em comunhão com Ele, caminhar no bem e fazer o bem aos outros.

Santo Inácio se refere a elas como "regras para de algum modo *sentir* e *conhecer* as várias *moções* que *são causadas* na alma: as boas para *aceitar*, as más para *rejeitar*". Ao dizer "de algum modo", ele nos indica que elas não são matemáticas. Os verbos utilizados nos indicam que se trata de uma atividade tripla: 1) *sentir*: há um sentir e um aprender a sentir internamente; 2) *conhecer*: perceber o que se sente, aprender a distinguir o que acontece dentro de nós, se vem do mensageiro amigo ou do inimigo; e 3) de acordo com o que sentimos, uma vez que conhecemos, *aceitar ou rejeitar*. Estes dois últimos verbos são muito importantes. Devemos decidir; não ficar no meio do caminho. Hoje tendemos a ser magníficos espectadores da nossa própria vida, com boas análises e diagnósticos, mas muitas vezes temos dificuldade em tomá-la nas mãos e tomar decisões concretas a respeito dela. O tentador procura nos distrair e paralisar para que não avancemos.

Essa atividade de discernimento é o próprio exercício da liberdade. Trata-se de uma liberdade que deve ser progressivamente libertada e que, à medida que é exercida, nos fortalece e nos torna mais plenamente pessoas. Ao longo da experiência das quatro Semanas, e especialmente na Quarta e nas Regras para sentir com a Igreja, descobriremos que se trata do exercício de uma liberdade que não é centrífuga, mas que tem presente o sentido do outro e é vinculante. O objetivo do sentir, conhecer e aceitar ou rejeitar é nos conscientizar para decidirmos sobre as *moções que experimentamos*. Moções são movimentos internos. O fato de "serem" causadas significa que o sujeito que as produz não está claramente determinado. Elas podem ser causadas por nós, pelo mau espírito ou por Deus. Deus não tem outra maneira de falar senão através do humano. Não existem atalhos que nos poupem a humanidade.

---

41. COATHALEM, HERVÉ, *Comentario del libro de los Ejercicios*, Buenos Aires, Apostolado de la Oración, 1987, 260.

É por isso que, quando perdemos a fé no ser humano e em nós mesmos, o relacionamento com Deus fica tão prejudicado.

Nessa etapa purgativa é fundamental aprender a ler o que sentimos, pois podemos ter muitos altos e baixos. O próprio Inácio nos fala sobre a alternância de sentimentos. Lembro-me, por exemplo, de que, no noviciado, quando os noviços acabavam de deixar suas famílias, seus empregos, e iniciavam uma vida de oração, de serviço e de saída de si mesmos, nos primeiros meses, ocorria o que chamamos de "tobogãs". Muitos altos e baixos de humor que, em geral, não sabiam ler nem entendiam. Uma vez refinada a nossa capacidade de lê-los, esses altos e baixos nos ajudarão a nos colocar melhor em nosso lugar diante de Deus e diante dos outros. Primeiramente crescendo na humildade e nos capacitando a não fugir e desistir quando a desolação chegar.

Esse primeiro conjunto de regras se aplica nos Exercícios principalmente quando meditamos sobre o nosso próprio pecado ou em situações de vida em que estamos mais na via purgativa ou de conversão. Assim, o problema ao qual elas respondem e focam é mais a desolação. As Regras da Segunda Semana são adequadas quando a desolação não é o problema, quando estamos escolhendo entre coisas boas e temos tentações sob a aparência do bem. Também quando temos falsas consolações, que devemos distinguir das verdadeiras.

Um mapa do sentir. Primeiras notas para ler o sentir (1ª e 2ª Regras)

Uma questão básica é que, se eu não sei em que dinâmica interna estou, será muito difícil para mim ler o que sinto. Inácio começa suas primeiras regras chamando a atenção, nas duas primeiras, para onde estou, em que dinâmica espiritual estou, para poder decodificar o que está acontecendo comigo. Não é o simples "eu me sinto bem" (à vontade) = consolação = vontade de Deus, ou "eu me sinto mal" (infeliz) = desolação = "isso não pode ser a vontade de Deus". Inácio se sentia bem quando se imaginava em seu leito de Loyola com glória cavalheiresca, mas o que sentia não era nem consolação nem a linguagem de Deus. É provável, por exemplo, que ao orar sobre o pecado sintamos dor e vergonha, mas isso não é desolação. É uma consolação que nos permite avançar em nossa conversão.

Os espíritos e as moções agem dessa maneira. Não é intenção de Inácio descrever sua essência. Ele os reconhece como forças que agem e estão lá. É assim que as coisas funcionam na dimensão espiritual, especialmente durante o período da Primeira Semana e nas situações de vida que correspondem a essa etapa espiritual. Os bons e maus espíritos se adaptam ou fazem uso de nossas inclinações, mais ou menos conscientemente, para usá-las para seus respectivos propósitos. É por isso que o autoconhecimento, saber onde estamos, que dinâmica nos conduz, é de grande valor na vida espiritual. Inácio nos adverte que aquilo que sentimos quando passamos "de pecado mortal em pecado mortal" não é lido da mesma forma que quando subimos "de bem a melhor". As duas primeiras regras nos falam sobre isso.

> Primeira regra: nas pessoas que vão de pecado mortal em pecado mortal, o inimigo costuma lhes propor prazeres aparentes, fazendo-as imaginar deleites e prazeres sensuais, para conservar e aumentar seus vícios e pecados. Nessas pessoas, o bom espírito age de modo oposto, picando e remordendo suas consciências através do juízo da razão (EE 314).

Ao homem (ou à mulher) que "vai de mal a pior", que não está em processo de querer melhorar em sua vida, que colocou o eu no centro, que pratica o mal, o espírito maligno o confirma em continuar fazendo o mal aos outros ou a si mesmo e isso o faz "sentir-se bem". E o bom espírito, ao contrário, o perturba e faz com que ele "se sinta mal", para levá-lo a reconhecer seu erro e o ajudar a mudar. Aqui ainda não nos deparamos com consolações e desolações.

> Segunda regra: nas pessoas que vão se purificando intensamente de seus pecados, e subindo de bem a melhor no serviço de Deus, Nosso Senhor, acontece de modo oposto à primeira regra. Pois é próprio do mau espírito remorder, entristecer e pôr impedimentos, inquietando com falsas razões, para que a pessoa não vá adiante. Enquanto é próprio do bom espírito dar ânimo e forças, consolações, lágrimas, inspirações e tranquilidade, facilitando e removendo todos os impedimentos, para que a pessoa progrida na prática do bem (EE 315).

Ao homem (ou à mulher) "que vai de bem a melhor", que quer abandonar o caminho do mal e procura se incorporar no caminho do bem, ou que tem Cristo e seu seguimento no centro, o bom espírito o ajuda e encoraja a perseverar no bem, consolando-o. O mau espírito inquieta essa pessoa, colocando impedimentos ou a perturbando, continuando com sua função de buscar impedir o bem.

Geralmente acontece que não estamos completamente na dinâmica do "bem a melhor" nem na do "mal a pior". Às vezes, como pessoas espirituais que andam no bem e tentam ir de bem a melhor, temos incrustações de nossa antiga vida de pecado, de maus hábitos adquiridos ou apegos que não estão bem ordenados. O inimigo se aproveita disso para nos fazer sentir bem, nos confirmando em nosso mau comportamento, e o bom espírito age de forma oposta: desinstalando-nos para que percebamos que algo não está certo. Por exemplo, uma pessoa espiritual que está no caminho do bem, mas tem alguma necessidade de aplausos e aceitação, sem ter consciência disso; quando não os tem ou é criticada, sente-se mal e acredita que isso é desolação. Ela pode chegar a pensar que Deus não a quer naquele ministério. Mas tudo o que ela está experimentando é uma *inquietação benéfica*. Isto é, uma inquietação que no fim lhe fará bem. No momento em que ela souber de onde vem e para onde a leva, perceberá que vem do seu desejo frustrado de ser elogiada e aceita. Isso não é tanto uma desolação, mas sim algo positivo que pode ajudá-la a melhorar e trabalhar internamente esse apego ou afeição desordenada.

O mesmo pode acontecer quando nossa vontade não é satisfeita, quando não somos valorizados como gostaríamos, quando não obtemos o sucesso que buscamos etc. Quando "nos sentimos bem" é importante descobrir se isso é uma consolação que vem de Deus ou são seduções enganosas que nos mantêm em nossas desordens. E, quando nos sentimos mal, podemos investigar se é a desolação que Deus permite ou simplesmente uma inquietação benéfica que chama nossa atenção para alguma incrustação do nosso pecado, dos nossos maus hábitos ou das necessidades não satisfeitas. Também pode vir de algum tipo de incrustação de pecado cultural ou estrutural que se instalou em nossos corações. O seguinte mapa de sentimentos explica isso:

São para o bem
Vêm de Deus

	Consolação verdadeira
Inquietações benéficas Nas pessoas que vão de mal a pior, o bom espírito costuma picar e remorder a consciência para que não continuem a fazer o mal (EE 314).	É próprio do bom espírito dar ânimo e forças, consolações, lágrimas, inspirações e tranquilidade àqueles que vão de bem a melhor, facilitando e removendo todos os impedimentos, para que possam prosseguir nas boas obras (EE 315). Chamo consolação quando se produz alguma moção interior, pela qual a pessoa fica inflamada de amor por seu Criador e Senhor e, portanto, quando não pode amar em si mesma nenhuma coisa criada na face da terra, exceto no Criador de todas elas. Do mesmo modo, quando ela derrama lágrimas por amor ao seu Senhor, seja pela dor dos seus pecados, seja pela Paixão de Cristo, nosso Senhor, seja por outras coisas corretamente ordenadas ao seu serviço e louvor. Enfim, chamo consolação todo aumento de fé, esperança e caridade e toda alegria interna que chama e atrai para as coisas celestes e para a salvação da própria pessoa, aquietando-a e pacificando-a em seu Criador e Senhor (EE 316).
Tentação Nas pessoas que vão de bem a melhor e se purificando de seus pecados, o mau espírito costuma remorder, entristecer, pôr impedimentos e inquietar com falsas razões para que não avancemos (EE 315). **Desolação** Chamo desolação [...] escuridão interna, perturbação, moção para coisas baixas e terrenas, inquietude com várias agitações e tentações, movendo à desconfiança, sem esperança, sem amor, achando-se a pessoa toda preguiçosa, morna, triste e como que separada de seu Criador e Senhor (EE 317).	**Sedução enganosa ou falsa consolação** Nas pessoas que vão de mal a pior, o inimigo muitas vezes propõe prazeres aparentes, deleites e prazeres sensuais, para conservá-las no pecado ou desviá-las da vontade de Deus (EE 314).

Sentimentos negativos — Sentimentos positivos

Opõem-se ao bem
Vêm do inimigo

O inimigo gostaria que distinguíssemos apenas dois estados: sentir-se bem como consolação e sentir-se mal como desolação. Segundo esse esquema, Deus gostaria que nos sentíssemos bem, ele falaria em consolação; e quando nos sentimos mal seria o inimigo que estaria nos perturbando e inquietando. Há pessoas que vivem assim. Contudo, isso não é discernimento, mas sim escolher com complacência. Poderíamos dizer que se trata de uma espécie de hedonismo espiritual.

O "sentir-se bem" é um dos primeiros enganos que devem ser desmascarados hoje no início da vida espiritual. A estratégia do inimigo é dividir o espaço interior entre sentir-se bem e sentir-se mal. É uma estratégia sutil e perigosa porque confunde a ação do bom e do mau espírito, concentra a pessoa em si mesma e praticamente elimina a alteridade. Você fica simplesmente com: "Estou bem / Estou mal". Em tudo eu sou eu, somente eu, e não há "outro". No "sentir-se bem" quaisquer sentimentos agradáveis são aceitos como se fossem consolações e, portanto, marcam a vontade de Deus e nos direcionam no caminho do bem. O resultado é que acabamos enganados e confusos em tudo. No caso oposto, ao sentir-se mal, juntamente com a perturbação induzida pelo mau espírito, o mal-estar benéfico produzido pelo bom espírito é rejeitado indiscriminadamente e sem diferenciação adequada. Especialmente quando a pessoa tem incrustações egoístas ou leva uma vida desordenada, que deve ser purificada; ou, simplesmente, pela pedagogia divina que conduz cada indivíduo por um caminho pessoal para que aprenda a amar e a confiar.

Em um processo de escolha de vida, é comum que haja muitas consolações e desolações, e elas devem ser bem discernidas, vendo de onde vêm e para onde levam. Essa é a matéria mais própria do discernimento na Segunda Semana. Algumas consolações podem ser falsas, saímos muito contentes e acreditamos que estamos "consolados" porque nos imaginamos de uma forma ou de outra no futuro. Mas a única coisa que fizemos foi sair "satisfeitos", enganados por uma falsa consolação que nos esteriliza. Isso ocorre porque formulamos ideais sobre nós mesmos, mas eles são irrealizáveis para nossa realidade concreta... O inimigo triunfou, deixando-nos contentes em nossa esterilidade.

O mau espírito costuma propor prazeres aparentes, que estão de acordo com as más inclinações para confirmá-las, ou pode propor medos quanto ao futuro para não avançarmos na prática do bem. O bom espírito pode nos deixar desconfortáveis quando estamos "apegados" a algo que não está devidamente ordenado e nos causará remorso. Isso não é desolação, mas sim uma inquietação benéfica que nos chama a atenção para algo que precisa ser melhorado para podermos integrá-lo no caminho do bem.

Os *apegos* ou afetos desordenados que cada um de nós tem nos ajudam a ler o que sentimos e, de certa forma, mudam o significado. O tentador nos fará sentir bem para nos firmar em um apego que não nos permite seguir no caminho do bem. E nos fará sentir mal quando perdermos aquilo a que estamos nos apegando. O inimigo muitas vezes sequestra nossa liberdade. Triunfa quando a perdemos. A síndrome de abstinência de um viciado faz com que ele se sinta mal, mas ele terá de sofrer e superar isso se quiser recuperar sua liberdade. O inimigo tira vantagem das nossas fraquezas, ele entra na nossa para sair com a sua. Quando conhecemos "a nossa", temos de ser cuidadosos e menos inclinados a apoiá-la. Sobre isso, devemos nos examinar muito, porque é ali que o tentador normalmente nos ataca. Esse é o terreno propício para cometermos erros.

Aprender uma língua: consolação e desolação (3ª e 4ª Regras)

Em geral, a consolação é sinal do bom espírito, a desolação espiritual é sinal do mau espírito, mas vimos que há nuances. Vimos que essas definições pressupõem um sujeito espiritual progredindo em direção ao bem ("subindo de bem a melhor"). Na consolação somos guiados mais pelo bom espírito, e na desolação pelo mau espírito. A desolação é um mau estado para tomar decisões. Embora também deva ser dito que, nas Regras da Primeira Semana, ou no estado espiritual da Primeira Semana, não temos de escolher nosso estado de vida, mas simplesmente não nos desviar do caminho do bem. Em outras palavras, trata-se de não sucumbir à tentação, à desolação, que muitas vezes tenta nos fazer abandonar o compromisso ou o caminho que empreendemos.

A consolação é o grande sinal do bom espírito.

> Terceira regra. A consolação espiritual: chamo consolação quando se produz alguma moção interior, pela qual a pessoa fica inflamada de amor por seu Criador e Senhor e, portanto, quando não pode amar em si mesma nenhuma coisa criada na face da terra, exceto no Criador de todas elas. Do mesmo modo, quando ela derrama lágrimas por amor ao seu Senhor, seja pela dor dos seus pecados, seja pela Paixão de Cristo, nosso Senhor, seja por outras coisas corretamente ordenadas ao seu serviço e louvor. Enfim, chamo consolação todo aumento de fé, esperança e caridade e toda alegria interna que chama e atrai para as coisas celestes e para a salvação da própria pessoa, aquietando-a e pacificando-a em seu Criador e Senhor (EE 316).

A expressão "criador e Senhor" abunda no texto. Trata-se de consolação espiritual que não posso fabricar ao meu capricho. Podemos encontrar na regra cinco manifestações da consolação: 1) *Inflamar-se*. É um movimento de afetividade em direção a Deus, um sentimento de atração: "Inflamar-se de amor pelo próprio Criador e Senhor". 2) *Amor inclusivo*. Pode ser um amor tão intenso e inclusivo que somente nele todas as outras coisas podem ser amadas. 3) *Lágrimas*. A consolação pode incluir também lágrimas de alegria ou de tristeza, motivadas pelo amor ao Senhor, pela dor dos pecados ou pela paixão de Cristo, nosso Senhor, ou por outras coisas bem ordenadas. 4) *Aumento das virtudes*. Também é consolação todo aumento perceptível de fé, esperança e amor. 5) *Alegria serena*. Alegria interna que nos atrai para as coisas do alto e para a salvação, trazendo quietude e paz no Senhor e Criador[42].

Há também notas sobre consolação espalhadas pelos *Exercícios*: "Vergonha e confusão" pelos meus pecados (EE 48), "profunda e intensa dor pelos meus pecados" (EE 55), "dor, sentimento e confusão porque o Senhor vai à paixão pelos meus pecados" (EE 193) e "dor, lágrimas e padecimento interno por tanto padecimento que Cristo passou por mim" (EE 203). Isso não nega que o principal é o amor intenso e totalizante a Deus (EE 316). Esse amor é acompanhado pela união com Deus, atração por Deus, comunhão com Cristo em sua paixão ou pela dor do meu pecado, que refaz o relacionamento

---

42. Cf. CORELLA, JESÚS, "Consolación", in: *Diccionario de Espiritualidad Ignaciana*, Bilbao-Santander, Mensajero-Sal Terrae, 2007, 418.

com Cristo e me devolve a Ele, ou pela intensa alegria de participar da alegria do Ressuscitado.

Como se pode ver, a consolação tem um conteúdo, não é meramente sentir-se bem, calmo ou em paz. É uma experiência que nos abre a Deus e nos une a Cristo. São movimentos internos que se caracterizam por serem perceptíveis, afetivos, unificadores e contrários à desolação. Santo Inácio se refere a consolações espirituais, não apenas a um sentir-se bem. As experiências sensíveis têm um conteúdo em relação ao Senhor e ao serviço a Deus e ao próximo. Em alguns casos, é até possível experimentar consolação sem nenhuma ressonância emocional. O aumento da fé, da esperança e da caridade também é consolação. Santa Teresa já ensinava que, quando o poço seca (quando não há consolação sensível) e o jardim não é regado, às vezes as flores (que são as virtudes) continuam a crescer.

A desolação é "exatamente o contrário".

> Quarta regra. Desolação espiritual: chamo de desolação o oposto da terceira regra, como escuridão interna, perturbação, moção para coisas baixas e terrenas, inquietude, com várias agitações e tentações. Movendo a pessoa à desconfiança, a ficar sem esperança, sem amor, encontrando-se toda preguiçosa, morna, triste e como que separada de seu Criador e Senhor. Pois, assim como a consolação é contrária à desolação, assim também os pensamentos que vêm da consolação são contrários aos pensamentos que vêm da desolação (EE 317).

A mera ausência de consolação não é desolação. É próprio da desolação, assim como do mau espírito, opor-se, ir contra a consolação. Inácio descreve isso como "escuridão interna, perturbação, moção para coisas baixas e terrenas, inquietude, com várias agitações e tentações". É um estado de privação: "Desconfiança, sem esperança, sem amor". A pessoa se sente "preguiçosa, morna, triste". É um resumo de toda carência afetiva, de tristeza. Sente-se "separada de seu Criador e Senhor": efeito da falsidade de toda desolação. Suas características são contrárias às consolações e são produzidas pelo mau espírito. Elas são desintegradoras, inevitáveis, mas resistíveis. Dificultam a oração, os Exercícios e a vida espiritual. Os pensamentos que surgem de ambos os estados espirituais também são contrários.

A desolação nos dá um conhecimento de Deus, mas "ao contrário", baseado no que a alma experimenta quando se sente "separada de seu criador e Senhor". Sabemos algo sobre Deus e sua ação por causa de sua ausência. Isso pode nos ajudar a saber aonde não ir, nos ajuda a diferenciar, a saber o que "não é", mas não a identificar, a saber "o que é". A ausência, a separação, nos dá certo conhecimento, mas não serve para identificar o que Deus é. Assim como a consolação, a desolação provocará uma ampla gama de sentimentos e significados. Alguns são muito perceptíveis, como indica a regra, e outros mantêm tons mais indecisos, como "fraqueza e peso espiritual", "impressão de eclipse da esperança e do amor" ou a "imersão em um vago embotamento"[43]. Todos são orientados para pensamentos contrários aos de consolação. Ou seja, colocam um impedimento para que a pessoa não avance no caminho do bem e do serviço divino.

Na Primeira Semana, consolação e desolação são distinguidas por seus efeitos, não por sua origem. A questão da origem será de maior interesse na Segunda Semana. Deve-se notar que também há consolações e desolações grupais e congregacionais. A consolação vem primeiro, é a lição que Deus dá. A desolação, Ele somente a permite. A consolação é natural, ela está presente quando estamos em sintonia com a criação, com o amor criador de Deus. Só precisamos acolhê-la com gratidão e deixá-la viver e crescer. A alternância de consolação e desolação, como já vimos, é uma coisa boa. É um presente que a sociedade do "excesso de positividade" não reconhecerá nem aprovará. Nesta sociedade, devemos estar sempre tranquilos, mantendo uma aparência atraente e relaxada por fora.

Vencer a tentação de abandonar. "A armadilha do tempo" (5ª e 6ª Regras)

No início da vida espiritual e nos períodos de conversão, é muito comum sentir a tentação de abandonar o que foi empreendido. Em sua carta a Teresa Rejadell, Inácio formulou a tentação assim: "Como podes viver toda

---

43. COATHALEM, op. cit., 264-265.

a tua vida em tanta penitência, sem desfrutar de parentes, amigos, posses, e em uma vida tão solitária sem um pouco de repouso? Não há outra forma de salvar tua alma sem te colocares em tantos perigos?". Nesse caso, o tentador joga com o tempo, "dando-nos a entender que devemos viver a vida mais longa jamais vivida, com sofrimentos que ele coloca diante de nós, e não nos mostra os muitos alívios e consolações que o Senhor costuma dar ao novo servidor quando este supera todas essas dificuldades, escolhendo sofrer com seu Criador e Senhor". Ou seja, o inimigo nos apresenta todo o mal futuro concentrado no agora (escondendo de nós o bem) e quer que decidamos agora, imediatamente...

> Quinta regra: em tempos de desolação, nunca fazer mudanças, mas permanecer firme e constante nos propósitos e na determinação em que estava no dia anterior a tal desolação, ou na determinação que estava na consolação precedente. Pois, assim como, na consolação, mais nos guia e aconselha o bom espírito, assim, na desolação, o mau, e com os conselhos deste não podemos acertar o caminho (EE 518).

O conselho inaciano que se opõe à armadilha do tempo é a regra de ouro: "Em tempos de desolação, nunca fazer mudanças". E, por outro lado, sede firmes e constantes nos propósitos que estavam em vigor no dia anterior a tal desolação ou na determinação que estava em vigor na consolação precedente. Pois, "assim como, na consolação, mais nos guia e aconselha o bom espírito, assim, na desolação, o mau, e com os conselhos deste não podemos acertar o caminho". Os pensamentos e propósitos que se formam na desolação são contrários aos que saem da consolação.

Pode-se pensar em uma forma de mudança sutil. Muitas mudanças são preparadas por muito tempo sem que percebamos. Na verdade, não há apenas desolações ocasionais, mas também há períodos de desolação. Nesse caso, as mudanças são mais imperceptíveis. Quando estamos em um momento de crise e somos tentados a jogar tudo fora, embora seja difícil resistir, é mais fácil saber que temos de encarar a situação de frente. Quando ocorrem desolações mais tênues, prolongadas, ambientais... É mais sutil. Podemos passar muito tempo em tibieza espiritual, em desolação existencial, em que deixamos de rezar, de participar da comunidade, da vida sacramental, do senso de pertença afetiva etc. Podemos passar muito tempo fugindo, abandonando. Então no final percebemos que a mudança ocorreu de forma imperceptível. Estabeleceu-se uma distância afetiva que acabou por nos descontentar: um dia uma mala, no outro um móvel... E no final só nos resta o nome na caixa de correio.

Teresa de Jesus capta perfeitamente o problema e a necessidade de resistir. Ela o expressa à sua maneira: "Que avancem apesar de todas as dificuldades, de todos os obstáculos, de todos os trabalhos [...]. É melhor que morram no caminho do que não tenham coragem de suportar as provações, mesmo que o mundo inteiro afunde com eles"[44]. É importante na vida espiritual não mudar a determinação de seguir em frente. Se o fizéssemos, perderíamos a pedagogia de Deus.

Chamamos isso de armadilha do tempo, uma armadilha que turva nossa visão. Quando iniciamos o caminho de seguir o Senhor, é um tempo de muitos altos e baixos. Começamos a perceber os muitos laços, apegos ou vícios que temos. Às vezes não percebemos de onde vêm nossos impulsos internos e só sentimos o desânimo. Talvez eles venham da frustração ou do tropeço em algum apego do qual não temos consciência. Neste ponto, podemos aplicar o que dissemos sobre o ponto cego que serve como ferramenta para escavar. De fato, a 6ª Regra parece ir nessa direção quando, em concordância com a não mudança dos primeiros propósitos, nos convida a enfrentar a desolação com "crescente oração, exame e penitência".

> Sexta regra: embora não devamos mudar nossos primeiros propósitos na desolação, é de grande proveito mudar-se intensamente contra a própria desolação, bem como insistir mais na oração, na meditação, em examinar-se muito e em dedicar-se mais a alguma penitência conveniente (EE 319).

Depois de nos examinar, podemos chegar a compreender que não se trata realmente de uma questão de desolação, mas sim de uma inquietação

---

44. *Camino de perfección*, in: COATHALEM, op. cit., 270.

benéfica, talvez porque não vencemos uma discussão e não gostamos de perder. Isso nos permite ler esse desânimo como um toque benéfico do bom espírito para que cresçamos no abandono do afeto desordenado de ter sempre de vencer.

Em um processo de conversão é muito provável que tenhamos de mudar muitos comportamentos e hábitos. Se reconhecermos esses desânimos como toques do Senhor que marcam caminhos de crescimento, com paciência poderemos avançar na vida espiritual. Mesmo que percebamos que essas são preocupações benéficas, podemos sentir que há muita coisa que precisamos mudar. O inimigo pode usar isso para nos tentar com a armadilha do tempo, desencorajando-nos com a pergunta: "Será assim toda a vida?". O primeiro passo, como Inácio faz com Teresa Rejadell, é desmascarar a armadilha do tempo: agora fomos colocados diante de todas as dificuldades reais, teóricas e imaginárias que enfrentaremos na vida sem lembrar nenhuma ajuda e consolação do Senhor que nos acompanhará.

Mas também temos de vencer um demônio cultural para enfrentar a armadilha do tempo. Para fazer isso, precisamos conhecer nossa cultura e ser contracultural. O imediatismo, o querer tudo instantaneamente, tornou-se um hábito do coração em nossa cultura. Não há rotas ou itinerários necessários para um processo de discernimento. Também vemos como decisões instantâneas são tomadas sem nenhuma referência além do presente, caindo assim na armadilha do tempo. Em um de seus livros, Carlos Domínguez Morano deu o exemplo de um esposo que abandonou sua esposa de repente e, quando lhe perguntaram por que ele tinha feito isso, sua resposta foi: "Eu achava que isso era para a vida toda e… uff".

Viver outra experiência de tempo (7ª, 8ª, 10ª, 11ª Regras)

Antes de renunciar ao que viveu e abandonar, a pessoa precisa se dar um tempo. Não fazer mudanças. Precisamente o conselho de lutar contra a desolação, se seguido, apela a outra experiência da temporalidade que não a do instantâneo. A 11ª Regra nos convida a resistir: "Pense que pode muito, com a graça suficiente para resistir a todos os seus inimigos".

> Décima primeira regra: quem está consolado procure humilhar-se e abaixar-se o máximo que puder, pensando como pode pouco no tempo da desolação, sem tal graça ou consolação. Pelo contrário, quem está em desolação pense que pode muito, com a graça suficiente para resistir a todos os seus inimigos, tomando forças de seu Criador e Senhor (EE 324).

A 7ª Regra também se refere a resistir "às várias agitações e tentações do inimigo". Essa resistência apela à fé, a confiar que o auxílio divino é mantido, mesmo que não seja sentido.

> Sétima regra: quem está em desolação, considere como o Senhor, nessa provação, lhe deixou o uso de suas faculdades naturais, para que resista às diversas agitações e tentações do inimigo; pois pode fazê-lo com a ajuda divina, que nunca lhe falta, mesmo que não a sinta claramente. Porque o Senhor lhe tirou o seu muito fervor, o grande amor e a graça intensa, ficando-lhe, contudo, a graça suficiente para a salvação eterna (EE 320).

Ao resistir, transformamos o ponto em uma linha. Ou seja, produzimos uma ruptura com a temporalidade instantânea. Resistir também vai contra o princípio do "grande ISA" do prazer declarado acima, pois implica aceitar certa quantidade de sofrimento. Além disso, como aponta a 8ª Regra, somos convidados a ter paciência, que não é o que pede o desconforto que sentimos, e a pensar que a consolação virá em breve, aplicando os remédios adequados que já conhecemos.

> Oitava regra: quem está em desolação, trabalhe para ter paciência, que é contrária às aflições que lhe sobrevêm. E pense que logo será consolado, tomando as medidas contra tal desolação, como se diz na sexta regra (EE 321).

"Trabalhar", neste caso, é sinônimo de "sofrer ou suportar". Santo Inácio se refere em outro lugar aos "trabalhos" que nosso Senhor suportou até morrer na cruz (EE 116). Isso vai contra o grande princípio do prazer do ISA. Ser paciente também quebra o tempo dos pontos instantâneos ao criar linhas. A paciência anda de mãos dadas com a esperança: "Pense que logo será consolado". Existe um itinerário que vai além do instantâneo, se aceitarmos "trabalhar" e "resistir" contra o que nosso corpo nos pede. É como se o mau espírito quisesse roubar de nós a perspectiva que nos permite ver as coisas em toda a sua amplitude e, com tempo, tomar boas decisões.

Algo semelhante também é sugerido pela 10ª Regra, quando nos convida a buscar forças na consolação para quando a desolação chegar.

> Décima regra: quem está em consolação pense como procederá na desolação que virá depois, tomando novas forças para a ocasião (EE 323).

Essa regra nos convida a aproveitar a abundância para quando a escassez chegar. Ao longo do caminho, somos ensinados a esperar a alternância e somos introduzidos à experiência temporal do itinerário. O mesmo se aplica aos períodos consolados da vida, quando navegamos com o vento a nosso favor no seguimento de Cristo. Eles exigem a mesma estratégia para não cairmos na frivolidade e na vaidade. Nesses momentos de consolação, sejam eles pontuais ou mais longos, quando caminhamos sem dificuldades, abertos ao diferente, esperançosos e alegres, quando nada parece difícil e enfrentamos as dificuldades com graça, devemos "tomar novas forças" para quando chegar a desolação. Esse é o tempo de construir um reservatório de memória amorosa que, sem dúvida, nos ajudará a superar os momentos de desolação e a esperar com confiança e fundamento a consolação, baseando-nos na memória.

Provavelmente graças a esse reservatório de memória amorosa, sabendo que era o Filho amado, Jesus pôde atravessar o Getsêmani e rezar o Salmo 22 na cruz. Refletindo sobre esse fato, José A. García escreve:

> Muitas vezes me faço essa pergunta e não encontro outra resposta senão esta: é a memória que salva Jesus. Jesus tinha acumulado tantas lembranças de Deus, seu Pai e Pai do mundo, tinha-se visto tantas vezes envolvido e cercado pelo seu amor, que no transe supremo da Cruz é essa lembrança que impõe a sua força sobre as trevas que ameaçam destruí-lo. A memória do Amor vence definitivamente o ataque brutal do absurdo e do abandono[45].

---

45. GARCÍA, JOSÉ ANTONIO, *Ventanas que dan a Dios. Experiencia humana y ejercicio espiritual*, Santander, Sal Terrae, 2010, 84.

Jesus também ajudou seus discípulos com o discernimento da memória, quando em um momento de dúvida e inquietação, quando discutiam por que não tinham pão, ele lhes disse: "Tendes olhos e não vedes, ouvidos e não ouvis? Já não vos lembrais, quando reparti cinco pães para os cinco mil, de quantos cestos recolhestes cheios de pedaços?". Responderam: "Doze". "E, quando reparti os sete pães para os quatro mil, quantos cestos recolhestes cheios de pedaços?" Responderam: "Sete". Então lhes disse: "Ainda não compreendeis?" (Mc 8,18-21). Falar de memória é falar de períodos de tempo que não são pontuais. Uma memória afetiva exige fidelidade ao longo do tempo. Quando discernimos desolação ou consolação, transformamos o ponto em linha, inauguramos ou retomamos itinerários.

Situar o eu (7ª, 9ª, 10ª e 11ª Regras)

Se vencemos a tentação da armadilha do tempo e a tentação de desistir, permanecendo no caminho do bem, o mau espírito costuma nos elevar em vanglória ou nos diminuir em falsa humildade, para que não possamos acolher as graças que nos impelem a fazer o bem. Essas tentações são mais comuns na Primeira Semana. Se acolhemos a graça, o mau espírito nos tentará, buscando impedi-la de dar o fruto que é chamada a dar para o bem dos outros. Essa tentação será mais comum na Segunda Semana.

No caminho espiritual há sempre um jogo de vaidade, falsa humildade e humildade. Vaidade, "vanglória", é dar a nós mesmos a glória que só pertence a Deus; isto é, tomar o lugar d'Ele, para nos atribuir a origem daquilo que Ele nos dá. Vanglória é a glória vazia que damos a nós mesmos, quando nos esvaziamos, quando nos enchemos de vazio e acreditamos ser superiores. Contamos com apoio falso. Por outro lado, a falsa humildade é uma humildade corrupta, fingida e externa que nos enfraquece. Humildade é encontrar nosso lugar como seres humanos: nem mais, nem menos. Portanto, quando somos humildes, somos gratos por todos os dons que recebemos.

A estratégia do mau espírito será não nos deixar estar em nosso lugar para receber graças. Tornar-nos presunçosos e nos endeusar, tomando o lugar de Deus. Daí não podemos acolher os seus dons. É possível também que nos rebaixemos excessivamente, em uma falsa humildade, buscando uma santidade fictícia, que também nos tira do nosso lugar. Dessa forma, satisfazemos o propósito do mau espírito, que é nos impedir de aceitar o dom e, portanto, de dar frutos em favor dos outros.

Inácio chamou a atenção de Teresa Rejadell para a falsa humildade, destacando uma expressão que ela utilizou: "Parece-me desejosa", que expressa distanciamento e separação de seus desejos. Em última análise, é não aceitar o dom de que "o Senhor me dá bons desejos". Quando nos distanciamos dos nossos desejos, é como se o tentador nos sugerisse: "Você faz isso por orgulho". Se, para evitar o orgulho, caímos na falsa humildade e nos distanciamos de nós mesmos, sem acolher nossos bons desejos, nos bloqueamos, e não há como aceitá-los para colocá-los em prática ou rejeitá-los. Assim, o tentador vence. Ele se apoiou no fato de que o eu não estava bem posicionado para aceitar o dom e de que não foi capaz de reconhecer os desejos como seus ou dados por Deus.

O tempo dos "tobogãs" nos faz sentir muito ânimo e encorajamento em alguns dias, e muito desânimo e depressão em outros. Essa alternância, a princípio, pode nos assustar, mas é extraordinariamente positiva e não devemos temê-la. Se for bem discernida, pode servir de ajuda para nos fortalecer, nos colocar em nossa verdade e nos dar consistência.

> Nona regra: há três razões principais pelas quais ficamos desolados. Primeira: por sermos mornos, preguiçosos ou negligentes em nossos exercícios espirituais, e assim a consolação espiritual se afasta de nós por nossas faltas. Segunda: para nos mostrar o quanto valemos e progredimos em seu divino serviço e louvor, sem tanta recompensa de consolações e maiores graças. Terceira: para nos dar verdadeira noção e conhecimento, a fim de que sintamos internamente que não está em nós termos grandes devoções, intenso amor, lágrimas ou qualquer outra consolação espiritual, mas que tudo é dom e graça de Deus, nosso Senhor. Desse modo, não nos aninharemos em casa alheia, elevando nosso entendimento com alguma soberba ou vanglória, atribuindo a nós mesmos a devoção ou outros aspectos da consolação espiritual (EE 322).

Quando Inácio examina as causas da desolação na 9ª Regra, a primeira causa que ele aponta não está no tentador, mas em nós mesmos; em nossa tibieza, preguiça, negligência e fraqueza espiritual. Também pode estar na maneira como nos envolvemos em exercícios espirituais ou como nos dedicamos ao nosso serviço. Mas essa lição que o Senhor permite em sua providência pode ser para o nosso bem, porque nos permitirá colocar o nosso eu flutuante no seu verdadeiro lugar, na humildade, e diferenciar "os atores" que se encontram dentro de nós. Ou seja, nos ajudará a nomear a origem dos movimentos internos. Inácio menciona duas disposições da Providência:

1) Deus pode querer nos purificar de nossas motivações egoístas, especialmente quando ansiamos mais pela consolação de Deus do que pelo Deus que consola. Assim, aprendemos a servir e louvar a Deus sem buscar recompensas. Isso também nos revela *"o quanto valemos"* quando nos falta o prêmio gratuito e nos leva à nossa realidade, à nossa verdade, nos coloca em nosso lugar. Ao nos dizer na 7ª Regra que o Senhor, "nesta provação, lhe deixou [a pessoa desolada] o uso de suas faculdades naturais", ele também pretende nos colocar em nosso lugar e nos ajudar a entender *o quanto valemos* com o uso de nossas faculdades naturais. Tudo isso torna o sujeito, revelado em sua verdade, mais forte e consistente.

2) Também através da desolação nossa alma pode ser libertada de uma secreta autossuficiência; mostrando-nos que não somos nós que geramos a devoção, o amor, as lágrimas ou outros aspectos da consolação espiritual, mas que ela é um dom e uma graça de Deus, nosso Senhor, que o dá a seu tempo. Pouco a pouco, vamos tomando o nosso lugar, reconhecendo o lugar de Deus e aprendendo a ser gratos. Evitando sempre usurpar Seu lugar, tendência comum quando nos endeusamos e atribuímos a nós mesmos o que só Ele pode dar. Ao "fazer ninho em casa alheia", tentamos acrescentar côvados à nossa altura, afastando-nos do nosso lugar de destinatários de graças, como se fôssemos seus criadores ou como se tivéssemos direito a elas. Isso nos leva a algum tipo de orgulho ou vaidade. Ao perceber que receber consolação não depende de nós, reconhecemos indiretamente que ela é obra de Deus, o verdadeiro doador de todos os dons.

Quando a 11ª Regra se refere à consolação, ela também busca nos colocar em nosso lugar como seres humanos. Ela diz isto assim: "Quem está em consolação deve buscar se humilhar e rebaixar o máximo que puder, pensando *quão pouco pode* no tempo da desolação sem tal graça ou consolação". Encontramos a mesma intenção na 10ª Regra, quando a pessoa que está sendo consolada é instruída a pensar "como procederá na desolação".

Dessa forma, a alternância de consolação e desolação nos mostra quem somos e a nossa estatura. Elas nos levam à humildade e indiretamente a nos diferenciarmos (eu não sou Deus e não posso me dar essas graças) e a reconhecer o doador de todo bem (somente Deus é Deus), a quem devo agradecer por seus dons. Atitude que corrobora e encoraja o primeiro ponto do Exame de Consciência [43,2]. Agora nos é dito que a pessoa pode suportar a desolação, "com a graça suficiente", "tomando forças do seu Criador e Senhor". Mais uma vez nos é mostrado o nosso lugar e reconhecemos o de Deus, em quem confiamos para superar a desolação.

Pouco a pouco, as três instâncias que afetam e alteram nosso interior vão se tornando mais claras e distintas. Lembremos que a meditação sobre o pecado busca a "exclamação de admiração" (*exclamatio admirative*), quando o eu pecador se coloca diante da majestade de Deus contra quem pecou, enfatizando a distância entre os dois, e encontra sua misericórdia. Nessa regra nos é mostrada a realidade do eu e a de Deus, que ainda não estavam suficientemente diferenciadas dentro do sujeito (da qual o inimigo se aproveita). Isso pode despertar admiração e gratidão em nós.

Estratégias contra o inimigo para fazer o bem (12ª à 14ª Regra)

As Regras de Discernimento da Primeira Semana terminam apresentando três estratégias do inimigo, para que possamos nos defender delas. Inácio as apresenta tomando exemplos da cavalaria, da vida na corte e da vida militar. Ele considera aqui o próprio tentador e sua estratégia para atingir seus objetivos. As atitudes contraditórias do inimigo (enfurecer-se ou fugir, desonrar ou fugir, saquear ou fugir) dependerão da atitude tomada em relação a ele. Não esqueçamos que a ação de Deus e a do inimigo não são simétricas.

Somente Deus é criador. Isso significa que a tentação só pode se tornar efetiva se lhe dermos realidade. Ou, como nos mostra Santo Agostinho com uma imagem: o tentador "pode latir, mas não morder, a menos que se consinta"[46].

Para descrever a primeira estratégia do tentador, Inácio usa uma imagem que era aceitável em seu tempo. Hoje é politicamente muito incorreta, mas era aceitável em seu tempo. Ele se refere ao tentador como "uma mulher, fraca na força". Essa é uma imagem tirada de uma briga entre uma mulher e um homem medroso. As explicações devem ser buscadas no contexto da época.

> Décima segunda regra: o inimigo procede como uma mulher, fraco na força e forte na vontade. Pois, como é próprio da mulher, quando briga com algum homem, perder o ânimo, fugindo quando o homem a enfrenta; e, pelo contrário, se o homem começa a fugir, perdendo o ânimo, a ira, a vingança e a ferocidade da mulher são enormes e desmedidas. Da mesma forma, é próprio do inimigo enfraquecer-se e perder o ânimo, fugindo com suas tentações, quando a pessoa que se exercita nas coisas espirituais enfrenta, com muito ânimo, as tentações do inimigo, fazendo o diametralmente oposto. Pelo contrário, se a pessoa que se exercita começa a ter medo e desanimar ao sofrer tentações, não há animal tão feroz na face da terra como o inimigo da natureza humana, em alcançar sua danada intenção com tão grande malícia (EE 325).

A moral da história é que o inimigo é fraco e impotente diante de uma alma resoluta. Em vez disso, ele é duro e implacável com as pessoas que vacilam. Quando uma mulher briga com um homem, se ele a confronta imediatamente, ela desanima e foge. Mas, se o homem é uma pessoa fraca, não a enfrenta e começa a fugir, a mulher cresce e não há ser mais feroz na face da terra. Ela faz com ele o que quer e o reduz a nada.

Dessa estratégia, podemos aprender a enfrentar a tentação: se a enfrentamos no início, quando ela começa, fazendo o oposto do que somos tentados a fazer, o tentador foge, a tentação tende a desaparecer. Por outro lado, se começarmos a flertar com a tentação, se ficarmos desanimados por ela e a

---

46. Citado por COATHALEM, op. cit., 274.

deixarmos entrar, se ficarmos hesitantes, com medo ou tímidos, a tentação tomará conta de nós e não nos dará trégua até nos destruir.

Uma atitude determinada de luta implacável é necessária aqui. "Perder o ânimo e fugir" é repetido quatro vezes: é o cerne do ensinamento. O inimigo é covarde, ele só ganha coragem diante os tímidos. O medo é um ídolo. Essa tentação é baseada no medo. O que tememos só existe se lhe dermos realidade e deixarmos que isso condicione nossas vidas; e evapora se o enfrentarmos. A covardia pode levar à destruição. A estratégia a seguir é "enfrentar as tentações", "fazendo o diametralmente oposto".

Coathalem ressalta em seu comentário que o que é dito sobre o inimigo também pode ser dito sobre os instrumentos que ele usa, que não podem forçar uma alma resoluta. Por exemplo, em casos extremos, sob regimes totalitários, onde as pessoas são submetidas à "reeducação", à prisão e até mesmo à morte, uma alma vacilante será atormentada até que ceda e se renda.

A segunda estratégia do inimigo é agir como "um sedutor".

> Décima terceira regra: o inimigo procede também como um sedutor, querendo permanecer escondido, sem ser descoberto. Pois o sedutor age maliciosamente, quando solicita à filha de bom pai ou à mulher de bom marido. Ele quer que suas palavras e insinuações permaneçam secretas. Pelo contrário, fica muito desgostoso quando a filha revela ao pai, ou a mulher ao marido, suas palavras levianas e intenção depravada, porque logo deduz que não conseguirá levar a cabo o plano começado. Do mesmo modo, o inimigo da natureza humana quer e deseja que suas astúcias e insinuações sejam recebidas e mantidas em segredo pela alma justa. Mas, quando ela as revela ao seu bom confessor ou a outra pessoa espiritual, que conheça seus enganos e malícias, ele fica muito abatido, pois conclui que não poderá levar adiante sua malícia começada, uma vez que foram descobertos seus manifestos enganos (EE 326).

O inimigo gosta de traçar seus planos nas trevas e no segredo. Ele é "o Príncipe das Trevas". Mas ele fica desarmado quando são trazidos à luz. "O sedutor" é a imagem de alguém que quer tirar vantagem da filha de um bom pai ou da mulher de um bom marido. O que um sedutor faz? Sua principal estratégia é impedir que a jovem converse com o pai ou com o marido, pois, se o fizer, ele não conseguirá atingir seu objetivo. O sedutor quer permanecer em segredo e não ser descoberto. Assim é o tentador: ele amplia o problema, encerra nele a pessoa tentada, a faz pensar que não será compreendida, que ficará muito envergonhada, que será repreendida, que perderá o amor que tem etc. Forma-se um peso na alma que não pode ser descarregado sobre ninguém por causa do medo induzido pela mesma tentação. O tentador tem a pessoa tentada em suas mãos quando ela mantém a tentação em segredo.

Se, por outro lado, a pessoa tentada conta sobre sua tentação a alguém com experiência, ela evapora e a pessoa pode ser ajudada a superá-la. O tentador sempre tentará nos impedir de pedir ajuda. Uma pessoa que está sozinha e assustada é mais facilmente derrotada do que alguém que se abre e busca ajuda. Essa tentação se apoia na falta de humildade. Quando a pessoa tentada se abre com confiança para alguém com experiência, a tentação desaparece ou é superada mais facilmente.

A terceira estratégia do tentador que Inácio nos apresenta o mostra como um chefe de bando que quer atacar uma fortaleza.

> Décima quarta regra: o inimigo também age como um chefe de bando, para vencer e roubar o que deseja. Pois, assim como um comandante e chefe de bando se prepara, montando seu acampamento e observando as forças e disposição de uma fortaleza, para atacá-la na parte mais fraca, da mesma forma o inimigo da natureza humana nos rodeia, observando todas as nossas virtudes teológicas, cardeais e morais. E nos ataca, procurando nos vencer, onde nos acha mais fracos e mais necessitados para a salvação eterna (EE 327).

O inimigo é lúcido em reconhecer pontos fracos e direcionar suas ações em direção a eles. "O chefe de bando que ataca uma fortaleza" olha primeiro para as partes mais vulneráveis e frágeis, antes de atacá-la por ali. O tentador também age assim. Como se antes de tentar estudasse a pessoa, para atacá-la onde ela é mais vulnerável: pelos vícios ou inseguranças aos quais ela é mais propensa. Se a pessoa está preocupada com o bem-estar econômico, oferecerá segurança econômica para conseguir o que quer. Se a fraqueza está no desejo de aceitação social, tentará, representando situações de fama e estima social, para poder fazer com aquela pessoa o que quiser. O mesmo ocorrerá se for por afeição ou sexo... Ou seja, a tentação geralmente chega até nós através do nosso ponto mais fraco. Por isso, é importante nos conhecermos e nos protegermos nas dimensões da vida onde estamos mais propensos a cair. É aqui que nossa liberdade pode ser conquistada e roubada. Essa tentação se baseia na falta de autoexame e autoconhecimento. Ela é mais bem superada quando nos conhecemos e quando buscamos fortalecer nossas virtudes mais fracas.

Então, que estratégia seguir? Inácio nos apresentou três estratégias gerais do inimigo, típicas da Primeira Semana. Todas as três nos convidam a abandonar o caminho do bem ou a sair do nosso lugar, para que não acolhamos as graças. Isso nos convida a ter uma estratégia própria para não sucumbir à tentação e permanecer no caminho do bem. As três estratégias são: 1) Conhecer-se e proteger os pontos mais fracos, que são as principais portas pelas quais geralmente somos tentados. 2) Quando nos sentirmos tentados, devemos rapidamente nos abrir a alguém que possa nos ajudar e compartilhar o que está acontecendo conosco; não guardar a tentação dentro de nós. 3) Da nossa parte, fazer o diametralmente oposto ao que nos sentimos induzidos ou tentados, expressando rápida e claramente nossa determinação de não deixar a tentação entrar. Precisamos de determinação, resolução.

Inácio disse a Teresa Rejadell em outra carta que "quem pouco determina, pouco entende e ajuda menos ainda"[47]. Seguindo os conselhos das regras, podemos perceber que o sujeito foi se fortalecendo e ganhando autoconhecimento, aprendendo a ler seu interior e reconhecer sua alteridade, assim ganhando a capacidade de enfrentar o que acontece dentro dele, com a ajuda do alto.

Coathalem também aponta como estratégia uma "atitude de humilde vigilância, mas não de medo". Vigilância das tendências nas quais somos mais vulneráveis. E humildade, porque para o inimigo é território desconhecido e ali ele fica confuso. A isso ele acrescenta uma terna e filial devoção à

---

47. LOYOLA, IGNACIO DE, Carta a Teresa Rejadell de 11 de setembro de 1536, in: *Obras completas*, op. cit., 663-664, aqui, 663. Trad. port.: *Cartas*, Braga, Editorial Apostolado da Oração, 2006, 52-54.

Santíssima Virgem, pois o inimigo nunca teve domínio sobre ela, e com seu pé imaculado ela esmaga sua cabeça[48].

3. Mais um passo em frente na libertação: vencer os escrúpulos e dúvidas paralisantes[49]

Dos dois discursos do inimigo aos quais Inácio se refere em sua carta a Teresa Rejadell, o segundo é o dos escrúpulos. Embora estes não consigam separar a alma de Deus, eles a perturbam, a separam de seu maior serviço e a tornam inquieta.

A partir do primeiro discurso, abordamos as Regras da Primeira Semana, que nos ajudam a "situar o eu", a perceber "a nossa estatura", a nos colocar na humildade e na verdade e a reconhecer a luta interior e as forças que lutam dentro de nós. A dinâmica do discernimento na Primeira Semana nos liberta de viver diminuídos e limitados pelo medo de nos tornarmos orgulhosos. Por outro lado, ao nos fornecer uma cartografia interna, ela nos afirma em nossa verdade, na humildade, e nos leva a viver com gratidão, porque Deus é o doador de todo bem. Mas pode ser que o sujeito ainda não esteja completamente bem situado, pode ainda haver alguma falsa humildade ou dificuldade em se abandonar na fé, em crer verdadeiramente em Outro, e o inimigo pode se apoiar nisso para tentá-lo por escrúpulos.

Em latim, *scrupulus* significa "pequena pedra". Ter uma delas no sapato pode ser muito incômodo e até doloroso. A palavra latina também denotava um pequeno peso usado em balanças. Se a balança fosse muito sensível, uma pedra pequena e leve bastava para desequilibrá-la. Algo semelhante pode ser encontrado em consciências delicadas. Quanto mais delicada ela for, mais poderá ser abalada e perturbada por qualquer coisinha. Isso pode causar grande sofrimento.

---

48. Cf. COATHALEM, op. cit., 276.
49. Sigo aqui, com bastantes modificações, uma releitura datilografada das "Notas sobre escrúpulos", de Augusto Hortal.

Inácio de Loyola sofreu o mal dos escrúpulos em Manresa a ponto de ser tentado ao suicídio (*Rel* 24). Em um ponto de sua experiência em Manresa, ele começou a sentir grandes variações em sua alma que nunca havia experimentado antes. Ele admite que tinha grande fervor e grande desejo de servir ao Senhor, mas que não tinha conhecimento das coisas espirituais (*Rel* 21). Em seu ensinamento posterior, ele sustenta que o problema dos escrúpulos tem certa conexão com a falsa humildade, com o eu hesitante ainda não bem situado na verdade e na humildade.

Podemos detectar essa tentação nele, provavelmente, quando uma mulher lhe disse: "Queira meu Senhor Jesus Cristo que lhe apareça um dia", ao que ele respondeu, com uma provável falsa humildade: "Como Jesus Cristo aparecerá a mim?" (*Rel* 21). Como dissemos acima, a falsa humildade é uma arma do inimigo para nos impedir de receber o dom. Mais tarde, ele confessará que não encontrou ninguém que pudesse ajudá-lo espiritualmente, exceto aquela mulher que orou a Deus para que Jesus Cristo lhe aparecesse (*Rel* 37). Justamente essa "aparição", a identificação da boa alteridade, desequilibraria a balança e poria fim ao escrúpulo. Mas, para que isso acontecesse, Ele teria de aparecer ou se mostrar de forma inquestionável para o sujeito.

Em Inácio de Loyola a tentação se manifestou na dúvida paralisante de saber se ele havia confessado tudo ou não. Ele se confessava, mas continuava insatisfeito. E se confessava novamente. "Ele era prisioneiro não de um Deus sempre pronto a condenar, mas de si mesmo, em uma atitude narcisista evidente." No fundo, ele não conseguia aceitar o perdão de Deus nem parar de querer se salvar. Faltava-lhe o Outro. Ele ainda não era um sujeito espiritual bem posicionado. Uma maneira de reconhecer isso é que ele sabia que seria útil se seu confessor lhe ordenasse "em nome de Jesus Cristo que não confessasse nada do seu passado". Sua indecisão também o fez não solicitar isso ao seu confessor.

Certamente, os escrúpulos são uma experiência dolorosa e perturbadora para quem sofre com eles. De fora, não é fácil entender o comportamento da pessoa escrupulosa. É como se ela não quisesse fazer o que diz que quer fazer, como se estivesse tentando desfazer o que faz. Ela parece se bloquear em relação ao que diz que quer fazer. Alguém pode se perguntar se ela obtém algum benefício com sua conduta. Talvez a pessoa escrupulosa se beneficiasse ao fazer essa pergunta a si mesma. De fora, percebe-se que falta uma decisão, mas a pessoa que sofre de escrúpulos é incapaz de tomá-la.

O processo de purificação da consciência moral associado aos escrúpulos pode ser vivenciado de maneiras muito diversas e extremas:

> Às vezes, assume as nuances de uma consciência aguda do pecado; outras, assume o cansaço de todo voluntarismo pelo fato de ter ficado preso no beco sem saída do puritanismo. Muitas vezes se manifesta como autossuficiência e confiança narcisista no próprio poder, decorrente da busca apaixonada pela "pureza moral absoluta", pela própria perfeição ou pela segurança da lei[50].

Desde 1907, quando Freud colocou os escrúpulos religiosos na categoria de obsessões ou compulsões neuróticas, há uma tendência a pensar que os escrúpulos são objeto da Psicologia ou Psiquiatria. Uma maneira de compreendê-los a partir de outra escola psicológica nos é sugerida pelo trabalho de Eric Berne[51], que em nenhum momento trata especificamente dos escrúpulos, mas descreve como "jogos" diferentes maneiras de agir nos relacionamentos com outras pessoas. Nossos jogos consistem em pretender externamente uma coisa em nossa comunicação, mas inconscientemente podemos estar procurando outra coisa. Por exemplo: está sendo procurada uma solução para um problema. Quando nos oferecem uma, apresentamos um obstáculo intransponível. Se esse problema é resolvido, colocamos outro, e assim por diante. Parece que estamos procurando resolver o problema, mas o que realmente estamos procurando, talvez inconscientemente, não é resolver o problema, mas sim ter alguém que cuide de nós ou mostrar que não é possível mudar o que não queremos mudar etc. Parte disso pode acontecer em nossos escrúpulos sobre nós mesmos. Talvez estejamos tirando alguma vantagem inconsciente deles.

---

50. ARZUBIALDE, op. cit., 898.
51. Cf. BERNE, E, *Los juegos en que participamos. Psicología de las relaciones humanas*, Madrid, Gaia, 2021, (1.ª ed. *Games people play*, 1964). [Trad. bras.: *Os jogos da vida. Análise transacional e o relacionamento entre as pessoas*, São Paulo, Editora Nobel, 1995.]

Devemos distinguir uma crise ocasional de uma condição patológica de escrúpulos. As Notas de Inácio se referem à primeira das suposições: a quem se exercita espiritualmente e sofre com escrúpulos por algum período de tempo. No nosso caso, esse mal ocasional pode ser uma das "lições que o Senhor permite". Porque, quando somos deixados em nossas potências naturais, isso nos revela "o que somos", nos ajuda no processo de nos colocarmos em humildade, de identificar nossa alteridade e de reconhecer o doador de cada dom. Além disso, o escrúpulo "purifica e limpa a alma" (EE 348).

Se considerarmos um aspecto da nossa cultura que está relacionado aos escrúpulos entendidos como dúvidas paralisantes, é a obsessão pela segurança. Esse é outro dos princípios da grande ISA, *o direito-dever da segurança*:

> Diante do mundo de incertezas em que nossas sociedades entraram desde a crise dos anos 1970, todos querem também se proteger dos muitos riscos que os ameaçam: desemprego após a conclusão dos estudos, ameaças ecológicas, insegurança nas cidades, manipulação das necessidades de consumo, concorrência exacerbada, fragilidade dos laços afetivos, a AIDS, a solidão, os transtornos sociais e mentais... Consequentemente, *as escolhas são perigosas e é melhor adiá-las, preparar-se por muito tempo antes de fazê-las e assegurar-se da utilidade do que foi aprendido*[52].

Normalmente pensamos que os escrúpulos têm a ver com o pecado e com a busca pela garantia de nossa salvação. Para Inácio, era vital não confundir o pecado com o que não é pecado e ser capaz de distinguir entre pecado mortal e venial. Quando ele e seus *Exercícios* foram examinados em Salamanca, os inquisidores criticaram que ele, sem ser um estudioso, determinava quando um pensamento era um pecado venial e quando era um pecado mortal (*Rel* 68). E na sentença escreveram que, embora não encontrassem erros, permitiam que ele continuasse ensinando doutrina e falando sobre coisas de Deus, "desde que nunca definisse: isto é pecado mortal ou isto é pecado venial", até que tivessem estudado por quatro anos (*Rel* 70).

---

52. BAJOIT, *La tiranía del Gran ISA*, op. cit. (itálico acrescentado).

Embora os juízes demonstrassem muito amor, Inácio disse que obedeceria, mas não aceitaria a sentença porque, "sem o condenar de forma alguma, fecharam sua boca para que não ajudasse ao próximo naquilo que pudesse" (*Rel* 70). Parecia-lhe que, por não poder definir o que é pecado mortal ou venial, não poderia ajudar as almas. É lógico que, se não podemos ajudar a distinguir o que nos mata e o que nos faz bem, pouco poderemos fazer para ajudar. Ele então decidiu ir para Paris para estudar. Era a maneira de poder continuar ajudando.

A pessoa escrupulosa gostaria de ter certeza de que não comprometeu sua salvação eterna com sua confissão. Santo Inácio apresenta as Notas sobre os Escrúpulos pensando, sobretudo, no campo da moral. Hoje não há muita consciência do pecado, nem grande preocupação com a salvação eterna, nem medo do inferno; e, portanto, parece haver poucos escrúpulos. Mas nem todos os escrúpulos podem estar ligados ao pecado e à situação espiritual da Primeira Semana[53]. Quando o tentador não consegue nos levar à decisão errada, isto é, a pecar, ele tenta nos manter na dúvida paralisante, sem decidir. Dessa forma, pelo menos, ou não fazemos o bem ou ele nos faz sofrer.

Outras buscas de segurança podem nos levar a outro tipo de escrúpulo. A pessoa com consciência delicada pode querer estar segura em outros aspectos além daqueles relacionados à confissão; provavelmente em todos os aspectos relacionados à salvação. Algumas buscas por segurança ou formas de escrúpulos ou dúvidas paralisantes estão mais relacionadas à Primeira Semana ou caminho purgativo. Mas podem haver outros tipos de dúvidas paralisantes fora do pecado e da situação de Primeira Semana. A sexta nota sobre os escrúpulos se referirá a quando queremos "falar ou fazer" algo "para a glória de Deus, nosso Senhor" e sentimos a tentação que nos paralisa. Já vimos que o tentador sempre tenta cortar o caminho do bem de todas as maneiras possíveis.

Quando se trata de falar ou agir, podemos ficar bloqueados com dúvidas paralisantes sobre o que falamos, o que pregamos, o que deveríamos

---

53. COATHALEM, op. cit., 291.

falar ou escolher. Ou seja, na expressão da nossa fé ou nas nossas escolhas, podemos ficar paralisados por essa tentação. O escrúpulo ocorre, portanto, também quando queremos fazer a vontade de Deus ou "ter certeza de que estamos fazendo a vontade de Deus", ou que "acreditamos no que devemos acreditar", ou que "pregamos a fé da Igreja". Então entramos em labirintos e dúvidas paralisantes, dando o passo e não dando, queremos dar e não damos, por medo de "perder a vida para ganhá-la", medo de errar. Às vezes, ficamos paralisados por pensamentos que vêm de fora, como "e se...". Como se não pudéssemos dar nenhum passo em uma direção até que tenhamos verificado todas as outras infinitas possibilidades da realidade.

Afirmamos que nossa cultura é narcisista. O desejo de pureza moral absoluta está relacionado ao perfeccionismo narcisista, comum entre pessoas escrupulosas, que se examinam constantemente na tentativa de eliminar a menor imperfeição. Por outro lado, quando a sociedade nos oferece infinitas possibilidades de escolha na vida, a probabilidade de frustração e erro aumenta. Esse fato também pode alimentar a indecisão e a paralisia em perfeccionistas ou pessoas com consciência delicada. Se a pessoa também quer ter sucesso em fazer a vontade de Deus, a indecisão será somada à dificuldade de deixar Deus controlar sua própria vida.

Esses tipos de escrúpulos se baseiam no mesmo estado de insuficiente definição do sujeito. Eles o introduzem em labirintos de "se estou enganado ou não", bloqueando sua escolha, o que estaria mais relacionado ao discernimento da Segunda Semana. Quando as dúvidas paralisantes apontam mais para o conteúdo da fé (no que crer, como crer, ou o que e como testemunhar), estariam mais relacionadas às Regras para Sentir com e na Igreja e à dinâmica normal da vida cristã. A estratégia do tentador é sempre a mesma: paralisar para não passar a fazer o bem. O ponto de apoio também é um sujeito espiritual ainda não bem situado em relação a si mesmo e à sua alteridade.

Notas sobre Escrúpulos

Seis notas aparecem nos *Exercícios Espirituais*. Inácio não as chama de regras. Elas estão nos *Exercícios* e podem ser aplicadas neles se necessário, mas também têm aplicação fora da experiência dos *Exercícios*. Provavelmente foi lá que elas nasceram. Sendo notas, e não regras, Inácio provavelmente chama a atenção sobre um tema, em vez de enfrentá-lo em toda a sua complexidade.

> Primeira nota: comumente chamam escrúpulo aquilo que procede do nosso próprio juízo e liberdade. Isto é, quando livremente julgo ser pecado aquilo que não é pecado. Assim como acontece que alguém, depois de ter pisado sem querer em umas palhas formando uma cruz, julga por si mesmo que pecou. Ora, isso é propriamente um juízo errôneo e não um escrúpulo (EE 346).

Esta nota começa distinguindo o juízo errôneo do escrúpulo: juízo errôneo não é escrúpulo. Procede do nosso próprio juízo. Ocorre quando considero pecado o que não é ou não considero pecado aquilo que é. "Ao contrário do que acontece com a consciência errônea, o escrúpulo não se situa no nível do juízo, mas no da afetividade[54]."

> Segunda nota: depois de ter pisado naquela cruz, ou depois de ter pensado, dito ou feito outra coisa, me vem de fora um pensamento de ter pecado. Por outro lado, parece-me que não pequei. Contudo, sinto-me perturbado, enquanto duvido ou não duvido. Este é, propriamente, um escrúpulo ou tentação que o inimigo põe (EE 347).

Aqui encontramos o próprio escrúpulo, que não é fruto de uma consciência errônea (EE 346), nem de uma consciência desolada (EE 348), nem de uma consciência delicada (EE 349). O escrúpulo é fruto da consciência perplexa e inquieta que não só não sabe como escapar de sua perplexidade e ambiguidade, mas vive essa situação com uma inquietude dominante e paralisante, sem realmente sair dela e, provavelmente, sem nem mesmo querer sair. Muitas vezes, ele vem acompanhado de escuridão espiritual, dúvidas contínuas e insolúveis, e também de um sentimento de culpa. Não posso decidir com minha liberdade sobre os pensamentos que me vêm de fora, não posso colocá-los de um lado ou de outro. Eu quero e não quero. Isso me

---

54. COATHALEM, op. cit., 294.

paralisa e também me deixa sem sossego. E daqui, já que é obra do mau espírito, devo tentar sair.

A estratégia do "inimigo da natureza humana" é tentar nos afastar do bem; que não façamos o bem ou nos destruamos. Ele usará todos os meios possíveis para nos confundir para que assim pequemos, façamos escolhas erradas, acreditemos mal ou não testemunhemos para o bem dos outros. E onde não consegue fazê-lo, aproveitando-se da nossa fragilidade, também nos tenta para que não decidamos, paralisando-nos sobre se é pecado ou não.

Isso nos confundirá, como aconteceu com Inácio, ao duvidar "se isto é pecado ou não", "se me confessei bem ou não". Mas os escrúpulos podem ir além da área do pecado e se estender a outras áreas onde podemos cair em dúvidas paralisantes. Por exemplo: se devo fazer isto ou aquilo, crer nisto ou naquilo, pregar isto ou aquilo... No final o resultado é o mesmo: o bem não chega aos outros. Inácio tem razão quando diz: "*Quem pouco determina, pouco entende e ajuda menos ainda*"[55]. Se temos dificuldade ou não conseguimos, temos de buscar ajuda para decidir e nos determinar.

> Terceira nota: o primeiro escrúpulo, mencionado na primeira nota, é mais abominável, por ser um erro completo. Mas o outro, mencionado na segunda nota, por certo período de tempo, beneficia não pouco a alma que se entrega aos *Exercícios Espirituais*. Pois muito a purifica e limpa, separando-a de toda aparência de pecado, *juxta illud Gregorii: bonarum mentium est ibi culpam cognoscere, ubi culpa nulla est*[56] (EE 348).

Segundo a terceira nota, os escrúpulos podem ser entendidos, a princípio, "por algum tempo", como um sinal de sensibilidade espiritual, típico das almas delicadas. E isso é verdade tanto quando se trata de escrúpulos morais e escolhas na vida, quanto quando se trata de purificar o testemunho da fé. Nesses casos, pode-se deduzir que é porque a pessoa quer ter cuidado para não pecar, cumprir a vontade de Deus ou estar em sintonia com a fé da Igreja

---

55. Carta a Teresa Rejadell de 11 de setembro de 1536, in: *Obras completas*, op. cit., 663. Trad. port.: *Cartas*, Braga, Editorial Apostolado da Oração, 2006, 52-54.

56. Segundo São Gregório, é próprio de pessoas delicadas (*bonarum mentium* = de boa mente) ver culpa onde não há culpa alguma.

e tem medo de se desviar. Além disso, até certo ponto, o escrúpulo "purifica e limpa a alma".

Pelo que parece, o escrúpulo está ligado à falsa humildade e ao eu que ainda não está bem situado e diferenciado de Deus. Inácio chama a atenção para isso em sua carta a Teresa Rejadell: "Assim como o inimigo obteve vitória no primeiro medo [falsa humildade], ele acha fácil nos tentar neste outro". Poderíamos dizer que tanto a falsa humildade quanto o escrúpulo não são motivo de preocupação quando ocorrem por certo período de tempo no início. São um sinal de que a pessoa quer purificar o coração, evitar a vanglória e ter sucesso em fazer a vontade de Deus. Mesmo que ainda tenhamos medo de nos desapegarmos de nós mesmos e entregarmos as rédeas ao bom espírito. A inquietação, a indecisão e a paralisia, quando não sentimos que o Senhor está inclinando a balança, também nos mostram "o que somos".

Nos escrúpulos, o eu está em processo de conhecimento do seu interior. Ele ainda não sabe quem é ou quem é Deus, em quem pode confiar para vencer qualquer tentação. Os escrúpulos denotam certa confusão e falta de diferenciação interna: entre a própria liberdade e os pensamentos que vêm de fora.

Entretanto, embora o bem possa ser alcançado em qualquer situação, a longo prazo, os escrúpulos e as dúvidas são destrutivos, paralisantes e perturbadores, e vêm do inimigo, do mau espírito. Desse jeito, não se chega a um bom lugar.

> Quarta nota: o inimigo observa com muito cuidado se uma alma é de consciência grosseira ou delicada. Se é delicada, procura refiná-la ao extremo, para mais perturbá-la e derrotá-la. Por exemplo, quando vê que uma alma não consente em pecado mortal ou venial, nem mesmo com aparência alguma de pecado deliberado, então o inimigo procura fazê-la achar pecado onde não há, como em uma palavra ou pensamento mínimo. Se a alma é de consciência grosseira, o inimigo tenta torná-la ainda mais grosseira; por exemplo, se antes ela não fazia caso dos pecados veniais, buscará que faça pouco caso dos pecados mortais. E, se fazia algum caso antes, que faça menor ou nenhum caso agora (EE 349).

O inimigo observa como cada pessoa é para tirar vantagem de suas disposições[57]. Contará com a tendência do sujeito espiritual para entrar na dele e depois conseguir com a sua no final. Se uma pessoa tem consciência refinada no âmbito moral, se vence a tentação de cair no pecado, provavelmente será tentada a ver pecado onde não há. Ela será atormentada pela dúvida sobre se está ou não em pecado, e toda a paz lhe será tirada.

O mesmo acontece com suas escolhas; se ela tem uma consciência delicada ou um caráter perfeccionista, o medo de errar pode bloqueá-la e paralisá-la. Ela terá pensamentos do tipo "e se..."; futuros, possibilidades, a deixarão confusa. Entrará em labirintos angustiantes, parecendo que não está cumprindo a vontade de Deus, quer escolha um caminho quer outro, ou pensará que ainda não considerou todas as possibilidades, e então perderá a paz.

Em questões de fé, a consciência refinada se manifestará no desejo de literalmente se apegar a formulações de fé que a pessoa aprendeu, pensando que, se se afastar delas, se afastará da fé. A tentação será fazer com que qualquer mudança na formulação pareça uma falta de fé em Deus. Inclusive a fará sofrer com questões discutíveis (missa em latim, comunhão na mão etc.), que acabarão lhe parecendo inadmissíveis, chegando a um rigor tão extremo e insuportável que, a longo prazo, ela se descontrolará. Acabará se tornando uma pessoa sectária, meticulosa, alheia à realidade e ao bom senso, de modo que seu testemunho deixará de ser relevante para as pessoas normais.

Se, por outro lado, a pessoa tiver uma consciência grosseira, o tentador tentará torná-la ainda mais grosseira, tentando fazer com que cada pecado pareça uma mudança cultural ou uma conquista de progresso. Buscará induzi-la a desprezar o que ainda tem valor, de modo que, se antes havia muitas coisas que considerava inaceitáveis, agora seja menos. Ou ele buscará atenuar a desqualificação total dessas coisas, de modo que ser cristão seja compatível com qualquer comportamento, qualquer forma de pensar e qualquer estilo de vida.

---

57. A relação com as regras de discernimento (EE 332 e 327) pode ser vista aqui. Somos atacados no ponto mais fraco, pela porta menos protegida.

Em outras áreas, em questões de fé, o tentador leva essa pessoa a encontrar uma maneira de formular sua fé em termos extremamente vagos, que nunca entrará em conflito com o que é pensado nos ambientes em que vive, enfraquecendo sua fé e sua identidade cristã. Ou, em suas escolhas de vida, terá margem de manobra suficiente para contornar o que o bom espírito lhe propuser, aceitando-o de acordo com seus costumes, ideologia ou segundo o meio ao qual pertence. De modo que, no final, ela permaneça secretamente ancorada em seu próprio amor, querer e interesse. Um *slogan* como "não se pode ser fundamentalista" pode justificar qualquer pacto com a mediocridade.

> Quinta nota: a alma que deseja tirar proveito na vida espiritual deve proceder sempre de modo contrário ao do inimigo. Isto é, se o inimigo quer tornar grosseira a alma, deve procurar se refinar; se o inimigo tenta refiná-la, levando-a ao extremo, a alma deve permanecer firme no meio, para se acalmar completamente (EE 350).

A atitude que se opõe a essas manobras do tentador é enfrentá-las resolutamente e não ceder, fazendo o oposto do que somos tentados a fazer[58]. A quinta nota aponta nessa direção. A pessoa que deseja tirar proveito na vida espiritual deve fazer o oposto do que o inimigo lhe propõe. Se o inimigo quer lhe alargar a consciência até que nada lhe pareça errado, essa pessoa deve tentar estreitar seus critérios e não se deixar levar pelo conformismo com novas ideias, usos e tendências permissivas, nem tentar ser o porta-estandarte da mudança moral ou teológica na Igreja. Se, por outro lado, o inimigo quiser estreitar sua consciência até que se torne uma pessoa esquisita, desajustada ao extremo e angustiada, ela deve tentar se consolidar em um meio termo e encontrar paz ali.

Nas escolhas de vida, a pessoa perfeccionista deve compensar seu perfeccionismo ideal rebaixando-se à perfeição possível, aceitando sua própria falibilidade. A pessoa mais relaxada deve inclinar-se mais a ter uma maior

---

58. Inácio também sugere isso em outras partes dos *Exercícios Espirituais* (cf. EE 13, 33, 34, 325, 351).

atenção e respeito pelas coisas espirituais e às moções que recebe. Mais uma vez, o autoconhecimento e o saber onde estamos nos ajudará a ter uma boa estratégia espiritual.

> Sexta nota: quando esta boa alma quer falar ou fazer algo dentro da Igreja, segundo o modo de entender dos que nos antecederam, que seja para a maior glória de Deus, nosso Senhor, e um pensamento ou tentação lhe vem de fora, para que não fale nem faça aquela coisa, trazendo-lhe razões aparentes de vanglória ou outra coisa etc., então deve elevar o entendimento a seu Criador e Senhor. E, vendo que aquilo é do seu divino serviço ou pelo menos não é contra, deve agir de modo diametralmente contra tal tentação, conforme diz São Bernardo sobre esta questão: *Nem por ti comecei, nem por ti finalizarei*[59] (EE 351).

Esta nota não aponta para o pecado, mas para fazer o bem na vida apostólica. A estratégia do inimigo sempre será tentar nos impedir de fazer isso, nos paralisar. Para isso, utilizará razões aparentes e insinuações prejudiciais, segundo nosso modo de ser ou de agir. O eixo da tentação gravita em fazer com que a pessoa olhe para si mesma e não coloque sua confiança no Senhor[60]. Examinemos o caso de alguém pensar, dizer ou fazer algo que a Igreja e as pessoas honestas e sensatas admitem e aprovam ou previsivelmente acabarão por admitir e aprovar. Mas lhe vêm pensamentos de que talvez o faça por vaidade ou por alguma outra razão. Então deve elevar o olhar a Deus, Senhor da história e Pai do século futuro. Se isso é a seu favor ou pelo menos não contra Ele (ou, se quisermos secularizar, é bom ou pelo menos não prejudica claramente ninguém), deve fazê-lo, pensá-lo ou dizê-lo. Também pode agir como quem atravessa o vau[61], conforme a disposição que vê nos outros, tendo como princípio olhar mais para a pessoa dos outros do que para seus próprios desejos.

---

59. Essa afirmação não se encontra nas obras de São Bernardo. É atribuída a ele no livro *Flos Sanctorum*, pelo qual Santo Inácio teve acesso a ela. (N. do T.)
60. Cf. ARZUBIALDE, op. cit., 907.
61. Foi o que Inácio sugeriu a Teresa Rejadell na carta que apresentamos no anexo.

Em primeiro lugar, devemos evitar a paralisia, que é a estratégia do mau espírito. Podemos ficar paralisados ou entrar em labirintos, pensando que, se falo, faço algo errado, por exemplo, porque o faço por vaidade, ou para que me elogiem. Isso pode nos impedir de falar ou pregar. Mas, se permaneço em silêncio, faço o mal, porque deixo de fazer um bem. Se falo, faço um mal e, se fico em silêncio, culpo-me, porque não fiz o bem que deveria ter feito. O resultado é que fico paralisado, provavelmente com inquietação ou ansiedade, e paro de fazer o bem que sou chamado a fazer. Usar a seguinte frase de São Bernardo dirigida ao mau espírito também pode ser tranquilizador:

> Certo dia, enquanto pregava ao povo, uma tentação veio ao seu coração e começou a lhe dizer dentro si: "Você prega bem, e todos o ouvem de bom grado e o consideram um homem sábio". E, sentindo essa tentação, pensou consigo mesmo se diria mais alguma coisa ou se ficaria em silêncio. E se confortou logo com a ajuda de Deus. E disse ao tentador em silêncio: "Nem por ti comecei, nem por ti finalizarei". E assim ele continuou sua pregação até o fim[62].

A mesma coisa pode acontecer conosco quando se trata de escolha. Se gosto de uma vida confortável ou matrimonial, se a escolho, acho que estou traindo o Senhor por não escolher a vida consagrada com votos. Se escolho a vida consagrada, penso que não poderei cumprir minha escolha porque o chamado da natureza é forte, que não poderei viver como amputado etc. Se escolhemos aquilo de que gostamos ou aquilo que nos trará bem-estar ou segurança, o mau espírito pode complicar as coisas, fazendo-nos acreditar que estamos escolhendo por segurança, por nosso bem-estar etc., em vez de fazê-lo porque é a vontade do Senhor. Se escolho a vida consagrada ou o que sinto ser a vontade do Senhor, o mau espírito me fará ver que será impossível cumpri-la e que isso não pode ser para mim.

A dificuldade é que a própria interioridade não é suficientemente diferenciada e o eu não está bem situado. Ainda não entregamos as rédeas ao Criador, ainda não abandonamos nossa própria vontade, que perseguimos

---

62. Citado por ARZUBIALDE, op. cit., 908.

talvez inconscientemente, e o inimigo se aproveita disso. A nota de Santo Inácio nos convida a sair do alto, do centro: a elevar o nosso entendimento ao Criador e Senhor e confiar nele, em vez de olhar para mim mesmo. Fazer o que é diametralmente oposto. Podemos responder ao tentador assim: "Nem por ti comecei, nem por ti finalizarei".

Mais uma ajuda para situar o eu

O eu que quer acertar em fazer o bem tem medo de se deixar levar pela vanglória e cai na falsa humildade. Ainda não conseguiu se posicionar para receber a graça e poder ser veículo ou instrumento de fazer o bem. A tentação tira vantagem disso. Há uma série de problemas associados a esse mau posicionamento do eu. Ele tem medo de pecar, tem medo de escolher o que quer em suas escolhas e não o que é a vontade de Deus, ou de não prestar um serviço maior porque acha que prestígio é o mesmo que vanglória. Tem medo de ter ideias ou crenças diferentes, de não acreditar ou acreditar errado ou de pensar que não é capaz de viver a santidade que prega. Enquanto fica nessas flutuações e dúvidas paralisantes, não está bem situado espiritualmente. Ele não se desapega de si mesmo nem se apega a Deus:

> O caminho que leva à libertação e à cura do narcisismo através de uma crise de escrúpulos é o recurso ao Outro, a Deus, combinado com a ajuda de outras pessoas próximas de Deus, como confessores e orientadores espirituais. Em uma observação final, Inácio nos lembra de que o outro pode ser a autoridade eclesiástica ou religiosa em qualquer uma de suas inúmeras formas. A voz da Igreja ou de um superior pode libertar as pessoas escrupulosas do peso dos seus escrúpulos[63].

Em sua carta ao padre Valentín Marín, Santo Inácio fala de escrúpulos que vêm "ajudados pela falta de humilde resignação"[64]. Sendo o escrúpulo

---

63. KOLVENBACH, PETER HANS, *Decir... al "Indecible"*. *Estudios sobre los Ejercicios espirituales de san Ignacio*, Bilbao-Santander, Mensajero-Sal Terrae, 1999, 195.
64. Carta de 24 de junho de 1556, in: *Obras completas*, op. cit., 1004-1006.

uma má relação do eu com o bom e o mau espírito, devido a uma má diferenciação dos atores internos, ajuda o eu a buscar apoio e a confiar no julgamento de alguma pessoa confiável, ou do superior (que está no lugar de Cristo), deixando de lado o próprio julgamento e aceitando a opinião do outro. Com "humildade e submissão, os escrúpulos não lhe darão tantos problemas", e "fomentá-los é uma espécie de soberba, e dar mais crédito ao seu próprio juízo e menos ao dos outros, o que seria necessário".

Os escrúpulos, se ocorrerem, também podem ajudar na constituição e fortalecimento do sujeito. Uma vez sofridos e superados, o sujeito conhece melhor as forças que o movem interiormente, identifica melhor sua alteridade e encontra seu próprio lugar em sua verdade. Curiosamente, a falsa humildade pode estar relacionada a certo apego ao próprio juízo, o qual é difícil abandonar para confiar no Outro. A pessoa escrupulosa pode precisar pedir ajuda quando não se sente forte o suficiente para se decidir. Em qualquer caso, ela tem de parar de olhar para dentro de si mesma e confiar no Senhor. E, elevando o olhar para além de si mesma e dos seus labirintos, para Deus, cuja vontade ainda não conhece nem cuja pessoa identifica, bastar-lhe-á saber que Ele não age contra ela, para decidir-se e continuar a crescer.

Capítulo 3
Regras para aprender a sentir com Cristo e escolher na cultura das infinitas possibilidades

> "Tende em vós os mesmos sentimentos que foram os de Cristo Jesus".
> (Fl 2,5)

1. Escolher na cultura das infinitas possibilidades

A dinâmica da Segunda Semana é feita de decisões, de escolhas para fazer o bem. Na tradição inaciana, tanto os *Exercícios* quanto a vida espiritual enfatizam a importância do ato de escolher. Nesse sentido, há certa afinidade com o modo de sentir de nossos contemporâneos. Esse é outro dos direitos-deveres do grande ISA (indivíduo-sujeito-ator), segundo Bajoit, escolher livremente. "Em todos os campos da vida social, cada indivíduo acredita cada vez mais que tem o direito de escolher a sua própria vida, de ser sujeito da sua própria existência, de decidir por si mesmo o que considera bom para si[1]."

A graça da Primeira Semana ou da conversão fortalece o sujeito dando-lhe um triplo conhecimento interno e um aborrecimento: 1) do seu próprio pecado, daquilo que o destrói; 2) da desordem das próprias operações, desordens internas que não são pecado, mas levam a ele; e 3) do mundo. Ou seja, coisas que são boas em si mesmas, mas me desordenam e acabam me prejudicando. Durante o curso da Segunda Semana, à medida que as graças

---

1. BAJOIT, *La tiranía del Gran ISA*, op. cit.

da Primeira Semana forem concedidas, os aspectos do mundo que interferem no processo espiritual intervirão menos ou pelo menos serão mais facilmente detectados. À medida que Jesus Cristo se torna mais central, os cantos de sereia mais grosseiros e mundanos podem ser mais bem localizados, restando outros mais sutis.

Mas, apenas com conhecimento e ódio do que não nos ajuda ou nos destrói, não podemos fazer a escolha correta. Precisamos da revelação do bem. Quando estamos na Segunda Semana dos Exercícios, ou nessa dinâmica existencial e espiritual na vida cotidiana, o tema é a consolação. E o problema será a falsa consolação, que procura nos tirar da dinâmica convergente da união com o Senhor e nos introduzir em uma divergente, que nos desconcerta e nos separa ou, pelo menos, nos desvia em certa medida do caminho do bem. Também nessas regras será aconselhável um conhecimento humilde e ajustado de si mesmo para saber descodificar o que se sente e agir em conformidade.

A Segunda Semana dos Exercícios é o tempo do conhecimento interno, da contemplação dos mistérios da vida de Cristo, que educa nossa sensibilidade e nos ensina a sentir em Cristo. Nessa Semana, o sujeito ganha em consciência, em conhecimento interno de si mesmo, do Senhor, que deseja seguir, e da vida verdadeira. Ele também cresce em liberdade. Para isso, antes de entrar na escolha, há três meditações importantes. Uma delas procura nos unir à verdadeira vida que Cristo nos mostra e nos fazer conhecer e rejeitar as miragens e os enganos que atacam silenciosamente. Que parecem luz, mas nos separam do bem. Enganos que, diríamos hoje, vêm do ego, do seu desejo de possuir, de aparecer e de ter poder, e acabam por nos endeusar (EE 136-147).

Outro exercício busca liberar a liberdade, libertando-nos dos apegos da nossa vontade (EE 149-156). Um terceiro exercício, logo antes da escolha, busca focar o nosso coração naquilo que merece ser amado (EE 164-167). O conhecimento do outro crescerá através do processo de contemplação e discernimento. Por um lado, a perspectiva a partir da qual contemplamos, para acolher o chamado de Jesus, nos fará sair de nós mesmos. O discernimento, mais sutil nessa Segunda Semana, nos ensinará a diferenciar e identificar melhor nossa alteridade.

A escolha das coisas importantes na vida, como podemos imaginar, é outro discernimento que é afetado por muitos ruídos. Alguns são ruídos internos, aqueles que cada um de nós carrega dentro de si: inseguranças, neuroses, complexos ou, simplesmente, a dificuldade de prestar atenção, de escutar o próprio interior e de superar a dispersão prevalecente. Há outros ruídos externos, que vêm das vozes silenciosas da nossa cultura, dos infinitos modelos de identificação que nos são apresentados e dos modos de vida atuais. Isso torna a escolha, à maneira inaciana, contracultural e exige o exercício de alguns "músculos internos" que, no modo de vida atual, tendem a se atrofiar por falta de uso.

O primeiro ruído externo vem do que significa escolher hoje ou de como alguém escolhe. Há escolhas mais superficiais e outras mais profundas. Algumas colocam o sujeito mais em jogo, e outras menos. Não se escolhe apenas o que fazer, mas o que ser. Como já vimos, há pessoas que vivem uma vida na qual cabem muitas identidades sucessivas e não sentem necessidade de dar unidade narrativa à vida. Um segundo obstáculo é o aninhamento da escolha ou vocação. Assim como uma gravidez, se não ocorrer um bom aninhamento do embrião, pode não ser viável.

Inácio de Loyola propõe uma primeira distinção entre as escolhas que devemos fazer: entre as mutáveis e a imutáveis. Estas últimas são para tudo e para sempre, conforme a dinâmica do amor exige. A vocação ao matrimônio, à vida religiosa ou ao sacerdócio envolve outras pessoas, e devemos nos vincular a elas com promessas para toda a vida. Há outras que são mais mutáveis: profissão, local de trabalho, cidade onde viver... Também discutiremos a dificuldade de uma "decisão para sempre", enfraquecida por uma cultura individualista que dificulta ter laços para sempre e por uma infinidade de possibilidades que continuam a se apresentar. Um terceiro ruído, após ter escolhido, surgirá na execução da escolha feita, que deve ser concretizada, fundamentada na realidade e assumida todos os dias. Deve passar pelo teste da rotina. Para isso, o narcisismo ambiental também fará seu ruído.

Os ruídos internos da escolha

A ascese que acompanha os Exercícios será uma ajuda inestimável para lidar com os ruídos internos. Ela nos ajudará a pacificar nosso interior, superar nossa dificuldade em focar nossa atenção, escutar nosso eu interior e superar a dispersão prevalecente. Ela já começou na Primeira Semana. O autoconhecimento cresce durante os dias de *Exercícios* e quando levamos uma vida espiritual atenta, fazendo o Exame de Consciência. Gradualmente perceberemos que há muitas coisas em nós que claramente podem ser melhoradas. Uma tarefa espiritual será a aceitação do nosso ser concreto. É algo que geralmente nos dá alguma dificuldade em aceitar. Como cada dom é único e não é igual ao do outro, tendemos a ser atraídos pelo dom do outro. Como no Jardim do Éden, tendo os frutos de todas as árvores para comer, cobiçaram o fruto da única árvore que lhes havia sido proibida. O autoconhecimento e a autoaceitação do próprio ser, com seus dons e seus limites, são ingredientes necessários para uma vida que quer ser vivida em plenitude.

O texto dos *Exercícios* começa com Anotações explicando o tipo de experiência ou atividade que os *Exercícios* são (EE 1-20). Essas Anotações já contêm algumas indicações que acalmarão ruídos internos e gerarão outros hábitos do coração. Elas já anunciam que os *Exercícios* visam preparar a pessoa para se dispor a remover suas afeições desordenadas (ruídos, apegos, vícios...) e, depois de removê-las, buscar e encontrar a vontade de Deus em sua vida e, assim, alcançar sua felicidade, que é a saúde de sua alma. Embora as Anotações tenham sido escritas para os *Exercícios*, elas também têm sua aplicação na vida fora deles.

Nos *Exercícios*, como na vida espiritual, não se trata de saber muito e ter muitas ideias. Isso não nos satisfaz. Trata-se antes de sentir e saborear as coisas internamente (EE 2), reservando um tempo para saborear o que vivenciamos internamente. É isso que realmente nos marca. Também é importante educar os modos de expressão, mesmo os internos, da relação com Deus; especialmente a reverência, porque Deus não é uma função do eu. Por outro lado, ajuda muito, na relação com o Senhor, entrar com confiança, coragem e generosidade, oferecendo-se para que Ele disponha do que quiser, como quiser. Dessa forma, a pessoa se torna cada vez mais livre. Já vimos na primeira parte a ação dos espíritos e as moções internas. Uma cartografia interna é progressivamente elaborada para a pessoa se orientar.

Alguns pequenos detalhes são significativos e pedagógicos: não negociar o tempo de oração, mas cumpri-lo e, se a pessoa for tentada a encurtá-lo, aumentá-lo, para vencer a tentação. Da mesma forma, quando a oração se torna mais árida em tempos de desolação, ela é convidada a manter o tempo e resistir. O irmão Roger[2] dizia que uma vida de oração se forma em muitos momentos em que parece que nada está acontecendo. É assim que se educa a sensibilidade para evitar as armadilhas que criamos para nós mesmos e que nos impedem de viver o que dizemos que queremos viver. Trata-se de aprender não apenas a resistir ao inimigo, mas a derrotá-lo.

Nos *Exercícios* há uma pessoa experiente que acompanha. Esse acompanhamento também costuma ser muito útil no dia a dia. O acompanhante ou orientador está ao nosso lado, "em situações de escuridão", e nos ajuda a nos defender da tentação. Nos *Exercícios* ou na vida diária, o ou a acompanhante deve se adaptar à natureza do sujeito que se exercita. Não pedindo que ele faça mais do que possa descansadamente fazer e tirar proveito. Pressionar não costuma ser uma boa pedagogia. Essa figura ajuda a discernir, embora com um papel bem definido. Se no momento da tentação pode ser um apoio importante, como já vimos nas Regras da Primeira Semana, também pode sê-lo no momento da escolha, acompanhando de modo mais delicado (EE 15). Aconselhando a não se precipitar em escolhas imutáveis se a pessoa estiver em um momento de grande fervor. Ou seja, não concluir uma escolha no momento de *euforia*, porque então ela terá de mantê-la por toda a vida.

Por outro lado, deve manter uma postura neutra. A pessoa que acompanha não está autorizada a doutrinar ou tentar influenciar a pessoa que faz os *Exercícios* a tomar uma decisão ou outra. Trata-se de uma ajuda, porque é fácil para nós nos enganarmos em nossa luta interior, mas ela deve estar no meio, como o fiel de uma balança, sem pender para um lado ou outro, permitindo

---

2. Roger Schütz, mais conhecido como Irmão Roger ou Frei Roger de Taizé, foi um líder cristão suíço. Em 1940, ele fundou a Comunidade de Taizé, uma comunidade ecumênica de irmãos, da qual foi prior até a data do seu assassinato em 2005. (N. do T.)

que o Criador trabalhe "imediatamente" com a criatura e a criatura com o Criador. Quem acompanha é mais uma ajuda para a pessoa acompanhada se defender do inimigo, mas não pode substituir Deus na busca e escolha do bem.

Para que o Criador trabalhe com a criatura e a criatura com o Criador, é útil libertar-se de apegos ou afeições desordenadas. Para recuperar a liberdade, Santo Inácio propõe um remédio simples, que pede ao sujeito que se empenhe, com todas as suas forças, para chegar ao oposto daquilo ao qual está desordenadamente afeiçoado. Para isso, sugere-se que a pessoa peça a Deus o oposto daquilo que a escraviza, desde que seja sempre para o maior serviço, honra e glória de Deus (EE 157).

Uma atenção cuidadosa ao contexto faz parte da pedagogia inaciana. Tempos de descontextualização e recontextualização são frequentemente propostos nessa pedagogia. Para melhor reconfigurar a vida, ordená-la e nos determinarmos sem nos deixarmos levar por afeições desordenadas, propõe-se uma ruptura temporária com o contexto dos hábitos e afetos cotidianos. O silêncio, o afastamento das pessoas que conhecemos e daquelas que esperam algo de nós, ou das necessidades urgentes da vida, podem ser uma boa ajuda em tempos de retiro. Quando Hartmut Rosa fala da sociedade da aceleração, ele se refere a um tipo de "desaceleração intencional"[3], que consiste em tirar um "tempo fora" do contexto acelerado para nos reorganizarmos e retornarmos renovados e com melhores ferramentas ao contexto de aceleração em que se vive.

Para poder rezar melhor e se tornar de alguma forma independente dos ruídos internos e externos, Santo Inácio também propõe algumas "Adições" nos *Exercícios* (EE 73-90). Sua finalidade é alcançar melhor o que se deseja, atuando no contexto interno e no externo, criando o próprio contexto, de modo que ajude a alcançar o que você pretende. A vida espiritual, como toda vida, precisa de um ecossistema no qual possa se desenvolver. Nada é indiferente para quem tem um desejo unificado. Daí o cuidado especial com o

---

3. ROSA, HARTMUT, *Alienación y aceleración*, Buenos Aires, Katz, 2016, 60ss. [Trad. bras.: *Alienação e aceleração. Por uma teoria crítica da temporalidade tardo-moderna*, Petrópolis, Vozes, 2022.]

contexto externo de cada exercício. Tudo o que é corporal é importante nessa pedagogia espiritual: luz, silêncio, postura, alimentação, sono... Examinando para saber onde estou e o que está acontecendo comigo em cada momento.

O mesmo acontece com a paisagem interior: os tipos de representações mentais e pensamentos que são aceitos e rejeitados, ilusões que são abrigadas, frases que são repetidas internamente... Tudo isso é pretendido de acordo com o que se busca em cada momento. De certa forma, nos Exercícios as adições nos permitem cuidar do contexto da experiência, atentando para a paisagem interna e a externa. Nem o comer, nem o dormir, nem os prazeres aos quais nos entregamos são indiferentes à experiência espiritual.

O orientador dos *Exercícios*, assim como o clima destes e o contexto muito especial que se cria, está a serviço da relação fundamental da pessoa exercitante com Deus, que constitui os *Exercícios Espirituais*. Entende-se que essa descontextualização e recontextualização são temporárias e não pretendem ser definitivas. O objetivo é retornar ao mundo, ordenando a relação com ele, depois de ter aprendido algo sobre Deus e unido sua vontade à d'Ele. Ao sair dos *Exercícios*, na nova recontextualização, descobre-se que muitas coisas aconteceram, que "nós não somos mais os mesmos", e que o mundo ao qual retornamos também não é o mesmo. Ele se tornou um espaço de intercâmbio de amor com Deus e um espaço para fazer o bem.

Novamente a posição do sujeito. Agora na escolha

As coisas importantes da vida, incluindo religião e liberdade, passaram a ser defendidas por muitos dos nossos contemporâneos apenas como questões de *preferência pessoal*. Para Hartmut Rosa, o mundo social não permanece mais estável ao longo da vida de um indivíduo. Isso tem consequências para os padrões dominantes de identidade e subjetividade. Do plano de vida individual com "avaliações fortes", que é como nadar em direção a um ponto no oceano, lutando contra as ondas para chegar à meta, passamos para uma "identidade situacional" flexível, na qual o indivíduo aceita a natureza provisória das autodefinições e dos parâmetros de identidade. Não tenta se ajustar a um projeto de vida, o que é como flutuar harmoniosamente, deixando-se levar pelos movimentos imprevisíveis da água[4]. Gergen explicou a identidade pós-moderna de forma semelhante na década de 1990[5], ou o próprio Lipovetsky na década de 1980[6]. É provável que nossa sociedade líquida exija mais flexibilidade de nós para nos ajustarmos à sua mobilidade. Contudo, não podemos aceitar nos tornarmos folhas levadas pelo vento ou troncos levados pela correnteza. Não podemos desistir de chegar ao ponto desejado. Temos uma meta.

Há alguns anos, iniciou-se uma discussão sobre a agência humana, o que nos ajuda a compreender como encarar a escolha e como o sujeito de hoje a aborda. John Rawls é um representante da abordagem que vê a escolha como "ordenar preferências". Escolher um plano ou um projeto de vida é ordenar as próprias preferências. Para Rawls, basta ponderar as necessidades, os desejos e os objetivos do eu. A pessoa fica do lado de fora, não se coloca em jogo, isso não a afeta internamente. Ela avalia possibilidades, mas se posiciona exteriormente.

Michael Sandel não nega que somos seres com projetos, mas trata de despojar o projeto de voluntarismo e procura conectá-lo ao íntimo da pessoa. Sandel apela para uma compreensão reflexiva da identidade. Ou seja, quando escolho, eu me coloco em jogo, não escolho como se estivesse de fora. Escolher inclui uma reflexão sobre mim mesmo. Nas palavras de Charles Taylor, quando escolhemos, ordenando preferências, o sujeito é um *"simples ponderador"*. Isto é, só presta atenção aos seus desejos e os pesa para saber se pende para um lado ou para o outro.

No modelo proposto por Sandel e Taylor, mais próximo do que significa escolher as coisas importantes, o sujeito é um *"avaliador forte"*. Ou seja, alguém que leva em conta não apenas seus desejos, mas também a si mesmo como sujeito desses desejos: o tipo de pessoa que é[7]. Decisões importantes na

---

4. Rosa, op. cit., 76.
5. Gergen, op. cit., 41.
6. Lipovetsky, *La era del vacío...*, op. cit., 51.53.
7. Sandel, Michael, *Liberalism and the limits of justice*, New York, Cambridge University Press, 1982, 159-161. Trad. port.: *O liberalismo e os limites da justiça*, Lisboa, Fundação Calouste Gulbenkian, 2005.

vida definem não apenas o que preferimos, mas também quem somos. Para isso, precisamos mergulhar em nós mesmos. No modelo das preferências, o tipo de seres que somos é dado antecedentemente. A identidade do sujeito nunca está em jogo no discernimento, pois seus limites foram definidos além do alcance da agência humana. Para Sandel, a reflexão e o autoconhecimento implícitos na escolha tocam o próprio eu e não apenas seus objetos de desejo.

Que o eu permaneça externo ao escolher qual marca de atum comprar para comer é irrelevante, mas o fato de o eu permanecer externo quando se trata de escolher um estado de vida e de priorizar apenas preferências significa que ele não está bem situado. O avaliador forte está em melhor posição, pois ele se coloca em risco. O discernimento a que nos referimos nos *Exercícios*, quando fazemos uma escolha, requer um sujeito que seja um "avaliador forte", porque requer um profundo autoconhecimento e exploração dentro do próprio sujeito. Mas vai além, mais fundo, ancorando a própria escolha nas profundezas de um amor sem fundo, que coloca o sujeito em liberdade.

Escolher em termos cristãos não é apenas ordenar ou *pesar preferências*, deixando o eu exterior para trás. É também se colocar em jogo, o que inclui uma reflexão sobre si mesmo, *avaliações fortes sobre si mesmo* que tocam a própria identidade. Esse sujeito *fortemente avaliativo*, além de se colocar em jogo e se conectar com seu eu interior, também examina os espíritos que o movem, o que vai além de examinar a si mesmo. A escolha não se baseia em nós mesmos, mas além de nós mesmos, naquele que nos chama. Nós escolhemos a nossa vocação, "a vida que Deus, nosso Senhor, nos der a escolher" (EE 135).

Acolher o chamado e fazer uma escolha também vai além da Primeira Semana ao situar o sujeito em seu ser, colocando-o em seu lugar em relação ao Outro. Ao contemplar o chamado dos apóstolos, Inácio nos convida a considerar sua "condição simples e humilde", "a dignidade à qual foram tão gentilmente chamados" e "os dons e as graças" que receberam para cumprir sua alta missão (EE 275,7). Como nas vocações bíblicas, a lacuna entre a pobreza pessoal da pessoa chamada e a missão para a qual ela é chamada é preenchida por Deus misericordioso com seus "dons e graças" e sua consolação.

Novamente, o eu contemplativo é colocado em estado de humildade, em sua verdade, e pode recuperar sua capacidade de agradecer. Isso, sem dúvida, fortalece e dá consistência ao sujeito. Por outro lado, quando a pessoa chamada constrói sua vida a partir "da dignidade a que foi chamada", sem considerar sua condição humilde, começa a construir a partir da fachada, do vazio, poderíamos dizer, e vai como que inchada, "fazendo ninho em casa alheia" com medo de que tudo desmorone. Ela se sentirá internamente frágil.

A escolha uniu o sujeito espiritual ao Senhor de uma maneira especial. Ao aceitar o chamado, entrou em outro relacionamento com Ele. Mas a relação também passará por um processo, talvez com suas etapas. Inácio chama a atenção para o fato de que "parece que os apóstolos foram chamados três vezes": "Primeiramente, a certo conhecimento [...]; em segundo lugar, a seguir Cristo de algum modo, mas com o propósito de voltar a possuir o que tinham deixado [...]; em terceiro lugar, a seguir Cristo, nosso Senhor, para sempre" (EE 275,2).

Escolher, no sentido inaciano, é aceitar a vontade de Deus, uma palavra do Outro, não é simplesmente ordenar as próprias preferências. É também discernir a própria alteridade. E há uma evolução ao longo da vida. Se seguirmos o conselho inaciano, uma escolha bem vivida também nos coloca em humildade e gratidão. Uma escolha ancorada no eu muda quando este muda. A vontade humana é muito inconstante e pouco confiável se não tiver âncora. Às vezes, a relação com Deus está baseada em desejos, em ilusões, e, de fato, ainda não se tornou um hábito nem está ancorada profundamente na pessoa. É muito fácil perdê-la e requer cuidados especiais no início. É importante que a vocação *se aninhe* bem.

O aninhamento da vocação

Durante a gravidez, é essencial que o embrião se aninhe bem para que possa ser viável crescer e se desenvolver. Também é importante que uma vocação se aninhe bem para que possa se desenvolver. Muitas vezes, há malformações psicológicas, sociológicas, culturais ou espirituais que impedem que a vocação se aninhe bem, no único lugar onde ela pode criar raízes: no próprio coração frágil, inconstante e fraco, que confia e cria raízes no Senhor que chama. Isso requer ter presente o sentido do outro, sair de si mesmo; não escolher egocentricamente. Viver polarizado por Jesus, buscando o que Ele quer de mim. Quando nos tornamos o centro, nos perdemos, começamos a pensar "o que vai acontecer comigo se isto ou aquilo". Assim, esqueço o que Deus queria para mim. A escolha exige também o reconhecimento do outro para ajudá-lo, como faz o Bom Samaritano, que muda a pergunta do sacerdote e do levita: "O que acontecerá comigo se eu o ajudar?". E se pergunta: "O que acontecerá com essa pessoa se eu não a ajudar?".

Poderíamos também abordar o aninhamento da vocação com a parábola do semeador que saiu a semear. A semente caiu em vários lugares: em terreno pedregoso à beira da estrada, entre arbustos espinhosos e em terra boa... Criou raízes de diferentes maneiras, algumas viáveis e outras não. Existem alguns enraizamentos problemáticos:

- *A emoção.* "Descobri que seguir Jesus me faz me sentir bem, que o voluntariado me faz me sentir bem, que ajudar os pobres me faz me sentir bem." É verdade que nossa vocação nos emociona, que nos faz nos sentir bem, mas sentir-se bem não é o centro, nem o que buscamos. Quando se sentir bem se torna o *leitmotiv* de uma vocação, há um problema. Também me faz me sentir bem ir às montanhas, ao cinema ou viajar. A vida também é feita de rotina, de muitos momentos em que não nos sentimos bem, em que temos de escolher contra nossos desejos e vontades. Existe um "sentir-se mal" positivo que nos revela que há algo dentro de nós que precisa ser consertado, conversado, discutido...

  Sentir-se mal não significa que a vocação não esteja confirmada, mas sim que às vezes pode ser uma inquietação benéfica, que revela caminhos pelos quais podemos crescer no seguimento. Além disso, a vida de fé é cheia de momentos sombrios, quando só podemos caminhar na fé, sem nos sentirmos bem. O seguimento emotivo não vai além do Getsêmani, não pode; e, mais cedo ou mais tarde, o Getsêmani chega. A busca por recompensa emocional deve, mais cedo ou mais tarde, ser superada por outros propósitos mais elevados.

- *Desejos, gostos, preferências.* Quando escolhemos a vida religiosa, é porque a desejamos ardentemente, gostamos dela, mas não é só por prazer. Se quando pergunto a mim mesmo por que sigo o Senhor reduzo isso ao meu gosto ou vontade, não estou construindo sobre a rocha. "Eu faço isso porque gosto, porque estou decidido a fazer isso"; então a âncora está em mim e na minha vontade. Essa decisão também não vai muito longe. Como se acredita que a escolha é resultado da "própria vontade", quando esta muda, não há razão para continuar. A vontade própria sem outras referências muda, assim como os desejos, as preferências…

Se eu não tiver outras referências além de mim mesmo, a escolha será muito inconstante, e não terei motivos para não mudar quando sentir que mudei. "Quando me casei com minha esposa, há vinte e cinco anos, eu era uma pessoa diferente do que sou agora; tinha gostos e preferências diferentes." Se o compromisso se mantém em meio a tantas mudanças e experiências, deve ser porque há uma referência externa (o desejo do Senhor, sua vontade, alguns chamarão de destino) além do meu desejo, gosto ou preferência ao qual procuro submetê-los. A obstinação é a primeira coisa a deixar para trás para encontrar a vontade de Deus.

- *A imagem ideal em si*. O narcisismo está na moda e é um elemento cultural que nos afeta irremediavelmente. Sempre que escolhemos um estado de vida é porque nos vemos nele, porque nos imaginamos nele de certa maneira. De certa forma, escolhemos uma imagem ideal de nós mesmos. Há um pouco disso em cada escolha. Foi-nos apresentada uma imagem de como poderíamos ser, e isso nos atraiu. Contudo, não construímos nem projetamos a imagem do que queremos ser. A ajuda da imagem, assim como a do desejo ou da emoção, pode ser pervertida quando é absolutizada e trabalhamos para sustentar a imagem que forjamos de nós mesmos. A vida escolhida pode se tornar uma "encenação de si mesma", e isso é algo que merece ser examinado e colocado em seu devido lugar. Pois a imagem de si mesmo, assim como a emoção ou o desejo, tende a nos isolar dentro de nós mesmos e fechar nosso acesso ao outro, a Deus e a nossos irmãos e irmãs. Além disso, como acontece com a emoção e o desejo, assim que a cruz chega não há mecanismos para acolhê-la e suportá-la, pois só n'Ele podemos vivenciá-la e padecê-la.

Pode acontecer que a vocação tenha se enraizado na imagem e a vida escolhida se torne uma encenação de si mesma, talvez devota e edificante, mas encenada diante de um público, real ou imaginário. Nesse caso, quando a pessoa que a representa começa a sentir dor real ao viver sua escolha, a dor pode levá-la a ter medo de "perder sua vida" na realidade, não apenas na apresentação no palco. Como o coração da pessoa não foi tocado pela representação, ela irá embora para "salvar sua vida", e tudo o que lhe resta fazer é mudar de cenário.

- *O grupo.* Há também enraizamentos sociológicos. Normalmente, uma vocação surge em um grupo ou comunidade onde ela tem certa plausibilidade. Mas a vocação não é apenas o passo óbvio para pertencer a um grupo, por mais que a vocação seja valorizada dentro dele. Ou seja, não se pode ignorar a relação pessoal com o Senhor e a resposta pessoal ao seu chamado. O grupo não estará lá para me apoiar quando surgirem dificuldades, que só podem ser enfrentadas com fé. O suporte do grupo é bom. Sem uma comunidade de referência, é muito difícil sustentar qualquer vocação, mas ela não pode substituir a decisão pessoal e a aceitação do chamado. Mais cedo ou mais tarde nos cansaremos do grupo ou da comunidade, pois sempre haverá aspectos negativos que, bem lidos, podem mostrar que aquilo não é mais o que era, o que escolhemos... E justificar o abandono, inviabilizando a vocação.

- *As próprias necessidades.* Às vezes, escolhemos uma vocação para satisfazer alguma necessidade que temos, mais ou menos oculta, mais ou menos inconsciente. Se pensarmos em uma vocação específica, como a religiosa, na Espanha, depois da guerra, muitos ingressaram nos seminários e na vida religiosa em tempos de fome e pobreza. Junto com algum sentimento religioso, havia a possibilidade de estudar. Era também a maneira de alcançar a ascensão social. Alguns abandonaram os estudos depois de terminar os primeiros estágios, e outros quando ocorreu uma maior secularização. As vocações são frequentemente escolhidas com base em necessidades inconscientes, de autoestima, reconhecimento social ou prestígio, ou outras necessidades emocionais e psicológicas, que são quase sempre inconscientes. Há em cada vocação algo de emoção, gostos, preferências, construção da imagem ideal, apoio de um grupo, necessidades psicológicas ou materiais, obscuridade e mistura naquilo que ouvimos de Deus, mas não podemos deixar que a vocação se enraíze em nenhum desses elementos que acompanham a escuta do chamado. Há um processo de purificação até que permaneçamos no Senhor, em seu chamado, acolhido no mais profundo do nosso ser, em nossos corações inconstantes e frágeis, mas abençoados com sua graça. Trata-se de segui-Lo com toda a nossa pessoa, com todas as nossas forças e com todas as nossas fraquezas. Posteriormente, com o exercício da vocação, formam-se na pessoa hábitos e fortalecem-se as virtudes inerentes ao modo de vida escolhido.

"Para tudo e para sempre"

Escolhas que simplesmente ordenam desejos, gostos ou preferências dificilmente podem pretender durar para sempre e abranger a pessoa como um todo. O mesmo destino recairia sobre escolhas ancoradas na emoção, na autoimagem ideal ou no grupo ao qual se pertence. A ancoragem da decisão pode ser um tanto externa ou epidérmica. E, além disso, quando não colocamos todos os ovos na mesma cesta, não podemos esperar que o que escolhemos seja para sempre. Como veremos, as Regras da Segunda Semana exigem autoconhecimento e que todas as capacidades emocionais e intelectuais sejam colocadas em jogo. A ancoragem da decisão determina o enraizamento da vocação para que ela seja viável. A escolha deve nos ancorar nas profundezas da pessoa, em última análise em Deus. Ou em Deus através das profundezas da pessoa. E requer cuidados contínuos.

No discernimento da Primeira Semana, descobrimos que o desejo de desistir se vence resistindo, reconhecendo a alternância entre consolação e desolação, nos colocando na humildade e nos fortalecendo interiormente. Uma pergunta que facilmente surge é: como seria uma pessoa capaz de assumir um compromisso vitalício? Que características ela deveria ter? Certamente, há coisas que nos ajudam a perseverar em nossas escolhas: um saudável senso de pertencimento, ou seja, a capacidade de estabelecer relacionamentos estáveis, a aceitação das feridas pessoais e, acima de tudo, o autoconhecimento. Ter sobretudo diálogos internos, para que a pessoa se torne suficientemente transparente sobre suas dificuldades e entre em ação a partir das profundezas de si mesma. O cultivo do relacionamento fundamental com Deus. Tudo isso cria um indivíduo mais forte, mais capaz de assumir e manter compromissos.

Quando uma escolha imutável é feita, para sempre, e é quebrada, há certa sensação de fracasso; e é normal que assim seja. Esperava-se que durasse para sempre, essa é a dinâmica do amor. Há frustração. Algumas pessoas tentarão superar a situação integrando essa frustração em si mesmas e dando continuidade à vida. Mas haverá aquelas que argumentarão que a continuidade não é necessária. Falamos do tempo pontilhista e da maneira de organizar a vida nessa autocompreensão, que o poeta bem expressa quando escreve: "Que nosso amor seja infinito enquanto dure". Poderíamos nos perguntar se é possível ser um sujeito pessoal sem ter compromissos para toda a vida, sem procurar ser a mesma pessoa ao longo da vida; isto é, sem continuidade na vida, sem identidade no tempo.

Para Nietzsche, o ser humano é o animal que faz promessas. Ele fala em "criar o animal que tem permissão para fazer promessas". Por um lado, Nietzsche ressalta que o esquecimento é uma qualidade necessária do ser humano, mas ele criou uma faculdade oposta a isso, "uma memória com a ajuda da qual a capacidade de esquecer é suspensa em alguns casos; ou seja, nos casos em que promessas devem ser feitas". Não se trata de "um não-poder-libertar-se-de-novo passivo do que uma vez foi registrado", mas sim de "um não-querer-libertar-se-de-novo ativo, um querer e continuar a querer o que uma vez foi desejado, uma autêntica memória da vontade", que permite "dispor antecipadamente do futuro"[8].

---

8. Cf. NIETZSCHE, Friedrich, *Genealogía de la moral*, tratado 2º, 1, Madrid, Alianza, 2005, 75-77. [Trad. bras.: *Genealogia da moral*, Petrópolis, Vozes, 2013.]

Para Paul Ricoeur, ter uma identidade está relacionado à permanência no tempo. Ele distingue *o que* permanece de *quem* permanece[9]. Ele usa duas palavras para distinguir os dois modos de identidade: a primeira é *mesmidade* (referindo-se ao *que*: *sou o mesmo* ao longo do tempo, o mesmo código genético, por exemplo), que ele descreve como identidade numérica, e a segunda, *ipseidade* (referindo-se a *quem*: *sou eu mesmo* ao longo do tempo). Ter uma identidade pessoal e permanecer o mesmo ao longo do tempo está relacionado a manter a palavra e a cumprir promessas. É assim que dizemos quem somos: com nossos compromissos. É assim que vivemos o nosso ser pessoal em plenitude. Podemos supor que há graus de despersonalização, a ponto de se perder a capacidade de fazer e cumprir promessas, de manter a palavra e de permanecer o mesmo ao longo do tempo.

A perseverança na escolha feita é uma graça a ser pedida e uma tarefa difícil. No contexto atual, para o sujeito do nosso tempo, é quase um milagre. Na vida espiritual e no caminho do bem, desde o início, estamos sujeitos a ansiedades, que ocorrem de tempos em tempos e geralmente são acompanhadas por um desejo feroz de abandonar tudo. Quanto maior a ansiedade, maiores e mais numerosas são as atrações às quais estamos sujeitos, e menos raízes teremos na vida que escolhemos e n'Aquele que nos chamou a ela.

Às vezes, também há uma calma aparente que induz uma falsa sensação de autoconfiança, enfraquecendo-nos quando a ansiedade chega. Permanência é aqui uma forma de ascese. Permanecer na Presença e em oração quando chegar a noite e fizer frio. Manter a atenção durante longos períodos de calma quando nada parece estar acontecendo. Confiar na experiência dos outros quando estamos cegos. Ter paciência e esperar, não fazer mudanças quando a desolação nos visita, é também a ascese necessária para perseverar.

---

9. Cf. RICOEUR, PAUL, *Soi-même come un autre*, Paris, Seuil, 1990, 140-150. [Trad. bras.: *O si-mesmo como um outro*, São Paulo, WMF Martins Fontes, 2014.]

A realização da escolha. Enfrentar a realidade: a encarnação do dom

A escolha é a nossa maneira de nos unirmos a Deus por meio da comunhão com Ele no cumprimento de sua vontade. É através da escolha que nos tornamos colaboradores de sua missão. Se vimos na Primeira Semana que uma primeira tentação apontava para não receber o dom, na Segunda, uma vez recebido, a tentação é pervertê-lo para que não dê frutos na realidade do serviço aos outros. Já repetimos que os dons que recebemos de Deus são para o nosso bem e o dos outros. Para isso, não temos outro modelo e guia senão a Encarnação de Deus em Jesus Cristo, como nos ensinam as Regras da Segunda Semana. Jesus também teve de incorporar em seu mundo o que experimentou como vontade do Pai.

A experiência do inefável e as consolações devem se tornar palavras e ações. No caminho, somos assaltados por diversas tentações que podem levar a más aterrissagens do dom. A primeira tentação é o que podemos chamar de *gnóstica*. Consiste em acreditar que, por já conhecermos a teoria e termos boas formulações, já vivemos o que dizemos. Ela pode levar a pessoa a se manter em um absolutismo doutrinário, fanático ou idealista, sem nunca chegar à prática. Uma manifestação dessa tentação pode ser a idolatria do texto perfeito, que nos faz acreditar que, ao ter o documento ou discurso perfeito, já estamos mudando a realidade.

Uma segunda tentação é uma forma que assume hoje a tentação gnóstica, que se refere não tanto ao conhecimento, mas ao emocional. Poderíamos chamá-la de *tentação emotivista*. Trata-se de acreditar que, só porque sentimos algumas alegrias internas, já estamos comprometidos, fazendo algo pela justiça ou cumprindo a vontade de Deus. É por isso que devemos desconfiar de algumas "consolações espirituais" que nunca se tornam carne e osso e sempre nos mantêm no plano ideal.

Uma terceira tentação é a do *farisaísmo*, que leva a viver uma vida cheia de comportamentos de fachada, a esculpir a própria imagem com base no que se aprecia nos ambientes de que se participa, mas que impede que as virtudes e a escolha criem raízes no mais profundo da pessoa. Faz parte desta tentação ter grande discernimento e habilidade sobre o que os outros deveriam fazer, sem nenhum exame do que nós mesmos fazemos.

Uma quarta tentação, que poderíamos chamar de *cínica*, consiste em cair na realidade plana ou no realismo da maioria; capitular, tornar-se completamente mundano. Todas essas tentações têm em comum o fato de não terem tido a coragem de confrontar o dom recebido com a realidade. Na primeira, a pessoa permanece em seu conhecimento e nos próprios sonhos; na segunda, nos gostos espirituais; na terceira, nas aparências, na fachada sem ir ao fundo; e, na quarta, renuncia a concretizar o dom. Em todas elas faltou a coragem de enfrentar o teste da realidade. A saída positiva que se busca é fortalecer um caráter em que o pensar, o sentir e o querer vivam conectados ao núcleo espiritual da pessoa, em que a relação com Deus se torne efetiva e se concretize em uma vida cotidiana de dedicação e serviço.

No Evangelho somos lembrados de que permanecer focados em ideias, sentimentos ou fachadas é como construir sobre a areia. É como ficar em casa dizendo: "Senhor, Senhor!". E "nem todos os que dizem: 'Senhor, Senhor', entrarão no reino dos céus; mas sim os que fazem a vontade do meu Pai, que está nos céus" (Mt 7,21). Construir sobre a rocha é colocar em prática a palavra recebida (Mt 7,24). É o exercício da própria vocação, a consolidação do dom recebido e a colocação em prática do chamado recebido que fortalece o indivíduo e o prepara para enfrentar a realidade em quaisquer condições que ela se apresente, como fez Jesus.

O dom de Deus deve se fazer presente no espaço e no tempo. Mas, como vemos, a realidade sempre oferece resistências. Diante delas, é comum surgir, sob a aparência de bem, o desejo de mudar de lugar ou de reclamar do momento em que vivemos, com saudades de um passado ou sonhando com futuros idealizados. Quando já temos alguns anos, não é preciso ter muitos, e um mínimo hábito de se examinar, descobrimos que caminhamos em direção a vários futuros em nossas vidas, sem nunca chegar a algum. Então começamos a encontrar nossa pátria no presente e o lugar da salvação no aqui e agora, na realidade em que vivemos e no momento histórico que nos foi dado. O exercício ascético é aceitar o lugar e o tempo em que vivemos, arriscar cometer erros e nos deixar guiar pelo Espírito para aterrissar o dom do alto na realidade imperfeita e pedestre do aqui e agora.

Viver o hoje, no hoje, no presente contínuo, sempre no presente, sem calcular o amanhã nem acertar contas com o ontem. Cuidar do amor. Abandonar-se. Render-se quando houver luzes e no meio das sombras. Não se deixar consumir por fantasmas e medos, não absolutizar o que está acontecendo dentro de você em determinado momento. Escutar, confiar e continuar caminhando.

Uma armadilha autodestrutiva: viver uma "vida vicária"

Há pessoas que colocam sua escolha em prática. Fazem um grande bem aos outros. Conhecemos pessoas dedicadas que carregam o mundo nas costas, cuidam de doentes, aceitam os serviços que lhes são solicitados e projetam uma imagem de dedicação, gentileza e disponibilidade. Todos que lidam com elas em seus trabalhos ou comunidades falam bem delas, por sua dedicação, cuidado, carinho etc. Mas às vezes alguém as ouve falar de si, em particular, com certa amargura, como se fizessem todo o bem e dessem tudo de si, mas com um sentimento subjacente de mágoa, raiva, tensão, ressentimento ou negatividade. Como se fizessem uma coisa acreditando que tinham de fazer outra. Como se o que elas fizessem fosse satisfazer uma imagem ou as expectativas dos outros. Como se não aceitassem plenamente a escolha que fizeram ou a missão que lhes foi confiada. Como se elas e seu coração mais autêntico quisessem outra coisa. Ao longo do caminho, em suas ações, vão se desintegrando. Em sua atividade há uma progressiva deterioração pessoal. Muitas vezes vemos pessoas vivendo suas vidas como se elas não fossem suas, como se houvesse uma vida mais genuína e autêntica do que as que vivem, e que esta as rouba.

Quando alguém faz coisas tão boas e ao mesmo tempo desmorona, é provável que em algum momento, dependendo da força do seu ego, cairá fora, desistirá. É como dizer que se está vivendo uma *vida vicária*, que não é autêntica e que acaba sendo enervante. Não faltarão conselhos como: "Vá aonde seu coração levar você" e: "Se você sofre, essa não pode ser sua vida". Em alguns casos, pode ser o conselho certo, mas temo que na maioria dos casos seja uma solução ruim. Em geral, é destruir sem construir, é entrar no jogo do mau espírito.

Esse suposto bastião de autenticidade é muitas vezes indefinido e indeterminado e não leva a uma alternativa real, mas simplesmente à destruição da vida atual. Serve apenas para expressar insatisfação com o que é feito ou vivenciado, mas não representa uma alternativa definida. Muitas vezes é o espaço da tentação, em cujo engano se pode cair ao lhe dar realidade como alternativa. Quando na verdade é um mero reduto vazio de hedonismo insatisfeito, que não é mais real do que a vida que se leva. Só serve para tirar a alegria e para fazer com que a vida real, cheia de beleza e virtude, seja vivida como uma vida irreal e vicária. Como se essa vida supostamente autêntica fosse o que alguém faria se deixassem. Para combater essa tentação, ajuda evangelizar e educar a sensibilidade, que é, em última análise, o que se rebela. Essa é a tarefa da contemplação dos mistérios da vida de Cristo.

Outra manifestação da *vida vicária* tem a ver com o dito inaciano de que "quem só tem obediência de vontade, mas não de juízo, só tem um pé na religião". A obediência de vontade também inclui a obediência de execução, isto é, o fazer e o querer. A pessoa responde ao seu chamado e quer executá-lo, mas lhe falta o juízo, o "sentir". Sente que poderia ou deveria fazer outra coisa. Aqui Inácio está cheio de razão. Quando vivemos de acordo com "o que fazemos" (execução) e "o que queremos" (vontade), mas não como "sentimos internamente" ou como "julgamos em última instância", significa que estamos vivendo uma vida dividida, uma *vida vicária*. Não vivemos nossa vida autêntica, conectada às profundezas do nosso ser, conforme sentimos.

Faço o que me mandam porque quero, mas no fundo sinto e entendo que deveria fazer outra coisa. Essa situação cria uma cisão que impede alguém de se entregar por inteiro ao que faz. Faz com que faça o que faz com um pé atrás, como se estivesse se protegendo de uma possível saída que provavelmente virá quando um fracasso chegar ou sua vontade deixar de querer a mesma coisa; quando ela quiser se adaptar ao seu sentir, o que cedo ou tarde tende a acontecer se a pessoa não educar previamente seu sentir. O problema muitas vezes está em certa severidade de julgamento que não quer dar o braço a torcer.

Um terceiro exemplo de *vida vicária* diz respeito aos desejos. A personalidade narcisista acredita que a realidade responde aos seus desejos e quer moldá-la de acordo com eles. Não distingue o "eu" do "não eu" e acredita que a realidade é uma extensão dos seus desejos. Quando a realidade não é como ela gostaria e a decepciona, continua vivendo sua vida, mas com uma adaptação fictícia e um fundo de insatisfação. Continua vivendo uma *vida vicária*, satisfazendo as expectativas dos outros ou as suas próprias, mas com um fundo de decepção, e estará esperando poder se dissociar da vida que leva, para aderir a outro ideal de sua própria criação, mais de acordo com seus desejos. Aqui será necessário discernir os desejos e descobrir qual é o desejo fundamental.

Lasch[10] fala de um distanciamento irônico da rotina normal da vida cotidiana que, ao não ser levada a sério, busca evitar a sensação de inautenticidade no trabalho. Dessa forma, dá-se a impressão de estar acima do que se faz, mas na verdade vive-se separado disso. E aquilo a que dedica seus esforços e tempo é como um tempo de alienação, vivido como se fosse outra pessoa, vivido como uma *vida vicária*, na qual a pessoa simplesmente faz o que se espera dela. O distanciamento irônico pode aliviar a dor de fazer o que se faz, de trabalhos percebidos como enfadonhos ou indignos das próprias habilidades, mas cria uma relação ruim com a realidade, que não é confrontada. Desiste-se de aceitá-la e transformá-la: vive-se simplesmente como se não fosse quem é.

A longo prazo, isso só pode prejudicar o sentido da vida. Talvez, nessa forma de *vida vicária*, haja uma explicação, uma espécie de docilidade das pessoas, desvinculadas do que se faz, tão comum hoje. As pessoas fazem o que lhes é dito e o que se espera delas, mas como se fossem outras pessoas, como se estivessem ali para cumprir seu dever, e suas vidas reais estivessem em outro lugar. Mas, quando você procura onde estão suas verdadeiras vidas, só encontra outros contextos nos quais fazem a mesma coisa. E no final só resta o vazio: nada.

---

10. LASCH, CHRISTOPHER, *La cultura del narcisismo*, Barcelona, Andrés Bello, 1999. [Trad. bras.: *A cultura do narcisismo. A vida americana em uma era de expectativas decrescentes*, São Paulo, Fósforo, 2023.]

Na cultura narcisista, é comum viver com a cisão típica da *vida vicária*, tanto na vida secular quanto na religiosa. Vive-se de acordo com a profissão ou vocação, cumprindo as expectativas do papel que se desempenha. Assume-se a imagem que se deve apresentar como padre, pai, mãe ou profissional, fazendo o que é esperado de acordo com as expectativas sociais, cumprindo o papel que se desempenha, mas com certo distanciamento da vida. Na maioria das vezes, a vida supostamente autêntica só consegue ser uma mera referência não vivida, na qual o que é vivido é amaldiçoado.

Em outras palavras, a divisão entre viver uma *vida vicária* como se não fosse a real e esta estivesse em outro lugar, esperando para ser vivida, implica viver com insatisfação e ansiedade. Há várias saídas: amargura, crítica severa, ironia, cinismo (que sempre exigem dois níveis para o jogo entre elas). Outra saída é buscar viver a vida supostamente autêntica, que provavelmente será pior do que a vicária. E a outra possibilidade é a aceitação, integrando o fazer, o querer, o sentir internamente e o julgar na vida que vivemos. Em um neologismo de Dolores Aleixandre, "inteirizar-se". Colocar em jogo toda a vida, "inteira" e sem reservas. Exatamente o que foi oferecido ao Rei eterno antes de Ele fazer a escolha.

Na maioria das vezes, a suposta vida autêntica, na qual nos distanciamos da *vida vicária* que vivemos, é uma tentação, uma miragem. Serve apenas de refúgio para a maledicência, para a autoafirmação do ego mais hedonista ou para um juízo que não é abnegado e que não quer ceder à necessidade de viver a vida verdadeira que se deve viver e que faz viver a vida como vida vicária. Ou seja, o que parece ser a vida vicária geralmente não é a vida inautêntica, nem o que parece ser a vida autêntica é real.

É preciso discernimento. Muitas vezes, o que é verdadeiramente inautêntico é o refúgio de onde criticamos a vida que vivemos, a que queremos viver e a que deveríamos viver, e isso não nos permite vivê-la bem. É uma tentação do mau espírito, que se aproveita do fato de não nos rendermos à vida em sua realidade e possibilidades limitadas. Talvez a frustração não aceita de alguns desejos mais primitivos seja o que nos faz viver a vida como *vida vicária*. Quando, cansados, abandonamos a vida supostamente vicária em favor da vida supostamente autêntica, isso se revela como mero hedonismo e desejos de autossatisfação. Revela-se como um engano que visa apenas nos separar da vida verdadeira.

O que não deixa dúvidas é que, vivendo a vida como uma vida vicária e com insatisfação pela concomitante cisão, é muito difícil manter compromissos. A pessoa como um todo não se entrega àquilo a que diz querer se entregar e de fato se entrega. Há um sentir não conquistado pela vida que se leva, e esse viver dividido é viver com um sangramento, com uma hemorragia que precisa ser estancada cedo ou tarde e de uma forma ou de outra. Ou unificamos a vida, o sentir com a ação e o desejo, ou acabamos quebrados pela divisão. Não dá para viver com um pé atrás, sempre de olho em uma saída.

Pensando na quebra de tantos compromissos, percebe-se que houve um momento em que o sentir nos lançou para frente e fizemos opções sérias e radicais na vida. Começamos a fazer e querer algo que não tínhamos feito ou desejado antes. Mas queríamos manter aberta a nossa porta de retorno e não entregamos o sentir, o juízo, não continuamos a educá-lo, apresentando-o ao caminho escolhido, na relação iniciada. Nem o possuímos nem o entregamos... E isso serviu para criar distância interior, até mesmo para quebrar o que tanto amávamos e desejávamos.

O destino de uma vida assim, enquanto não se dá tudo, é a solidão. É importante educar o sentir e dar-lhe consistência, pois ele pode ser muito volátil. Aprender a sentir em Cristo e como Cristo. Com a palavra "sentir" às vezes nos referimos à parte mais sublime de uma pessoa: sua capacidade de discernimento, sua sensibilidade interna que a unifica e a vincula ao sentido da vida. Mas também podemos nos referir aos seus instintos mais básicos e enganosos, que a levam a desejar de uma forma muito volúvel e inconsistente.

Na Segunda Semana dos Exercícios, na meditação do Rei eterno, quem se exercita, se tiver juízo e razão, oferecerá *toda* a sua pessoa para seguir o Rei eterno (EE 96). Oferecer-se por inteiro não é oferecer apenas a parte bonita. Tem-se de se aceitar completamente para dar tudo. É oferecer toda a força e toda a fragilidade. De modo que, no seguimento, não se seguirá o "modelo perfeccionista" que oferece toda a força e tudo que é bem. Contudo, quando o menos bom aparece, não se sabe o que fazer com aquilo e acaba-se vivendo uma fachada, que mostra o que é bom e esconde o menos bom, o que humilha.

Quando realmente oferecemos todo o nosso ser ao Rei eterno, nos encontramos em um "modelo integrador", no qual todo o ser se integra na escolha, as fraquezas são reconhecidas, "trabalhadas" para integrá-las à vida que escolhemos, e crescemos em uma unidade progressiva, na integração pessoal.

2. Regras para escolher guiados pelo sentir em Cristo

Duas dinâmicas espirituais, dois conjuntos de regras

O primeiro conjunto de regras, como vimos, corresponde a um momento da vida ou dos Exercícios em que procuramos sair do mal e buscar o bem. No tempo da conversão, de sair do Egito e entrar no deserto. Elas lidam com aquela parte de nós que ainda não emergiu do pecado ou da desordem, mas deseja e está em processo de fazê-lo. Podemos dizer que as Regras da Primeira Semana buscam acima de tudo evitar o mal. Na dinâmica da Primeira Semana, focamos principalmente no desânimo e na tentação de desistir. É vital nessa fase discernir o eu, colocar-nos em nosso lugar com humildade e permanecer no caminho do bem sem abandoná-lo.

As Regras da Segunda Semana são voltadas principalmente para uma dinâmica de vida na qual queremos fazer o bem. Elas nos ajudam a escolher o bem. É fundamental discernir os espíritos, saber qual espírito me move e para onde me leva, para não me afastar do bem que sou chamado a fazer. Se as Regras da Primeira Semana se concentram mais na desolação, as Regras da Segunda Semana se concentram mais na consolação.

Se na Primeira Semana o sujeito se defendeu sobretudo dos ataques do inimigo na desolação, nessa Segunda Semana deve aprender a se deixar levar pelas moções produzidas pelo vento suave do bom anjo e de Deus. A tentação não visa mais diretamente impedir a marcha. Agora pretende desviar a escolha sob uma luz falsa ou uma miragem enganosa. Diz-se também que as Regras da Primeira Semana são mais direcionadas ao sensível, e as da Segunda, ao sentir interior ou inteligência espiritual. Como diz Inácio, essas são regras "com maior discernimento dos espíritos".

Continuamos, como na Primeira Semana, pressupondo um sujeito que deseja crescer em sua vida espiritual com generosidade resoluta. Um sujeito que continua a viver aquela tríplice dinâmica, anteriormente mencionada, de saída de si mesmo, de identificação com Cristo, muito mais acentuada agora, com o pedido de conhecimento interno, e de cristificação da sua sensibilidade, procurando alcançar a mente e o sentir de Cristo (1Cor 2,16)[11].

A oração na Segunda Semana aponta para uma identificação com Cristo. Os mistérios da vida de Cristo são contemplados em termos de um chamado (EE 91) e como "a vida verdadeira" que queremos seguir e imitar (EE 139). Com esse pano de fundo, "começaremos, enquanto contemplamos a sua vida, a investigar e perguntar em que vida ou estado sua Divina Majestade deseja se servir de nós" (EE 135). Quando a escolha de estado de vida já tiver sido feita anteriormente, poderão ser feitas outras escolhas de coisas mutáveis ou, se não for necessário, uma reforma de vida.

As Regras da Segunda Semana se aplicam quando o inimigo percebe a inutilidade de tentar com prazeres materiais e começa a tentar com prazeres espirituais. Existe um tipo de tentação própria da busca da vontade de Deus quando há "tentação sob a aparência de bem". Santo Inácio tem muito cuidado em não explicar essas regras a ninguém que não esteja nessa situação. Elas podem não ajudar e podem até ter algum efeito prejudicial quando a pessoa não está nesse estado espiritual. Não devemos esquecer que "a corrupção do melhor dá origem ao pior" e que é no campo do bem que o inimigo da natureza humana pode causar a sua maior destruição, sob a aparência de bem.

As Regras da Segunda Semana

É comum ver nas Regras da Segunda Semana um tratado sobre a consolação[12]. Trata-se de aprender a distinguir a consolação autêntica da falsa

---

11. Na Segunda Semana dos *Exercícios*, Jesus é contemplado em chave de um chamado; pede-se o conhecimento interno para mais amá-lo e segui-lo (EE 104), e os colóquios são feitos de acordo com o que se sente na oração, mas ordenados a mais "segui-lo e imitá-lo" (EE 109).

12. PENNING DE VRIES, PIET, *Discernimiento. Dinámica existencial de la doctrina del Espíritu de san Ignacio de Loyola*, Bilbao, Mensajero, 1967, 59. FESSARD, GASTON, *La dialectique des Exercices Spirituels de Saint Ignace de Loyola, I. Temps. Liberté. Grace,*

consolação, olhando para a sua origem e para onde leva. Essas regras só falam de consolação. Não estamos no começo. Mas isso não significa que vestígios de pecado não permaneçam em nós e que não tenhamos de lidar com tentações mais grosseiras e com desolações, mesmo quando queremos fazer a vontade de Deus corretamente. Ou seja, as duas dinâmicas podem se sobrepor.

Os Evangelhos apresentam o próprio Jesus tentado no deserto após o amparo do Batismo: "Este é o meu filho amado, o meu escolhido, escutai-o". A tentação é sutil. O tentador usa argumentos religiosos aparentemente bons, citando as Escrituras, mas quer desviar Jesus do seu modo de ser messias, para um messianismo de riqueza, poder e segurança religiosa, em vez da pobreza, do serviço e da confiança do Filho.

A carta a Teresa Rejadell também nos diz que, depois da experiência em que Deus fala dentro de nós "sem nenhum ruído de vozes", o inimigo pode querer nos tentar para aumentarmos ou diminuirmos o significado do que nos foi mostrado. Inácio nos lembra de que, no patamar da experiência, o bom espírito deseja a unidade da Igreja e o bem dos outros. Na carta a Rejadell, já estavam implícitas as Regras para a Segunda Semana. Elas terão como objetivo garantir que o sentido da consolação do Senhor não seja pervertido e que aprendamos a identificar a consolação que não vem do bom espírito.

O que é próprio de Deus e o que é próprio do inimigo

O primeiro passo nas Regras da Segunda Semana é definir o que é próprio de Deus e o que é próprio do inimigo.

> Primeira regra: é próprio de Deus e de seus anjos, em suas moções, dar verdadeira alegria e gozo espiritual, removendo toda tristeza e perturbação que o inimigo induz. Deste é próprio combater tal alegria e consolação espiritual, trazendo razões aparentes, sutilezas e frequentes falácias (EE 329).

Paris, Aubier, 1956, 255. DEMOUSTIER, ADRIEN, *Le dinamism consolateur et les règles du discernement des sprits dans la deuxième semaine des Exercises Spirituels d'Ignace de Loyola*, Paris, Mediasèvres, 1989, 3.

Essa regra nos fornece uma primeira chave fundamental do discernimento inaciano. "É próprio de Deus e de seus anjos, em suas moções, dar verdadeira alegria e gozo espiritual, removendo toda tristeza e perturbação que o inimigo induz." Ele elimina a tristeza e o medo e dá o gosto de viver em liberdade. O sinal do Ressuscitado é a paz e a alegria. A verdadeira consolação vem de Deus (é compatível com a dificuldade e a dor). A característica do inimigo é "lutar contra tal alegria e consolação espiritual, trazendo razões aparentes, sutilezas e frequentes falácias". Qualquer meio será bom para combater a alegria original: razões, argumentos ou, como veremos, falsas consolações.

Ele sempre tentará apresentar coisas que nos perturbam ou boas razões que nos preocupam e desviam do bem que somos chamados a fazer. Ou seja, o mau espírito luta contra a alegria de todas as maneiras que pode, mesmo que isso signifique dar alegria agora e tirá-la depois. Seu caminho já está indicado: aparência de bem, não realidade. Construir ficções que acabarão deixando vítimas. Ele é sutil, não age de forma aberta ou clara, não costuma mostrar o rosto. E tem um caráter falacioso e enganoso, que pode não ser descoberto até o final, quando percebemos que fomos enganados. Geralmente são razões, raciocínios, jogos linguísticos distrativos que, quando introduzidos, nos desviam do bem que buscamos.

À primeira vista, vemos que a tarefa positiva é a da boa alteridade: Deus e seus anjos. A má é "parasita" da boa, "luta contra". Somente Deus cria, o inimigo se opõe e semeia o mal na criação e precisa da nossa liberdade para realizar seus propósitos. Notemos que agora o mau espírito se apresenta diante de nós de uma forma diferente da Primeira Semana. Precisamos de sensibilidade espiritual: aprender a sentir em Cristo, como um hábito de discernimento para compreender a linguagem de Deus.

As Regras da Segunda Semana nos falam de três tipos de consolação: há uma que vem somente de Deus, porque a pessoa não intervém. Essa consolação é algo que lhe acontece. Nessa consolação só nos resta prestar atenção ao que vem depois. Porque, embora seja somente de Deus, é possível que, mais tarde, ao experimentá-la, incorporemos coisas que não nos foram dadas pelo Senhor e nos enganemos. Há dois outros tipos de consolação, que podem vir depois daquela que só vem de Deus, nas quais intervimos, e que podem ser verdadeiras ou falsas. Podem vir de Deus e seus mensageiros ou do mau espírito. Precisamos discerni-las. A estratégia do inimigo nesse tempo será buscar nos desviar do bem maior, às vezes com propostas mais radicais que não podemos sustentar ao longo do tempo, apenas para acabar nos frustrando ou nos levar a concordar com algo pior.

O que pertence somente a Deus

> Segunda regra: só Deus, nosso Senhor, pode dar consolação à alma sem causa precedente; porque é próprio do Criador entrar, sair, causar moções nela, atraindo-a inteiramente ao amor de sua Divina Majestade. Digo sem causa quando não há nenhum prévio sentimento ou conhecimento pelo qual venha tal consolação através dos atos de entendimento e vontade da pessoa (EE 330).

A segunda regra caracteriza o que pertence somente a Deus: consolação sem causa precedente. "Só Deus, nosso Senhor, pode dar consolação à alma sem causa precedente." É uma espécie de impulso criador, evidência de que deve ser concretizada. A seguir, é dada uma razão para isso ser assim: "Porque é próprio do Criador entrar, sair, causar moções nela, atraindo-a inteiramente ao amor de sua Divina Majestade".

A mesma regra dá uma explicação para entender o que significa "sem causa": "Digo sem causa quando não há nenhum prévio sentimento ou conhecimento pelo qual venha tal consolação através dos atos de entendimento e vontade da pessoa". O essencial que nos é dito aqui é que o próprio Deus age, entra e sai de nossas vidas e nos move, e que isso é d'Ele, pois Ele é o criador. O inimigo não será capaz de fazer isso. Não se trata de duas alteridades simétricas.

Também assim Deus pode se manifestar a quem não O busca ou não sabe que O busca. Esse é o caso de Paulo de Tarso (At 9,1ss). Aqui será com algum ruído, porque Saulo estava em uma dinâmica diferente. Ele perseguia a Igreja. Outras vezes Ele irrompe mais pacificamente, quando a pessoa está mais no caminho do bem (EE 344).

Essa regra gerou rios de tinta[13]. O contexto da consolação sem causa é que o espírito maligno está dando consolações, e é necessário distingui-las[14]. A consolação sem causa[15] é sempre uma consolação autêntica, pois a pessoa não intervém nela. Não existe objeto mediador, é produzida pela liberdade soberana de Deus. Trata-se da irrupção da liberdade divina no tempo humano. O Criador e Senhor entra e sai fazendo-se sentir, tornando a alma toda apaixonada por sua Divina Majestade. Deus age como quer e quando quer. Não há limites. Ele é o soberano, o dono absoluto.

Para alguns, o fundamental, mais do que a ausência de um objeto mediador, é a desproporção ou "incomensurabilidade" entre o objeto e o efeito, "entre o efeito produzido por esta consolação e as causas pelas quais a reflexão gostaria de explicá-la"[16], o que significa que ela só pode provir de Deus. Algo como a pesca milagrosa do Evangelho. Lançamos a rede, mas sabemos que essa abundância só pode ser obra de Deus. Karl Rahner, por sua vez, a vê como uma experiência sem objeto, mas com conteúdo, porque o conteúdo é o próprio Deus, que não é um objeto, mas o horizonte no qual experimentamos todos os objetos. Não podemos nos deter aqui nas diversas interpretações e suas razões.

O aspecto positivo de "sem causa" é "atraindo-a inteiramente ao amor de sua Divina Majestade". "O essencial da consolação sem causa é o elã da alma no amor, que inclui um conhecimento mais vivo do Criador e Senhor; amor e

---

13. Uma boa obra sobre consolação sem causa é: GARCÍA DE CASTRO, JOSÉ, *El Dios emergente. Sobre la consolación sin causa*, Bilbao-Santander, Mensajero-Sal Terrae, 2001. A análise da regra e as diferentes interpretações dela está bem recolhida nas páginas 93-211.

14. Cf. GIL, DANIEL, *Discernimiento según S. Ignacio*, Roma, CIS, 1980, 290ss.

15. Cf. Id., *La consolación sin causa precedente*, Montevidéu, 1971, 31-35. Segundo a glosa de D. Gil, a segunda parte da regra significa sem motivo, sem ocasião prévia. Sem causa com certa proporcionalidade: 1) sem nenhum objeto anterior (precedência no tempo); 2) sem um objeto capaz de consolar (um conteúdo concreto sobre o qual foram aplicadas as potências da alma, como sobre os pontos da oração); 3) sem um objeto efetivamente mediador (por meio do qual tal consolação vem); e 4) sem a mediação do sujeito (de sua inteligência e vontade aplicadas a um objeto).

16. FESSARD, op. cit., 259. Essa desproporção também é reconhecida por Rahner.

conhecimento em que o desejo que despertou a atração divina do momento se realiza, se amplia e se aviva, sem recorrer à iniciativa prévia do sujeito[17]." Na carta a Teresa Rejadell, Inácio chama essa experiência de "expiração", e nela Deus move e força nossa alma irresistivelmente a uma operação ou outra. Mas o que distingue essa moção das outras é que ela "abre a alma", a "eleva ao Seu amor divino". Embora seja "sem ruído de vozes", é algo inefável, evidente: "Não podemos resistir ao seu sentido". Não basta a clareza ou a indubitabilidade da moção a um objeto concreto, é preciso "elevar toda a alma ao seu divino amor", deve "atraí-la inteiramente ao amor de sua Divina Majestade"[18].

Não identificamos Deus. Colocar-nos-íamos acima dele! *Ele nos identifica.* Nós não O justificamos, Ele se justifica. Não importa quantas regras tenhamos, não temos critérios para identificar Deus. Nós não identificamos Deus! Ele se mostra, Ele se identifica. Também é verdade que Ele se identifica a nós e o faz em nossa experiência. A experiência é suprema no sentido de que não requer justificativa de nossa parte. Ela nos é dada, e a aceitamos livre e responsavelmente.

A consolação sem causa pode incluir ou não uma moção para algo concreto. Os autores discutem sobre isso. Um objeto concreto poderia surgir em tal consolação como marcado por ela. É o caso das escolhas que Santo Inácio classifica como de primeiro tempo, em que se faz uma boa e sadia escolha (EE 175)[19], e dá como exemplo o chamado de São Paulo ou de São Mateus. Trata-se de uma experiência da qual não se pode duvidar. Algumas pessoas sentiram dessa maneira seu chamado para acolher sua vocação. São chamados nos quais, sem hesitar nem poder duvidar, a pessoa sente que a vontade do Senhor é que ela faça algo concreto, como deixar isto ou tomar aquilo. Na carta a Teresa Rejadell, temos: a "expiração" "move a uma operação ou outra" de forma evidente e irresistível.

---

17. GOUVERNAIRE, JEAN, *Quand Dieu entre à l'improviste*, Paris, DDB, Col Christus, n. 50, 1980, 137.

18. Ibid.

19. Luis González vê cada escolha feita pelo primeiro tempo como uma consolação sem causa, mas não o contrário. Cf. GONZÁLEZ, LUIS, *El primer tiempo de elección según S. Ignacio*, Madrid, Studium, 1956, 150.

A leitura rahneriana entraria em choque com a identificação da consolação sem causa com o primeiro tempo de escolha, pois neste há um objeto concreto marcado como vontade de Deus. Não é Deus mesmo o conteúdo da consolação. Para Karl Rahner, a consolação sem causa precedente não é objeto de verificação, mas é o ponto de partida e o critério de verificação[20]. É a evidência primária. Não é apenas uma consolação entre outras, mas o seu critério. A consolação sem causa se torna a evidência primária com a qual os objetos concretos de escolha e as outras consolações são comparados e discernidos, de acordo com sua "congruência" com a evidência primária.

Podemos assumir o que Rahner afirma, sem ter de aceitar o que ele nega. Pode-se admitir que a consolação sem causa possa ser uma escolha de primeiro tempo, quando, sem duvidar ou poder duvidar, uma escolha é marcada pelo Senhor, e também que em outros casos a consolação sem causa pode ocorrer sem marcar um objeto concreto como escolha. Em todo caso, é uma evidência que não duvidamos que seja de Deus, que deve ser realizada, seja tomando forma concreta em um objeto concreto marcado pela mesma consolação, seja deixando-se guiar por ela e escolhendo concretamente em congruência com ela. Podemos chamar este segundo tipo de consolação sem causa de "experiência germinativa", que está destinada a se desenvolver e dar frutos.

Uma experiência que poderia ser entendida como consolação sem causa precedente, agora no sentido em que Rahner fala, é a iluminação do Cardoner. O Cardoner seria a *experiência germinativa* de Inácio[21]. É a experiência que não duvidamos que seja de Deus e que ilumina experiências subsequentes e permite discernir outras consolações posteriores. Em congruência com ela, a pessoa fará escolhas específicas ao longo de sua vida:

> E indo assim, em suas devoções, ele se sentou um pouco com o rosto voltado para o rio, que corria fundo. E, enquanto estava sentado ali, os olhos do seu entendimento começaram a se abrir. Não que tivesse tido alguma visão, mas entendia e sabia muitas coisas, tanto espirituais como de fé e

---

20. Cf. RAHNER, KARL, *Lo dinámico en la Iglesia*, Barcelona, Herder, 1963, 141.
21. A narração da experiência se insere no contexto de outras experiências que narram o que o Senhor ensinou a Inácio como mestre. A lição foi do próprio Deus.

letras; e isso com tão grande esclarecimento que tudo lhe parecia novo. E não é possível declarar os detalhes que entendeu então, embora fossem muitos, mas recebeu grande clareza em seu entendimento. De modo que, em todo o curso de sua vida, até passados sessenta e dois anos, reunindo toda a ajuda que recebeu de Deus e todas as coisas que conheceu, mesmo que as junte todas, não lhe parece ter alcançado tanto quanto naquele único momento. E isso foi tanto assim que permaneceu com o entendimento iluminado, que lhe parecia como se fosse outro homem e tivesse outro intelecto, diferente do que tinha antes (*Rel* 30)[22].

Depois de mais de trinta anos, é impressionante que Inácio se lembre de tantos detalhes do lugar (o caminho), de seu estado interior (a devoção que tinha), até mesmo de sua posição no lugar (com "o rosto voltado para o rio"). É certamente uma experiência que o marcou para o resto da vida. Mesmo que recolha toda a ajuda que recebeu em sua vida, "não lhe parece ter alcançado tanto quanto naquele único momento". Nessa experiência encontrou o Senhor, e, uma vez identificado, isso lhe permite discernir falsas consolações por *congruência* com a experiência germinativa. Nessa experiência, nenhuma direção específica é marcada. Alguns disseram que foi ali que concebeu a Companhia de Jesus, o que parece excessivo. É verdade que serviu como experiência de referência para tomar outras decisões e discernir outras consolações.

Após a experiência do Cardoner, ele identificou como falsa consolação aquela aparição que "lhe parecia ter a forma de uma serpente e tinha muitas coisas que brilhavam como olhos, embora não o fossem" [*Rel* 19]:

> E, depois que isso [a experiência do Cardoner] durou um bom tempo, foi se ajoelhar diante de uma cruz, que estava próxima, para dar graças a Deus, e apareceu-lhe aquela visão que lhe havia aparecido muitas vezes e que nunca havia conhecido, isto é, aquela coisa que foi mencionada acima, que lhe pareceu muito bonita, com muitos olhos. Em vez disso, viu, diante da cruz, que a coisa não tinha mais a bela cor de antes; e teve um

---

22. Os autores não estão de acordo sobre se devem ou não considerar a experiência do Cardoner como uma consolação sem causa. Na compreensão de García de Castro sobre a consolação sem causa, o Cardoner não se enquadraria nessa categoria.

conhecimento muito claro, com grande assentimento de sua vontade, de que aquilo era o diabo [*Rel* 31].

A experiência do Cardoner e a cruz o ajudaram a discernir essa "consolação" como falsa. O Cardoner é também a experiência de referência por excelência na vida de Inácio. A tal ponto que, em algumas ocasiões, segundo o depoimento de alguns companheiros, ele se referiu a essa experiência para justificar decisões que tomou na organização da nascente ordem religiosa. Nadal se referia a ela como a iluminação "à qual nosso abençoado pai costumava referir quase todas as suas decisões, mesmo quando já governava em Roma a Companhia, que crescia a cada dia"[23]. O discernimento para Rahner consiste no confronto do objeto de escolha com a experiência primordial. Isso leva tempo[24]. As escolhas concretas da vida serão feitas por "congruência" com a consolação primordial[25]. Uma congruência não apenas pensada, mas vivida e experimentada. Esse parece ter sido, segundo os depoimentos, o modo de proceder de Inácio.

A ação de Deus nessa experiência tornou-se evidente para o sujeito. O Eterno se manifestou no tempo. O momento não pode ser retido, nem o Eterno nele. Mas a experiência exige um momento posterior em que a evidência se torna efetiva. O dom de Deus requer nossa cooperação para ser eficaz. A consolação sem causa pode ser entendida como evidência, mas deve se

---

23. *Exortação 1557*, citado por NICOLAU, MIGUEL, *Jerónimo Nadal. Obras y doctrinas espirituales*, Madrid, CSIC, 1949, 151. Além disso, no mesmo texto, Nadal atribui à iluminação do Cardoner "um desejo insaciável e uma inclinação para ajudar os outros, para que trabalhasse não só para ajudar a si mesmo, mas também aos outros".

24. Cf. RAHNER, *Lo dinámico...*, op. cit., 168-169. Nessa perspectiva, a questão clássica sobre se Inácio viu no Cardoner um traço da Companhia e de sua forma como instituição religiosa não faz muito sentido. Questão levantada, segundo Nicolau, pelos padres Manuel Quera (*Los Ejercicios Espirituales y el origen de la Compañía de Jesús*, Barcelona, 1941), Jaime Nonell (*La eximia ilustración origen de la Compañía de Jesús*, Manresa, 1917) (NICOLAU, op. cit., 9-10).

25. Cf. RAHNER, op. cit., 173. Para Rahner, é importante olhar para a origem das moções no discernimento; não basta olhar para os efeitos, de acordo com critérios mais ou menos objetivos ou ambientais de bondade, conhecidos independentemente da experiência.

realizar. Colocar algo divino no mundo requer discernimento. E, para que o sentido daquilo que nos foi imediatamente dado pelo Senhor não seja pervertido, temos a 8ª Regra.

Discernir o tempo após a ação de Deus

A consolação sem causa deve ser acolhida, deixando-se guiar por ela, não assumindo o controle dela, na Igreja e para o benefício dos outros, como nos diz a carta a Teresa Rejadell. O discurso subsequente que fazemos sobre ela ou a maneira específica de realizar o que nos foi mostrado pode exigir justificativa de nossa parte, porque ele não é o último, mas o penúltimo. Podemos nos enganar misturando o que vem de Deus com o que pensamos, com o que os outros nos dizem. Pedro reconheceu em Jesus o Cristo, Filho do Deus vivo, e Jesus reconheceu nisso uma revelação do Pai. Mas depois, quando Jesus começa a anunciar seu modo de ser o Messias, Pedro aplica a ele seu modelo de messianismo e o tenta a não seguir o caminho da cruz (Mt 16,16-23).

O dom do Espírito é verdadeiro, mas requer a cooperação histórica do sujeito para se tornar efetivo no mundo. Por isso, é muito importante o tempo posterior à consolação sem causa. Como dissemos, colocar algo divino no mundo exige discernimento. É preciso distinguir o tempo próprio da consolação do seguinte. De fato, como na 8ª Regra desta série de regras, na carta a Teresa Rejadell Inácio adverte sobre o momento posterior a tal "expiração": "Onde muitas vezes podemos nos enganar é que, depois de tal consolação ou expiração, enquanto a alma permanece em gozo, o inimigo se apoia todo na alegria e boa cor", para "nos fazer acrescentar [ao] que sentimos de Deus, nosso Senhor, para nos desordenar e desconcertar completamente" ou diminuir, "de modo que não cumpramos inteiramente tudo o que nos foi mostrado".

> Oitava regra: quando a consolação é sem causa, embora nela não haja engano, porque é somente de Deus, nosso Senhor, como foi dito, mas a pessoa espiritual, a quem Deus dá tal consolação, deve observar e discernir, com grande atenção e vigilância, o tempo próprio desta atual consolação do seguinte. Neste tempo, a alma permanece afervorada e favorecida com

> o dom e os efeitos da consolação passada. Porque, muitas vezes, neste segundo tempo, ela segue o próprio curso habitual e as deduções de seus conceitos e juízos, sob a influência do bom ou do mau espírito. Assim, forma vários propósitos e pareceres, que não são dados imediatamente por Deus, nosso Senhor. Por isso mesmo, eles precisam ser examinadas com muito cuidado, antes de receberem todo crédito ou serem colocados em prática (EE 336).

A 8ª Regra ajuda para que o significado do que nos foi mostrado não seja pervertido. Propõe distinguir o tempo em que ocorre a consolação sem causa do tempo posterior. No primeiro, não há engano porque vem somente de Deus. No segundo, porém, intervimos e podemos acrescentar ou subtrair, e o bom ou o mau espírito pode agir. Não estamos mais naquilo que nos foi dado diretamente por Deus. Portanto, devemos examinar os propósitos e opiniões que dela emergem, antes de colocá-los em prática.

Essa regra apela ao autoconhecimento. Faz com que voltemos a nós mesmos e nos examinemos minuciosamente. Devemos estar atentos aos nossos costumes, hábitos, formas de pensar, de ver, nossos conceitos, julgamentos e nossa ideologia. Porque é o que pode fazer com que nós ou o inimigo, apoiado nela, depois da consolação, acrescentemos, desorganizemos e confundamos tudo ou diminuamos o que recebemos, de modo a não cumprirmos tudo completamente. Nós "arredondamos" o dom de Deus à nossa maneira e tiramos a sua eficácia. Trata-se de querer que Deus venha e aja em meus trilhos e canais.

Isso ocorre porque, provavelmente sem perceber, tentamos conformar o que Deus nos dá aos nossos próprios moldes, em vez de deixar que Deus faça novos moldes para nós. "Vinho novo, odres novos"; caso contrário, não permitimos que Deus continue criando, interferimos com nossas afeições desordenadas ou o mau espírito se interpõe. Esse é um grande perigo das "pessoas espirituais": acreditar que o que elas querem é a vontade divina. É bom que, se nos sentirmos "muito seguros", suspeitemos e nos examinemos.

Como podemos ver, trata-se de tornar o dom de Deus efetivo, encarnando o dom do Senhor e garantindo que o processo continue a ser guiado por Ele. Isso nos convida a participar da dinâmica encarnacional da graça e nos apegar a Jesus, que torna o dom de Deus efetivo no mundo. O discernimento nos ensinará a nos sentir em sintonia com a Encarnação do Verbo. Daí a importância da contemplação na Segunda Semana e do conhecimento interno, que nos leva a ter os mesmos sentimentos[26] de Cristo Jesus (Fl 2,5) para possuir a mente[27] de Cristo e saber discernir (1Cor 2,16).

Quando temos de examinar os propósitos e pareceres que não são dados imediatamente por Deus, nosso Senhor, podemos ser tentados a examinar a consolação que pertence somente a Deus e cair no erro de nos tornarmos juízes das ações de Deus. Para poder realizar esse exame sem nos colocarmos em uma posição que não nos pertence, antes de passar da 2ª à 8ª Regra, devemos levar em conta outras regras que fornecem critérios muito valiosos para aprender a sentir e discernir.

Discernimento como aprendizado do sentir

Com causa, o bom anjo e o mau anjo consolam para fins opostos.

> Terceira regra: com causa, tanto o bom anjo como o mau anjo podem consolar a alma, mas para fins opostos: o bom anjo para o proveito da alma, para que ela cresça e vá de bem a melhor; e o mau anjo para o contrário e, mais adiante, para atraí-la à sua danada intenção e malícia (EE 331).

O primeiro o faz para o seu bem, e o segundo para o bem dele e contra o seu. A novidade da experiência da Segunda Semana é que o mau espírito também consola. Ambos consolam e verdadeiramente consolam. Não devemos ser ingênuos. A mentira engana. Cada um deles tem seus objetivos e sua estratégia. O bom anjo busca o nosso bem, o mau anjo é "o inimigo da

---

26. Não devemos entender o termo "sentimentos" de forma emocional ou sentimental. Ele também pode ser traduzido como "pensamentos", pois a palavra grega é *phroneîte*, que vem de *phronéō*, que também traz a raiz de *phrónēsis*, que geralmente traduzimos como "prudência". Assim, o termo "sentimentos", usado aqui, pode ser traduzido como "pensamentos" ou "prudência".

27. Não devemos interpretar "mente" em um sentido meramente intelectual. O *noûs*, que é a palavra grega usada no original, é também, para os Santos Padres, a sede dos sentidos espirituais. Podemos então traduzi-la como "sentir", que é uma das expressões que Inácio costuma usar.

natureza humana". Teremos de buscar a origem e o fim do sentir para discerni-los. Essas não são duas ações simétricas, assim como não há simetria entre o bem e o mal. O mau espírito é sempre parasitário. O bom espírito não só conduz ao bem, mas também conduz ao nosso bem.

A 4ª Regra explica que é próprio do anjo mau se mostrar "*sub angelo lucis*".

> Quarta regra: é próprio do mau anjo assumir a aparência de anjo de luz (*sub angelo lucis*), para entrar na alma devota e tirar vantagem própria. Isto é, propor pensamentos bons e santos, conforme com essa alma justa, e depois, pouco a pouco, procurar sair com a sua, levando a alma aos seus enganos ocultos e a perversas intenções (EE 332).

Cuidado, pois ele é um anjo de luz e por isso ilumina. Ele consola e ilumina. Como reconhecê-lo? Ele não entra e sai como Deus, que entra e sai, deixando livre a alma, mas entra com a nossa e sai com a sua. Ele precisa nos atrair ao seu propósito, sequestrar nossa liberdade, para que possa ser eficaz. Na meditação sobre as bandeiras dos *Exercícios*, ele se apresenta a nós admoestando-nos a "lançar redes e cadeias" (EE 142). Se a obra de Deus é mover toda a alma para o seu amor divino, deixando-a livre, o inimigo tentará substituir a liberdade do sujeito[28]. Quando o sujeito percebe, já foi levado para onde não queria ir.

Santa Teresa expressa essa regra à sua maneira:

> O demônio vem com todas as suas artimanhas e, a pretexto do bem, faz com que a pessoa se afaste dessa vontade divina em pequenas coisas e a compromete em outras coisas que lhe apresenta e que não são más. Assim, pouco a pouco, ele vai escurecendo o entendimento dela e esfriando a vontade dela. Desenvolve nela o amor-próprio, até que finalmente, através de sucessivas faltas, a distancia da Vontade de Deus e a leva a fazer a sua própria vontade[29].

---

28. Lembre-se do sermão que o líder dos inimigos profere na Meditação das Duas Bandeiras, na qual admoesta a lançar as redes e cadeias.
29. Santa Teresa de Jesús, *Camino de perfección*, in: Coathalem, op. cit., 280. [Trad. bras.: *Caminho de Perfeição*, Petrópolis, Vozes, ²¹2021.]

As heresias, as divisões, as lutas mais tremendas, se baseiam normalmente em algo aparentemente melhor ou mais perfeito, em algo bom perseguido unilateralmente, sem levar em conta a nossa humanidade, paciência e misericórdia. Na busca das coisas mais sublimes foram cometidas as maiores aberrações. A raiz do engano geralmente é o amor próprio, que tem mil faces para se disfarçar. Na Meditação das Duas Bandeiras (EE 136-147), Santo Inácio a descreveu primeiro na tentação das riquezas, depois na da honra vã e finalmente na da soberba, da qual decorrem todos os males. O caminho de Cristo é, pelo contrário, a pobreza, a aceitação do desprezo e a humildade.

As tentações sob a aparência de bem muitas vezes acabam nos levando a sermos extremistas ou medíocres e mornos, dependendo da nossa natureza e das nossas inclinações. Há sempre uma parte boa. Mas o tentador vem com a nossa para conseguir o que quer. Como o engano ilude, é fácil dar exemplos de outros e difícil reconhecer a nós mesmos em nossos enganos.

A pessoa devota, por exemplo, que quer construir sua vida desde as raízes, com radicalidade, facilmente será movida a fazer mais orações, mais penitências etc. O inimigo entra na dela, mas no caminho vai trocando a boa radicalidade pelo extremismo, fazendo da sua vida espiritual um ídolo. Ela acaba perdendo o encontro saboroso com Deus, começando a julgar os outros, a desprezá-los, porque não rezam... E o que começou com uma aparência de bem acabou afastando-a da consolação em que estava.

Se, em vez de ser devota, ela for uma pessoa preocupada com os pobres, facilmente será levada a trocar seu seguimento radical de Cristo pobre pelo extremismo pelagiano[30] e pelo julgamento dos outros, que criam divisão. Ou será levada à tibieza, esquecendo-se dos pobres e dedicando-se a cuidar de si mesma, usando-os como pretexto.

A pessoa humanista pode ser tentada por *slogans* como "não é para tanto", "temos de ser normais", "os tempos mudaram", "não temos de ser

---

30. O pelagianismo foi um conceito teológico que negava o pecado original, a corrupção da natureza humana, o servo arbítrio (arbítrio escravizado, cativo) e a necessidade da graça divina para a salvação. O termo é derivado do nome do monge Pelágio da Bretanha, que viveu entre 360 e 425 d.C. Ele ensinava que, por causa do livre-arbítrio, os cristãos podem alcançar a santidade através de sua força de vontade. (N do T.)

masoquistas", "não sejamos fundamentalistas", "temos de nos encarnar e ser um entre muitos"... Eles em si não são maus, mas podem suavizar ou diluir o seguimento e torná-lo fútil. Ao tentar humanizar o compromisso, o que acabamos fazendo é relativizar a Deus, negando a cruz.

O mesmo poderia ser dito do defensor da Tradição, da pessoa da fidelidade. Buscando fazer um trabalho bom e honesto, pode se apegar a certas formas que são boas em si mesmas, mas que transformam a fidelidade à Tradição na defesa de algo petrificado, que pouco nutre a alma, por medo de correr riscos, por busca de segurança... O resultado é que isso tem pouca semelhança com o cuidado com a Tradição e a fidelidade a ela...

Ao longo do caminho, as motivações são modificadas. O que começou como uma busca pelo bem se tornou algo que não traz bem algum. Buscávamos a glória de Deus, a caridade, acima de tudo, mas nos vemos absorvidos pelo trabalho "para Deus" e pela oração, pela vida espiritual... E o próprio Deus desaparece. Queríamos ser radicais no seguimento de Cristo, mas nos tornamos burgueses acomodados, fundamentalistas litúrgicos, espiritualistas fechados ao diálogo, ativistas sociais dogmáticos etc.

O discernimento dos espíritos exige atenção contínua, vigilância e purificação da intenção. Se prestarmos atenção ao nosso eu interior e não nos envolvermos em autojustificação, provavelmente encontraremos dentro de nós sentimentos que revelam que não estamos no caminho certo: orgulho, raiva, desejo de poder, inquietação, teimosia. O sentir nos revela um *ponto cego*. O inimigo provavelmente se infiltrou, e precisamos localizar onde e como. Ajuda muito o autoconhecimento (*quais são as próprias inclinações e pretensões?*), porque é por ali que geralmente entram as tentações. E vêm imperceptivelmente, com consolação e se parecendo mais com o Evangelho. E cuidado! Também existem tentações ambientais, congregacionais e comunitárias.

A tentação da teatralidade

Em Manresa, a Inácio "aconteceu muitas vezes em um dia claro de ver algo no ar perto dele, o que lhe deu muita consolação [...]; parecia-lhe que tinha a forma de uma serpente e tinha muitas coisas que brilhavam como olhos, embora não fossem. Ele ficou muito encantado e consolado ao ver essa coisa [...] e, quando ela desapareceu da vista dele, ficou descontente com ela" (*Rel* 19).

Como entender essa tentação? Podemos chamá-la de *tentação da teatralidade*. Há olhos que observam. Às vezes nos apresentamos inconscientemente no palco, diante de um público imaginário... E nos sentimos, nos vemos bem; isso produz em nós um contentamento... Inácio ainda não sabe que é tentação. Ele perceberá isso mais tarde. Inácio está inconscientemente encenando sua própria conversão. Isso às vezes acontece conosco, em nossa vida espiritual, quando vivemos a encenando diante de um público imaginário. E isso pode produzir falsas consolações, que não nos enraízam no Senhor, mas em nós mesmos e na satisfação das expectativas que pensamos existir sobre nós.

Quando nos encontramos com o Senhor, essas falsas consolações são mostradas como elas são. Já vimos como a experiência do Cardoner ajudou Inácio a discernir essa tentação. Vale a pena nos determos na teatralidade que pode ocorrer na oração. Em que consiste isso? Pois bem, às vezes, quando contemplamos ou meditamos e consideramos as nossas opções, não estamos diante de Deus, mas diante de outros, de nossos superiores, nossos amigos, nossos grupos de referência etc. Nestes tempos narcisistas, não é descabido nos perguntarmos internamente: diante de quem estou representando? Devo buscar estar sozinho diante de Deus.

Por exemplo, posso estar representando inconscientemente diante de meu provincial e me imagino, em consolação, me oferecer para que ele conte comigo para uma missão difícil, que excede as minhas possibilidades físicas ou psicológicas. E ali experimento consolação. Posso pensar que essa consolação se deva ao fato de o Senhor me mover para isso. Porém, se sou uma pessoa que tende a buscar a estima dos outros, talvez seja bom desconfiar. Essa oferta pode facilmente ser feita para ganhar o rótulo de bom, altruísta, disponível... Para ver minha imagem reforçada (a tentação entra com a minha para sair com a sua). Assim, abandono o bem que estou fazendo agora, que é um bem possível e real, me envolvo em um empreendimento que me supera, do qual terei de acabar desistindo, talvez me queimando.

Em vez de representar perante meu provincial, eu poderia estar representando perante meus atuais companheiros de trabalho, dos quais estou um pouco farto e cansado, porque não me dão muita atenção e porque as coisas não são como eu quero. Neste caso, também poderia encontrar consolação em me imaginar nessa nova e difícil missão. A dificuldade serve como um álibi inconsciente, mas o que realmente me deixou feliz foi o alívio de estar longe desse grupo de que eu não gosto...

Eu também posso agir perante mim mesmo. Dizer que não assumirei tal posição me angustia, talvez pela minha insegurança inicial, e isso me traz uma grande paz. Posso entrar no labirinto dos escrúpulos, onde, se digo "não", é por meu interesse, e, se digo "sim", é também por minha causa. Aqui devemos tentar nos abrir a Deus, porque o inimigo joga para nos separar de Deus ou tornar a Sua vontade opaca para nós.

Caímos nessas e em outras tentações pensando que fazemos tudo por Deus, ou em seu nome, mas esquecendo o Seu estilo. Jesus foi tentado, mas escolheu o caminho da pobreza, do serviço e da humilde obediência ao Pai. Podemos também olhar para os frutos, pelos quais a árvore é conhecida (Mt 7,15-20). A atuação do mau anjo tem um itinerário, é disso que trata a 5ª Regra:

> Quinta regra: devemos prestar muita atenção ao curso dos pensamentos: se o começo, o meio e o fim são todos bons, inclinados a todo bem, é sinal do bom anjo. Mas, se o curso dos pensamentos termina em algo ruim, ou que distrai, ou menos bom do que aquilo que a alma antes pretendia fazer, ou a enfraquece, inquieta, ou perturba, tirando-lhe a paz, tranquilidade e quietude que antes tinha, é sinal claro de que provém do mau espírito, inimigo do nosso proveito e salvação eterna (EE 333).

Após tomar consciência da estratégia do mau anjo, Inácio nos chama a atenção para a importância do tempo. Para descobrir o engano, é preciso olhar para o curso dos pensamentos, do começo ao fim. E compará-los. Ver se tudo é bom, o que então se atribui ao bom Espírito, ou se termina em algo menos bom ou que distrai daquilo que a pessoa se propôs a fazer, devendo então ser atribuído ao mau espírito. Isso, como vimos, com a experiência pontilhista do tempo não faria sentido. E é justamente essa busca pelo caminho percorrido que faz com que os pontos se tornem linhas.

A tática do tentador é passar despercebido. Ele se move gradualmente e é enganoso. No final, ele conseguiu o que procurava: a radicalidade se tornou extremismo ou tibieza. Precisamos perceber como fomos levados do melhor para o pior. Esse exercício será mais difícil para pessoas que estão mais apegadas aos seus juízos e são mais complacentes. Elas provavelmente se apegarão aos seus erros com mais firmeza.

Como é possível nos enredarmos em sutilezas enganosas, entre o melhor do começo e o menos bom do fim, ao analisarmos o discurso dos pensamentos podemos completar o critério intelectual com o critério afetivo. Ou seja, perceber como fomos perdendo a paz, a tranquilidade e a quietude, "a suavidade e o gozo espiritual em que estávamos". Os sintomas produzidos no critério afetivo convidam a inteligência a retomar o Exame.

Aprender as artimanhas do tentador

Nas Regras da Primeira Semana foram propostas três estratégias gerais do inimigo. A tentação na Segunda Semana é mais personalizada. Temos de nos examinar bem para aprender sua pedagogia. É disso que trata a 6ª Regra.

> Sexta regra: quando o inimigo da natureza humana for sentido e conhecido por sua cauda serpentina e pelo mau fim a que induz, muito aproveita à pessoa que foi tentada por ele observar logo o curso dos bons pensamentos que ele sugeriu e onde principiaram. Observando como, pouco a pouco, ele procurou fazê-la descer da suavidade e do gozo espiritual em que estava, até trazê-la à sua depravada intenção. Assim, com essa experiência conhecida e notada, possa se guardar doravante de seus costumeiros enganos (EE 334).

Assim como o inimigo entra com a minha para sair com a dele, devo procurar saber qual é a minha. O autoconhecimento é de grande ajuda. Essa regra é uma tentativa de aprender lições específicas de como sou tentado. Joga com a alternância e com o conhecimento do *contrário*. "Quando o inimigo da natureza humana for conhecido e sentido por sua cauda serpentina e pelo mau fim a que ela induz", sugere-se *aprender qual é seu modo de enganar*, no "curso dos bons pensamentos que sugeriu". Normalmente, ele entrará através de um dos meus pontos fracos: um vício ou uma boa ideia, porém fixa. Não basta eu saber que fui tentado. Estou interessado em aprender como fui tentado para que eu possa estar vigilante e me defender no futuro.

Recebemos um aviso, no sentir, de que algo não está certo. É quando a alma desce *"da suavidade e do gozo espiritual* em que estava". Isso nos direciona a olhar para a sequência de pensamentos: de princípio, olhando os bons pensamentos e o gozo que trouxe, e, depois, pouco a pouco, nos tirando da suavidade e do gozo em que estávamos. Os bons pensamentos que ele trouxe contrastam com a "suavidade e o gozo espiritual" em que estávamos. O engano do inimigo é prometer e nos fazer acreditar que há algo melhor do que a "suavidade e o gozo espiritual" que nos são dados.

Não devemos perder de vista que estamos na Segunda Semana ou em uma situação de Segunda Semana. A contemplação dos mistérios da vida de Cristo termina na aplicação dos sentidos. Nela, buscamos sentir interiormente, saborear internamente *"a infinita suavidade e doçura da divindade"* (EE 124). A alusão à suavidade e ao gozo espiritual poderia muito bem referir-se àquele sentir interior da suavidade e doçura da divindade na humanidade que estamos aprendendo a sentir na contemplação e na aplicação dos sentidos aos mistérios da vida de Cristo. Portanto, o curso dos pensamentos, que fez descer da suavidade e do gozo espiritual, nos distanciava daquela presença divina que nos acompanha consoladoramente na Segunda Semana.

Aqui começamos a ver que não se trata apenas de aprender com meros pensamentos. Há um apelo à sensibilidade interior, um apelo à "suavidade" perdida. Nosso exemplo e regra não é outro senão Cristo, nosso Senhor (EE 344), a Encarnação de Deus. Perder a suavidade e gozo espiritual significa afastar-se da presença de Cristo, que, através do Espírito, nos conduz nessa Segunda Semana.

Uma vez conhecida e notada, a experiência fará do engano mortal uma luz para o discernimento. Devemos aprender com as experiências de gratuidade e pureza de intenção, bem como com aquelas situações em que fomos pegos pelo engano. Dessa forma, podemos compilar nossa lista de indicadores.

Santa Teresa via que não é bom que se desenvolva o amor próprio. A caridade indiscreta também pode ser um indicador, quando há tendência ao excesso e ao extremismo, até na penitência e na oração, também na tibieza. Devemos examinar por um longo tempo se há crescimento em sair do próprio amor, querer e interesse. Estar alerta para ver se o ativismo surge como uma desculpa para não encontrar Deus. A ação está cheia de demônios sem que percebamos. Por outro lado, uma oração que não faz crescer no amor e na abnegação também não é do bom espírito.

Aprender a sentir em Cristo

No processo de continuar a refinar nossa sensibilidade para discernir, é importante a 7ª Regra. Visa nos ensinar a *discernir por conaturalidade*[31].

> Sétima regra: nas pessoas que procedem de bem a melhor, o anjo bom toca a alma doce, leve e suavemente, como gota de água que entra em uma esponja. E o mau anjo as toca agudamente, com rumor e inquietude, como quando a gota de água cai sobre a pedra. Nas que procedem de mal a pior, esses espíritos tocam de modo contrário. A causa é a disposição de alma ser contrária ou semelhante aos ditos anjos. Quando é contrária, eles entram com ruído e se fazem sentir perceptivelmente. Quando é semelhante, entram em silêncio, como pela porta aberta da própria casa (EE 335).

Isso exige de nós um bom conhecimento da nossa realidade interna e uma sensibilidade interior educada pela conaturalidade com Cristo, adquirida na contemplação dos mistérios da sua vida. Já vimos o que é próprio de Deus e seus anjos e o que é próprio do inimigo na 1ª Regra. Agora vemos mais claramente como eles agem. O sentir interior, ao longo da Segunda Semana, vai sendo educado, talvez também iluminado e dotado dos dons do Espírito, nos sentidos da fé, da esperança e do amor.

Não é difícil perceber nas alusões à *doçura*, à *leveza* e à *suavidade* com que o anjo bom "toca" a alma uma relação com a *doçura* e a *suavidade* da

---

[31]. Cf. ARZUBIALDE, op. cit., 743-752.

divindade na humanidade que vamos aprendendo a sentir na aplicação dos sentidos.

Na Segunda Semana, aprendemos a sentir internamente a Encarnação de Deus, o Deus feito homem, e assim somos educados no *sensus Christi*. Essa é a regra para colocar algo de divino no mundo, para entrar em harmonia com a Encarnação do Verbo, para que não se perca o sentido daquilo que nos foi mostrado na consolação de Deus. Vai-se formando um critério de harmonia entre o divino e o humano. Aprendemos a desfrutar da descida de Cristo, da sua escolha do Pai em tudo, da sua falta de pretensão, da sua humildade... Aprendemos a ter os sentimentos de Cristo, a prudência de Cristo, a mente de Cristo, o seu sentir interior.

Se entendemos essa conaturalidade como um sentir interior, ela pode ser meramente afetiva, mas pode ser também teologal. Ou seja, pode significar comunhão com Deus em sua alteridade ou em si mesmo. Pode significar o sentir interior da fé, da esperança e do amor. Essa sensibilidade que nos permite saber quando perdemos o rastro de consolação dado por Deus e quando começamos a perverter seu dom pode ser entendida como *sensus Christi*. Quem se acostumou a saborear a doçura e a suavidade da divindade na humanidade do Filho fez desse sentir um critério de sintonia com o divino do humano.

O *sensus Christi* é o critério para sentir e saber quando perdemos o dom de Deus ou quando nos afastamos dele. É um critério para discernir os "bons pensamentos" que surgem, sejam eles congruentes ou não com a doçura e suavidade da divindade. Também serve para saber quando a divindade se esconde.

A 6ª e a 7ª Regra apelaram a esse sentir interior. Assim, quando a 8ª Regra nos convida a examinar os propósitos e pareceres que são formados no tempo seguinte à consolação, não somos convidados a aplicar critérios externos ou universais para saber se devemos "dar-lhes todo crédito ou colocá-los em prática". É o sentido interior, o *sensus Christi*, que nos permitirá avaliar propósitos e pareceres não imediatamente dados por Deus, nosso Senhor (EE 336). É o *sensus Christi* que nos impedirá de retornar aos já conhecidos "cursos habituais e deduções de conceitos e juízos". É o sentido de Cristo que nos dirá se em nossos propósitos e pareceres estamos na esteira da encarnação do dom de Deus ou se o estamos pervertendo.

Conhecemos a Deus ao aceitar seu dom, acolhendo a boa alteridade e trilhando o seu caminho. Deixar-se guiar por Ele é torná-lo conhecido, colocando algo de divino no mundo. Para isso, não há outro caminho senão Cristo. "Já não sou eu que vivo, é Cristo que vive em mim" (Gl 2,20). Ao discernir e escolher, o crente vai se tornando outro, *alter Christus*.

Provavelmente a intenção dos nossos contemporâneos é escolher como se estivesse no "quilômetro zero". Porém, não estamos no quilômetro zero. Não somos nossa própria origem. Nossas vidas estão orientadas. Fomos criados e temos um fim último. E o Senhor tem uma vontade para nossas vidas que podemos aceitar ou rejeitar com nossa liberdade. Na linguagem dos *Exercícios*, escolher é "chegar à perfeição em qualquer vida ou estado que Deus, nosso Senhor, nos der a escolher" (EE 135). E certamente no processo de escolha não nos faltarão ruídos e ventos contrários em nosso discernimento; cada época tem os seus.

3. Uma ajuda para reformar a própria vida: Regras para Distribuir Esmolas

Santo Inácio deu *Exercícios* para pessoas que tinham benefícios eclesiásticos, paroquiais... Essas regras são destinadas aos esmoleiros, cuidadores dos pobres por ofício eclesiástico, pessoas que têm o ofício de distribuir esmolas aos pobres. São pessoas que têm o exercício da caridade como ofício eclesiástico. Trata-se de refletir a justiça e a misericórdia de Deus para com os necessitados no exercício do seu ofício. Essas regras estão em sintonia com as Regras da Segunda Semana e com a dinâmica da Segunda Semana. Procuram fazer uma escolha.

Na Segunda Semana, Santo Inácio apresenta os tempos e os modos de fazer uma boa escolha (EE 175-188). Quando não há escolha de estado de vida a ser feita porque ela já foi feita antes e não há alguma escolha importante a ser feita em relação a questões mutáveis, recomenda-se à pessoa que faz os *Exercícios* que faça uma "reforma de vida" (EE 189). Isto é, ordenar a vida para a glória e louvor de Deus e para a saúde da própria alma. E também para o bem dos outros, especialmente dos pobres. Para tanto, será útil considerar e refletir sobre os modos de escolha e aplicá-los aos seguintes temas: que casa e família deve ter, como conduzi-la e administrá-la, como a deve orientar com palavras e bom exemplo. Também quanto dinheiro deve separar para sua família e casa e quanto gastar com os pobres e outras obras piedosas.

Ou seja, o tema da reforma de vida é como organizar minha casa e minha vida, para fazer o bem nela e fora dela. E, do que tenho, quanto devo separar para mim e para meus entes queridos, e quanto para os pobres e para outras boas obras. Definir meu estilo de vida para que eu possa fazer o bem aos outros. Como em toda escolha a busca da maior glória e do louvor a Deus deve nos guiar, Cristo será a regra. Inácio encerra a Segunda Semana propondo uma máxima que pode ser usada como termômetro do nosso estado espiritual: "Que cada um pense que tanto se beneficiará em todas as coisas espirituais, quanto sair do seu próprio amor, querer e interesse" (EE 189).

O meio clássico de ajudar os pobres tem sido a esmola. A esmola (*eleêmosyne*, em grego) vem da misericórdia (*éleos*), que caracteriza o comportamento fiel e bondoso de Deus para com o ser humano. A misericórdia para Santo Agostinho "nada mais é do que certa miséria contraída no coração. A misericórdia recebe o nome da dor por uma pessoa miserável. A palavra inclui outras duas: *miséria* e *cor*, miséria e coração. Fala-se de misericórdia quando a miséria dos outros toca e abala o teu coração"[32].

Como vimos, a experiência espiritual não nos deixa fechados no nosso bem-estar interior, mas nos abre generosamente aos outros, e em particular aos pobres, em comunhão com "o amor que desce do alto". Se nos entendemos como tendo recebido tudo de Deus, como dispensadores dos dons de Deus, essas regras servem para ordenar e reformar a vida, para nos tornar dispensadores da misericórdia e do amor de Deus.

---

32. SAN AGUSTÍN, *Sermón 358 A* (Morin 5), tradução de Pío de Luis Vizcaíno, disponível em: <https://www.augustinus.it/spagnolo/discorsi/index2.htm>. Trad. port. disponível em: <https://mission.spaziospadoni.org/pt/st-augustine-and-the-works-of-mercy/>.

Se as Regras para Distribuir Esmolas são para quem tem o ofício de dar esmolas, também podem ser utilizadas por qualquer pessoa em relação à ocupação principal da sua vida, às suas relações humanas, à fonte dos seus rendimentos, ao seu estilo de vida... Essas regras nos levarão à necessária transformação dos amores humanos pela caridade de Deus, guiada pelo *sensus Christi*, em harmonia com a Encarnação do Verbo. Podem nos ajudar a definir como nos doamos e como damos e repartimos o dom recebido de Deus. Como exercemos a nossa caridade. Nem todos temos o ofício de distribuir esmolas, mas todos podemos e devemos ser inspirados pelo ministério de Cristo em favor dos pobres.

Sabemos que uma hipoteca social pesa sobre tudo aquilo que nos foi dado em bens, dons pessoais etc. É para o nosso bem e de todos. Essa é também a concepção de Inácio: o dom de Deus é para o bem da Igreja, do mundo, dos outros e nosso. A aplicação dessas regras nos permitirá ordenar a forma de distribuir os benefícios eclesiásticos ou os dons recebidos, bem como o exercício da nossa missão. Essas regras são uma aplicação do Segundo Modo de Fazer Escolha no Terceiro Tempo (EE 184-188) e, assim como ajudam o esmoleiro, podem nos orientar em alguma escolha concreta ou na reforma de vida.

Continuamos em discernimento, buscando escolher em harmonia com a Encarnação de Deus. Somos todos cuidadores dos pobres, não apenas dos mendigos. E um dia teremos de prestar contas disso (Mt 25). O primeiro e principal aviso é: cuidado ao dar esmolas, em não as dar a si mesmo, ou apenas aos amigos ou a quem você gosta. Cuidado com o que você retém do que tem para dar! Cuidado para não se deixar sequestrar em seu apostolado por algumas pessoas que pensam como você! Às vezes, é triste ver pessoas chamadas a uma dedicação generosa e altruísta, absorvidas indiscretamente pelos amigos da pastoral, por seus hobbies, suas famílias, seus entes queridos etc. Jesus já advertiu no Sermão da Montanha: se amais os que vos amam, se fazeis bem só aos que o fazem a vós, se emprestais àqueles de quem esperais receber, que mérito tereis? (Lc 6,32-34). O convite para "sair do próprio amor, querer e interesse" deve ser o pano de fundo.

A relevância dessas regras é indubitável. Um julgamento no Vaticano, que alguns chamaram de julgamento do século, indiciou um clérigo responsável pelos fundos do Óbolo de São Pedro destinados aos pobres. Entre outras acusações, ele foi indiciado por ter desviado recursos destinados aos pobres para membros de sua família. Pessoas que professaram um voto de castidade para amar universalmente, do qual se poderia pensar que deveriam começar pelos mais necessitados, podem ser encontradas sequestradas por grupos de amigos e familiares. Os ricos, preocupados exclusivamente em aumentar suas riquezas, comprovam o ditado que diz que "os ricos não são ricos porque ganham muito, mas porque dão pouco".

As regras

A 1ª Regra começa nos pedindo que examinemos quando a distribuição favorece a família, os amigos ou as pessoas de quem gostamos. Quais projetos eu assumo? A quem eu sirvo primeiro? Quanto tempo dedico aos meus amigos e quanto tempo aos pobres? Quanto tempo dedico às atividades de que gosto e quanto às necessidades dos outros? Essas perguntas encontrarão respostas diferentes, segundo cada chamado e cada vocação. Mas será sempre uma questão de transformar *philía* em *agápē*:

> Primeira regra: se faço a distribuição entre parentes, amigos ou às pessoas das quais gosto, terei quatro coisas a examinar, já mencionadas em parte em relação à escolha. Primeiro, o amor que me move e me faz dar esmola desça do alto, do amor de Deus, nosso Senhor. Assim, que eu sinta, primeiro em mim, que o amor, maior ou menor, que tenho por tais pessoas é por Deus, e que Deus resplandeça na causa pela qual mais as amo (EE 338).

Inácio nos recordará que "o amor que me move e me faz dar esmola desça do alto". Esse é o ponto essencial da regra. Não se trata apenas de purificar a intenção. Trata-se de dar como forma de encontro e comunhão com Deus. A pergunta crítica que deve sempre ser respondida é: eu realmente testemunho que é somente por Deus que dou a esta pessoa e não àquela? É a caridade de Deus que mais resplandece nisso?

O dom, para ser "verdadeiro e autêntico, deve se inserir na comunhão dos bens, no movimento amoroso dos dons que 'descem do alto'"[33]. Não se trata de mera solidariedade ou filantropia, mas do *agápē* de Deus. A intenção dos *Exercícios* é a conversão ao "amor que desce do alto", entrar em sintonia com esse amor é adquirir o *sensus Christi*. Esse amor e essa sensibilidade, revelados em Jesus de Nazaré, dirigem-se preferencialmente aos pobres. E somos convidados a amar com o mesmo amor daquele que nos amou primeiro.

> Segunda regra: devo pensar em uma pessoa que nunca vi ou conheci. Desejando-lhe toda a perfeição em seu ministério e estado de vida, verei como eu gostaria que ela fosse ponderada em sua maneira de distribuir, para a maior glória de Deus, nosso Senhor, e para a maior perfeição de sua alma. Assim agirei, nem mais nem menos, guardarei a regra e a medida que gostaria que ela seguisse e julgo ser corretas (EE 339).

A 2ª, 3ª e 4ª Regras representam a aplicação das regras contidas nos *Exercícios* sobre a Escolha-Reforma de Vida [184-188] a um caso particular. Recordam o Segundo Modo do Terceiro Tempo de Eleição. As três regras obrigam o sujeito a evitar o curto-circuito do eu com seu desejo. Elas fazem o eu sair de si mesmo e se passar por "outro"; tomar uma espécie de desvio, para validar ou invalidar o próprio desejo. Verificar se corresponde ou não ao "amor que desce do alto".

A recomendação da 2ª Regra é olhar para outra pessoa que eu não conheço na minha situação. A perfeição que desejamos para ela é que seja outro Cristo. O que você aconselharia a ela para buscar seu próprio bem e a maior glória de Deus? Seguindo o conselho dado, cumprirei a regra que dei para ela.

A 3ª Regra nos convida a nos colocar na situação hipotética da hora da morte e, a partir daí, olhar para a decisão que agora tenho em mãos.

> Terceira regra: considerarei, como se estivesse na hora da morte, a forma e a medida com que desejaria ter procedido no ofício de minha administração.

---

33. KOLVENBACH, PETER HANS, *Decir... al "Indecible"*. *Estudios sobre los Ejercicios espirituales de san Ignacio*, Bilbao-Santander, Mensajero-Sal Terrae, 1999, 176.

> Tomando isso como regra, devo colocá-lo em prática nos atos da minha distribuição (EE 340).

Para decidir agora o que eu gostaria de ter feito naquele momento. A 4ª Regra opera no mesmo sentido, só que agora a situação hipotética é quando eu comparecer diante do Senhor no dia do juízo. Fazer agora o que eu gostaria de ter feito naquela situação.

> Quarta regra: vendo como estarei no dia do juízo, pensarei cuidadosamente como eu gostaria de ter usado este ofício e cargo do meu ministério. Adotarei agora a regra que, então, gostaria de ter seguido (EE 341).

Essas três regras buscam nos desapegar de nós mesmos, do aqui e agora, e nos colocar diante do outro, diante do definitivo e diante de Deus. Diante de situações hipotéticas, devo me comportar como gostaria de ter agido nelas para não me arrepender depois. Esse estar diante do Outro também revela o sentido daquilo que possuímos e nos faz perceber mais que somos guardiões, e não proprietários.

A 5ª Regra nos recorda o terceiro tipo de pessoas dos *Exercícios* (EE 155).

> Quinta regra: quando uma pessoa se sente inclinada e afeiçoada a algumas pessoas, às quais deseja distribuir, detenha-se e repense bem sobre as quatro regras citadas. Examine e verifique sua afeição às pessoas. E não lhes dê esmola até que tire e afaste completamente de si a afeição desordenada que por elas tiver (EE 342).

Se uma pessoa se sente inclinada, com uma afeição que pode ser desordenada, a dar a algumas pessoas ou outras, que ela pare e rumine sobre as regras acima, examinando e testando a si mesma. E não dê até que a afeição desordenada tenha sido removida e eliminada. Até aqui as regras são sobre ordenar o afeto com que dou e não me deixar sequestrar pelos meus afetos desordenados em dar e me doar.

A 6ª Regra nos ajuda a ver o ministério de distribuir esmolas como um chamado.

> Sexta regra: não há culpa em tomar os bens de Deus, nosso Senhor, para os distribuir, quando a pessoa é chamada por nosso Deus e Senhor para

tal ministério. Mas, havendo dúvida de culpa ou excesso na quantidade e proporção do que pode tomar e aplicar para si, daquilo que tem para dar aos outros, ela pode reformar sua vida e estado pelas regras acima mencionadas (EE 343).

Quando se tem uma missão, não há culpa em dar e distribuir os bens de Deus. Se a pessoa é chamada, dê. Os bens do tesouro do Senhor devem ser doados por aqueles que têm essa missão. E tudo o que somos e temos é uma dádiva da qual, de alguma forma, somos guardiões, e não proprietários. A regra nos alerta novamente, convidando-nos a ter cuidado com o que tomamos para nós e para nossos entes queridos. Quanto ao que alguém toma e aplica a si mesmo, há espaço para "dúvida de culpa ou excesso". Isso requer discernimento, usando as regras acima.

O centro de gravidade das regras aparece na 1ª e na 7ª Regra. Somos guiados pelo "amor que desce do alto", e "Cristo é a nossa regra".

> Sétima regra: pelas razões anteriores e por muitas outras, quanto à sua pessoa e nível de vida, é sempre melhor e mais seguro quanto mais se restringir e diminuir e mais se aproximar do nosso Sumo Pontífice, nosso exemplo e regra, Cristo, nosso Senhor. Por isso, o terceiro Concílio de Cartago (do qual Santo Agostinho participou) determina e ordena que o *suppeléctile* [enxoval] do bispo seja comum e pobre. O mesmo deve ser considerado em todos os estados de vida, observando e cuidando da condição e do estado das pessoas. Assim, no matrimônio, temos o exemplo de São Joaquim e Santa Ana, que dividiram seus bens em três partes: a primeira, davam aos pobres; a segunda, ao ministério e serviço do Templo; a terceira, tomavam para o sustento próprio e de sua família (EE 344).

Por um lado, dar e doar-se exige "sair do próprio amor, querer e interesse", imitando Cristo. Da nossa parte, "é sempre melhor e mais seguro", no que diz respeito a nós mesmos e à nossa casa, "quanto mais nos restringimos e diminuímos". A razão: para nos aproximarmos de "nosso Sumo Pontífice Cristo, nosso exemplo e regra". Essa é a única menção ao ofício sacerdotal de Cristo (Sumo Pontífice). Cristo será a regra. O exemplo daquele que se fez pobre para nos enriquecer legitima todas essas regras. O estilo de Jesus deve permear todos os estratos sociais da igreja, e devemos ser cautelosos e escrupulosos no que tomamos para nós e para as pessoas próximas a nós.

Por outro lado, sugere-se àqueles que devem dar um testemunho especial de Cristo, como é o caso do bispo, que o seu estilo de vida seja simples. Que sua vestimenta, renda, moradia e enxoval, seu estilo e modo de vida "sejam comuns e pobres", como o de Jesus. O bispo deve ser mais exemplar (para dizer isso, Santo Inácio se refere a um concílio no qual Santo Agostinho estava presente). Mas a simplicidade de vida também afeta todos os outros estados de vida. Inácio dá como exemplo a distribuição que a tradição atribuiu a São Joaquim e Santa Ana: distribuir os bens em três partes para os diferentes destinatários: 1º os pobres, 2º o Templo, 3º eles e suas famílias. Não se trata apenas de doar o que é supérfluo, mas de questionar continuamente, tanto pessoalmente quanto como comunidade, o próprio estilo de vida em termos de alimentação, vestuário, moradia e descanso. Não apenas para economizar dinheiro, mas para poder dar a outros, aos pobres. E não só dar o material, mas também a própria maneira de se doar.

Talvez os padres, que cuidam dos bens da Igreja, e os ricos, tenham de prestar contas mais rigorosamente de seu ofício de "intendentes dos pobres", embora esse ministério de cuidar dos pobres afete a todos nós.

Capítulo 4
As Regras para se Ordenar no Comer e em outras atividades na cultura da abundância

> "Sou um crucificado com Cristo. Eu vivo. Mas não mais eu: Cristo é que vive em mim".
> (Gl 2,19b-20a)

1. O contexto das regras e do sujeito

Por que essas regras na Terceira Semana?

É uma surpresa encontrar na Terceira Semana dos *Exercícios* algumas "Regras para se Ordenar no Comer". Primeiro, buscaremos uma explicação para encontrar essas regras quando, nos *Exercícios*, contemplamos a Paixão do Senhor e pedimos para nos juntar a Ele em seu sofrimento. Em todas as tentações que aparecem na carta a Teresa Rejadell, não encontramos nenhum vestígio que nos leve a essas regras. Inácio introduz um tratado sobre dieta ou regras de civilidade na hora das refeições? Por que nos deter no ato de comer agora quando estamos imersos na contemplação dos mistérios da dor?

Os Diretórios dos *Exercícios* já nos convidam a não dar demasiada importância ao fato de se encontrarem na Terceira Semana. O Diretório de Polanco, que foi secretário de Santo Inácio, e a maioria dos diretórios[1] que se

---
1. Diretórios são documentos com instruções para a pessoa que dá os Exercícios sobre como proceder. Nas primeiras décadas da Companhia de Jesus, várias notas desse

referem a elas dizem que partes delas podem ser apresentadas na Primeira ou Segunda Semana e dão a entender que na Terceira há menos documentos para explicar que podem caber melhor nela[2]. O Diretório do P. Miró[3] propõe que elas não sejam entregues a todos, mas sim a quem precisa delas. E o padre Cordeses, em seu diretório, propõe que elas não sejam dadas a todos e que sejam dadas quando parecer mais conveniente, também na Primeira e na Segunda Semanas[4].

Preocupados em não fazer demasiadas penitências, de modo que enfraquecessem o sujeito, alguns diretórios advertiam que quem dá os Exercícios deveria ser prudente. Pois nem todos os exercitantes têm a mesma predisposição para a abstinência. Não se deveria exigir demasiado do exercitante em cortar e tirar o que é necessário, como recomendará a 4ª Regra, "para que não faça nada em demasia"[5].

Apesar de todas essas considerações, parece-me que essas regras estão bem colocadas na Terceira Semana e que é apropriado e útil explicá-las preferencialmente nessa Semana ou em uma dinâmica espiritual equivalente. Na Segunda Semana, contemplamos os mistérios da vida de Cristo, e foi um momento de fazer a escolha, mutável ou imutável, ou simplesmente, como acabamos de ver, a reforma de vida. Costuma-se considerar que a Segunda Semana corresponde ao que na tradição era chamado de via iluminativa, e a Primeira Semana corresponderia à via purgativa (EE 10): o tempo da conversão. É sugerido que a Terceira e Quarta Semanas poderiam ser as semanas da via unitiva? Inácio permanece em silêncio sobre isso.

A Terceira Semana nos prepara para pôr em prática a escolha feita, a forma de vida cristã que "o Senhor nos der a escolher" (EE 135). A escolha é

---

tipo foram escritas para ajudar aqueles que davam os *Exercícios Espirituais*. Um Diretório Oficial foi publicado em 1599.

2. Cf. LOP SEBASTIÁ, MIGUEL (tradducción, notas y estudio), D 20 (98), in: *Los directorios de los Ejercicios (1540-1599)*, Bilbao-Santander, Mensajero-Sal Terrae, 2000, 168. Algo semelhante é sugerido pelo Diretório Oficial: cf. ibid., D 33,34,43 (251-252), 381.

3. Cf. ibid., D 22-23 (92), 206.

4. Cf. ibid., D 32 (145-146), 315.

5. Ibid.

o lugar onde nos unimos a Cristo no cumprimento da vontade do Pai e, no desenvolvimento da escolha, participamos e comungamos de sua Paixão e Ressurreição. É verdade que na Terceira e Quarta Semanas não procuramos apenas seguimento e imitação, mas identificação e união com Ele. Mas essa é uma graça que podemos receber ou não. Busca-se a participação do membro do corpo na Paixão da cabeça.

Na Terceira Semana, contemplamos a Paixão do Senhor a partir da Eucaristia. Contemplamos o despojamento total de Jesus Cristo, sua obediência e sua liberdade total até o fim. É uma semana de confirmação da escolha. O exercitante que saiu de si mesmo está mais livre para cumprir a vontade de Deus, acima das dificuldades que advêm das criaturas ou do amor próprio.

Essa Terceira Semana nos introduz na dinâmica paulina de "levar em nossos corpos a morte de Jesus, para que a vida se manifeste" (2Cor 4,10); de "participar nos seus sofrimentos, configurando-me com a sua morte, tentando alcançar a ressurreição dos mortos" (Fl 3,10-11). Assim, "completo na minha carne o que falta às tribulações de Cristo, em favor do seu corpo, que é a Igreja" (Cl 1,24). A Terceira e Quarta Semanas nos preparam para uma comunhão pascal com o Senhor. A graça que pedimos nestas duas últimas semanas, que começam com a contemplação da Eucaristia, será comungar verdadeiramente com a dor de Cristo na sua Paixão e com a alegria do Ressuscitado.

Parece-me fazer todo o sentido aplicar essas regras nesse ponto dos *Exercícios* e em uma dinâmica espiritual de vida semelhante à da Terceira Semana dos *Exercícios*. Além disso, devemos estar cientes de que algo tão trivial e cotidiano como comer, e outras atividades necessárias em nossas vidas, como veremos, pode ocupar um lugar que não lhe pertence e pode nos separar da comunhão com o Senhor. Ainda há áreas a serem liberadas que podem arruinar nossa escolha e impedir que ela se torne efetiva.

As Regras para se Ordenar no Comer (e em outras atividades diárias que possam sequestrar a nossa liberdade) nos ajudarão a dispor ainda mais de nossa liberdade. Trata-se de libertá-la de alguns apegos, para que o inferior fique sujeito ao superior e toda a nossa vida seja ordenada a partir do sentido que encontramos no amor.

Apresentá-las neste momento tem como objetivo levar a sério a escolha que acabamos de fazer e garantir que ela seja efetivada. Nessa fase dos *Exercícios* ou da nossa vida cristã, depois da escolha, nos encontramos no ponto sublime do seguimento de Cristo, da partilha da sua vida, da sua cruz e da sua ressurreição, em identificação com Ele. Quando estamos em comunhão íntima com Ele, tudo pode ser arruinado por algo tolo e simples, que nos vicia, como a comida. Contemplamos Jesus entregando *livremente* sua vida. Você pode estragar uma escolha bem feita só porque sua liberdade foi sequestrada, porque sua sensibilidade não obedece à razão (EE 87).

Há aspectos da nossa liberdade que ainda não foram conquistados ou libertados. Os prazeres e outros aspectos relacionados com a alimentação podem servir de exemplo. Teremos também de considerar que as chamadas de atenção dos diretórios nos mostram a distância entre a compreensão da alimentação hoje, em nossa cultura, e aquela dos séculos que nos precederam, e mais ainda com relação ao mundo bíblico e neotestamentário.

O significado da comida

A alimentação é uma atividade essencial na vida humana. Já no Gênesis encontramos a alimentação ordenada e a desordenada (Gn 2,16-17; 3,1-6.17-19). Antropologicamente, é uma atividade que diz muito sobre uma cultura. É uma marca da nossa relação essencial e cotidiana com a criação. O nosso comer pode ou não estar ordenado a Deus. Não é indiferente o que deixamos entrar no estômago, nem a atitude com que o fazemos, se somos governados pela devoração, avidez, gula ou sedução de iguarias requintadas.

A primeira tentação de Jesus é com o pão (Lc 4,3-4; Jo 6,15). Na cultura do Novo Testamento, a comida é um ato religioso. Não é por acaso que Jesus foi chamado de comilão e beberrão, nem que as suas refeições partilhadas tenham servido para integrar pecadores e cobradores de impostos (Mt 11,19; Lc 7,34). Diz-se até que "Jesus foi crucificado por causa do seu modo de comer"[6].

---

6. KARRIS, ROBERT J., *Luke. Artist and Theologian*, New York, Wipf and Stock, 1985, 47, 70. O mesmo se encontra em PERRIN, NORMAN, *Rediscovering the teaching of*

Essa pode ser uma das razões pelas quais encontramos essas regras na Terceira Semana. As refeições nos dão muitas informações sobre o que é valorizado e como as pessoas vivem em uma sociedade. O ato de comer é a alma de todas as culturas.

As refeições de Jesus eram uma subversão do mundo judaico em que ele vivia. O povo judeu conseguia manter a sua própria identidade em terra estrangeira, nunca comendo com alguém fora do seu próprio grupo[7]. Os fariseus, por outro lado, eram extraordinariamente escrupulosos quanto à preservação da pureza ritual em relação à alimentação cotidiana e à observância das leis alimentares diárias.

Vemos nos Evangelhos as discussões e as perguntas feitas a Jesus[8]. Jesus, pelo contrário, comeu com todo o tipo de pessoas: fariseus, seus discípulos, pecadores e publicanos. Comer com eles provocou uma reação de choque e surpresa. Jesus não legitimou a ordem estabelecida, com as suas regras de pureza, honra e clientelismo, mas permitiu e favoreceu a integração dos excluídos do sistema.

Ao contrário dos fariseus, que se preocupam com mil pequenas leis, mas omitem a mais importante, que é a justiça e o amor a Deus, inseparável, por sua vez, do amor ao próximo (Lc 10,25-37; 11,42), Jesus não respeitará as leis de pureza ao comer com publicanos e pecadores. Também não seguirá os códigos de honra, como mostra a crítica às disputas pelos primeiros lugares nos banquetes (Lc 14,7-11)[9].

Ele, que na Última Ceia assume o lugar de servo, também não observará as regras do favoritismo nos banquetes, cuja função é procurar a própria honra, reforçar a solidariedade interna do grupo com caráter fechado e exclusivo. Jesus propõe convidar "os pobres, os aleijados, os coxos, os cegos"; isto é, os pobres e os impuros. E sublinha o aspecto socioeconômico,

---

Jesus, New York, Harper & Row, 1967, 102-107, citado por: AGUIRRE, RAFAEL, *La mesa compartida. Estudios del NT desde las ciencias sociales*, Santander, Sal Terrae, 1994, 35. Sigo Aguirre, 9-133.

7. Cf. AGUIRRE, op. cit., 27-28.
8. Cf. ibid., 43.
9. Cf. ibid., 81.

acrescentando: "E sereis bem-aventurados, porque eles não vos poderão retribuir" (Lc 14,12-14)[10].

Nos Evangelhos e no Novo Testamento, vemos a passagem do templo para a casa, que será o lugar de encontro da nova comunidade fundada por Jesus. E na casa o centro é a refeição (será a Eucaristia), que é feita de uma forma diferente da dos fariseus. A via que Jesus prepara com a sua maneira de entender as refeições é a de uma comunidade aberta e inclusiva, que possa ser acolhedora para além das convenções da honra, do patrocínio e da pureza, e que, ao fazê-lo, elimina as fronteiras do próprio grupo.

Jesus abriu-se ao encontro de pessoas de diferentes origens sociais e étnicas; em outras palavras, abriu-se a uma fraternidade sem discriminação. É a construção de uma comunidade com novos valores de hospitalidade e de partilha de bens. Isso permitirá, no futuro, que a primeira comunidade, com Pedro à frente, nos Atos dos Apóstolos, partilhe a mesa com os pagãos impuros[11].

Santo Inácio vai nos convidar, na 5ª Regra, a considerar como Jesus comia e como nós comemos. Podemos dizer que o modo como Jesus comia, que é o modo como se relacionava com as pessoas, valeu-lhe não poucas críticas, que acabarão na sua desqualificação, paixão e morte. Ao longo dos *Exercícios*, contemplamos várias refeições de Jesus: em casa de Mateus, com cobradores de impostos e pecadores, que ele integrou na sua comunidade e por isso foi criticado.

Contemplamos Jesus multiplicando os pães e os peixes. Não o contemplamos comendo, mas dando de comer, cuidando dos outros com o coração comovido. E o contemplamos na Última Ceia e no lava-pés, em que Jesus, que é o anfitrião, para além de repartir e dar o pão e o vinho, vai dar-se a si mesmo, vai dar a sua vida. Em vez de se encher, esvaziar-se-á a si mesmo; e dará o exemplo, tomando o lugar de servo ou de escravo.

Ao comer, podemos também ficar presos a formas culturais que quebram a fraternidade ou a comunidade, tal como Jesus a quis. Ordenar-se no

---

10. Cf. ibid., 82.
11. Cf. ibid., 62.

comer é olhar para o modo como Jesus come. Não devemos comer só com os nossos nem olhando para nós mesmos. Devemos caminhar para mesas abertas e inclusivas e para a partilha. Já a primeira comunidade, quando não seguiu o estilo inaugurado por Jesus, foi criticada. Em 1Cor 11, temos: enquanto uns passam fome na refeição eucarística, outros se embebedam. Em Gl 2,11-14, Paulo critica Pedro, que, para parecer bem aos judeus, deixou de comer com os pagãos.

Por outro lado, o ato de comer tem um prazer associado que pode nos desordenar, viciar e desviar do que é importante no seguimento e na identificação com Cristo. Seguindo Cristo e identificando-nos com Ele nesta etapa dos *Exercícios* ou da vida, somos também convidados a nos esvaziar, a não deixar que a nossa liberdade seja sequestrada ou saturada por aquilo do qual somos dependentes.

Mas a alimentação não é a única fonte de exclusão ou de prazer na nossa cultura. A ascética cristã e de todas as religiões lidaram muito com a alimentação, pois era um dos poucos prazeres e desordens possíveis em culturas com poucos meios. Hoje, em grande medida, a alimentação foi despojada de muitos elementos religiosos e mesmo antropológicos que a acompanhavam. A pressa, a distância, os horários de trabalho... Não é raro que as pessoas não comam juntas nas famílias. Certas disfunções como as dietas, as tendências alimentares, o consumo exclusivo ou excessivo também complicaram a nossa relação com a comida.

Na Terceira Semana, contemplamos Jesus na Última Ceia. Foi uma refeição com o seu grupo de amigos, com uma intensidade especial: uma refeição de despedida. Não é tanto o que Jesus come, mas como Ele se dá e se esvazia. Não o vemos a absorver, mas a esvaziar-se. Hoje em dia, não é só a comida que nos pode saturar e deslumbrar com os seus prazeres ou as suas pretensões. Poderíamos olhar para outras atividades da nossa cultura, que podem nos saturar como a comida. Podem ter um prazer associado como a comida. Podem nos prender e fazer desviar a nossa atenção do que é importante e nos fazer viver distraídos.

Saturados, colonizados, alienados

Na nossa cultura, vivemos com o eu saturado de um excesso de estímulos e de desejos sobre-excitados[12]. Estamos interiormente colonizados, habitados pelas vozes silenciosas da nossa cultura que dirigem as nossas ações. Colonizado não é o mesmo que manipulado ou subjugado. Somos seduzidos, "aceitamos livremente". Vivemos em uma tirania com uma sensação de liberdade. Temos de aprender a distinguir o exercício da liberdade (acolher uma palavra diferente e escolher) da sensação de liberdade (satisfazer as expectativas externas do eu colonizado; com uma sensação de liberdade, mas sem capacidade real de ser livre e sair da linha).

Uma variação do mesmo tema é a alienação de que fala Hartmut Rosa. Temos a sensação de que fazemos um número infinito de coisas, estamos ocupados todo o dia e não fazemos o que queremos fazer. Há muitas tarefas artificiais e dispensáveis que nos ocupam e enchem as nossas grades de agenda e nos saturam:

> A alienação pode ser preliminarmente definida como um estado em que os sujeitos perseguem fins ou se envolvem em práticas que, por um lado, não lhes são impostas por atores ou fatores externos. Há opções alternativas disponíveis, mas que, por outro lado, não têm nenhum desejo "real" de apoiar[13].

Implementamos estratégias que não apoiamos realmente, "fazemos 'voluntariamente' o que não queremos realmente fazer"[14]. Podemos nos esquecer do que "realmente" queríamos fazer. Quantas vezes isso nos acontece quando vamos ao celular à procura de algo que, perante outra solicitação, nos esquecemos. Na realidade, estamos agindo como se fôssemos pessoas diferentes das que somos.

---

12. LIPOVETSKY, GILLES, *La felicidad paradójica. Ensayo sobre la sociedad de hiperconsumo*, Barcelona, Anagrama, 2007. [Trad. bras.: *A felicidade paradoxal. Ensaio sobre a sociedade de hiperconsumismo*, São Paulo, Companhia das Letras, 2007.]
13. ROSA, *Alienación y aceleración*, op. cit., 144.
14. Ibid., 145.

O efeito dos *Exercícios* e de uma vida espiritual, se não tiverem atingido a transformação da sensibilidade, pode ser muito fugaz. O nosso imaginário e os nossos modelos de identificação podem ser induzidos. A publicidade conhece as regras da nossa sensibilidade e o que nos é vendido. Serve-se da nossa sensibilidade sem que nos apercebamos. Somos seduzidos e não nos apercebemos.

O mecanismo consiste em responder a todas as necessidades que a mesma publicidade produz, em tapar os nossos poros que nos relacionam com o exterior. Saturar as nossas necessidades. O mesmo sistema produtivo já está fabricando coisas de que ainda não precisamos, mas de que vamos precisar, depois de induzirem o nosso desejo.

Tendemos a viver saturados pelos nossos apetites; viver para eles torna a nossa interioridade e os nossos desejos inacessíveis para nós. Encontramos em nós desejos induzidos; como chegar ao nosso desejo mais profundo, no qual Deus se manifesta a nós? As duas formas tradicionais de encontrar a identidade tornam-se inacessíveis na nossa cultura precisamente devido a essa forma colonizada de viver. Não é possível elaborar um projeto de vida ou encontrar a minha identidade na interioridade do meu ser. Como elaborar o meu projeto em uma cultura cheia de "o que fazer?", "o que ter?".

Oferecem-nos todas as possibilidades de satisfazer os nossos projetos e nos vendem o que devemos desejar. Como encontrar a minha interioridade, se a minha sensibilidade é educada e colonizada pela televisão, pelas redes sociais, pelo sensacionalismo etc.? Ficamos sempre com a suspeita de que o que sou, o que sinto, me foi injetado pelos meios de comunicação social e que eu o aceitei. Para uma vida espiritual profunda, que tem muito a ver com dar-se e esvaziar-se, temos de estar muito *atentos ao que entra* e ao que aceitamos. É isso que essas regras nos encorajam e ajudam a fazer.

Por outro lado, quanto mais individualistas somos e quanto mais atomizados estamos, mais os nossos laços se enfraquecem, mais vulneráveis somos ao que nos chega. Quanto mais gregários formos, mais medo teremos de ser deixados de fora, de sair da linha, de não fazer o que tem de ser feito. Nas redes sociais, inventaram um acrônimo para designar um comportamento obsessivo concebido pelo próprio sistema: FOMO (do inglês *Fear Of Missing Out*; ou seja: medo de perder algo).

A estratégia do inimigo cultural, a "sabedoria" do mercado, é nos manter isolados, saturados pelo que é oferecido para satisfazer nossos apetites. Vivemos isolados naquilo que fazemos. "Tenho de...": ver o jogo do século esta tarde, comprar "o que não posso deixar de ter", vestir a última moda, ver "o que não posso deixar de ver"... Como é que isso se enquadra naquilo que realmente temos de fazer, na nossa missão? Quantas vezes ela está subordinada a esses *"tenho de"* induzidos culturalmente que satisfazem os interesses de alguns. Isso nos leva a colocar a felicidade onde ela não está. Muitas vezes de forma inconsciente ou automática.

É uma lástima sair do próprio amor, querer e interesse e entrar, não na vontade de Deus, mas nessa vontade insípida, cheia de interesses espúrios, que rege esta cultura. Não ouvimos as pessoas exprimirem os seus sentimentos íntimos em letras de canções? Formarem os seus modelos de identidade em personagens irrealistas de filmes? O nosso interior está confuso. 81% das pessoas se queixam de que há um excesso de materialismo em nossa sociedade, mas 2/3 querem ganhar muito dinheiro e 98% querem viver confortavelmente. A queixa e a organização dos desejos não são inconsequentes? Tornamo-nos opacos a nós mesmos.

Não é só ao que comemos e como comemos que temos de estar atentos, mas a "tudo o que entra em nós", por vezes de forma sub-reptícia, como se não nos apercebêssemos, e por vezes acompanhado de desejo ou ansiedade. Não é só a comida e os seus prazeres que podem sequestrar a nossa liberdade. Há muitas outras atividades (biológica, cultural ou socialmente) necessárias, das quais não podemos prescindir no mundo em que vivemos, mas nas quais podemos nos desordenar, porque produzem um prazer concomitante, deslumbram e estimulam o apetite. Por exemplo: consumir, fazer compras, descansar, ler, ver televisão, ouvir rádio, vestir-se, conduzir veículos, divertir-se, observar, trabalhar, viajar, navegar na Internet, comunicar-se, socializar-se em bares etc. Coisas que podem ser social ou biologicamente necessárias na vida ou na missão de algumas pessoas.

Há dois tipos de afetos ou interesses desordenados que não estão bem alinhados ou identificados com os de Deus. Por vezes estamos apegados a um objeto de que podemos prescindir, e por vezes é um objeto de que não podemos prescindir (comer, consumir, vestir, descansar). No primeiro grupo, é preciso fazer uma escolha e, no segundo, é preciso ajustar o nosso modo de proceder cotidiano ao seu fim, à maneira como Jesus o quer.

Essas regras vão nos ensinar a nos relacionar com o inevitável, com o que é necessário e agradável ou apetitoso. Temos de viver nesta sociedade, mas não nos deixarmos colonizar. Devemos comer para viver, mas não viver para comer. O mesmo se pode dizer do consumo, do descanso, da diversão e de todos os outros estímulos que nos distraem e acorrentam a nossa liberdade, tornando-nos indisponíveis para nós mesmos. Podem estragar a nossa escolha de vida, a nossa vocação ou o que é importante para nós vivermos neste momento de comunhão com o Senhor.

E, como vimos nas outras regras, no fundo, o critério de discernimento não é outro senão Cristo, a nossa regra. Procuramos, em linguagem paulina, "revestir-nos de Cristo" (Rm 13,14), "ter a sua mente" (1Cor 2,26), "seus sentimentos" (Fl 2,5), "seus interesses" (Fl 2,21). Em suma, queremos que nossa inteligência, nossos afetos, nossa sensibilidade e nossa vontade sejam os de Cristo. Contemplamos Jesus na Terceira Semana, que, embora seja levado e sofra, continua a ser "senhor de si mesmo". Buscamos que Jesus se torne instinto em nós. Assim podemos compreender por que é que as regras estão na Terceira Semana. Seria uma pena que o mais sublime se perdesse ou fosse impedido pelo mais prosaico. Seria uma pena não levar adiante o chamado do Senhor e a nossa escolha porque algum apego nos prende e torna refém a nossa liberdade.

A desordem

Somos feitos para a comunhão com Deus. "Fizeste-nos para ti, Senhor, e o nosso coração está inquieto enquanto não repousa em ti" (Santo Agostinho). Esse é o desejo mais profundo que temos, para o qual fomos constituídos. Mas esse desejo do nosso coração desaparece muitas vezes da nossa consciência e a sua energia é usurpada por forças que não são amorosas. Esse desejo fundamental é por vezes *reprimido* e, ao fazer isso, evitamos nos tornar vulneráveis e ser feridos. O reprimido permanece dentro de nós, escondido, negado, talvez deslocado, mas permanece.

Em outras ocasiões é pior, porque *o substituímos*. *A dependência* é diferente e mais destrutiva. Abusa da nossa liberdade, suplanta-a e obriga-nos a fazer o que não queremos. Se a repressão sufocava o desejo, a dependência *o substitui* ligando-o a um sucedâneo[15]. No processo de dependência química, há um momento em que atingimos uma "nova normalidade", um estado de certa alienação. Podemos até perder a memória do desejo original e viver do sucedâneo.

A desordem em qualquer uma dessas atividades, biológica, social ou culturalmente necessárias, tende a criar um *apego*, que pode evoluir para uma *dependência*. Por vezes, podemos estar compensando outros aspectos da vida que produzem ansiedade, solidão, insatisfação, complexos, baixa autoestima... Que conduzem a problemas de dependência.

O apego, que é o processo que escraviza o desejo e cria o estado de dependência, tem sido objeto de atenção em todas as espiritualidades e religiões. O apego associa o nosso desejo a objetos específicos e se torna o inimigo mais potente do anseio ou desejo de Deus. O afeto desordenado toma o lugar do afeto por Deus. "Todos nós somos dependentes no pior sentido da palavra." *Gostaríamos de* nos livrar da dependência, mas, uma vez que ele se enraíza, a maioria de nós *não quer* abandoná-la. E geralmente a dependência nos vence. Precisamos da graça. Na maioria das vezes, não temos consciência de que estamos dependentes e, quando isso nos é apontado por alguém de fora, temos dificuldade em aceitar.

Na Terceira Semana, um dos objetivos é fazer desaparecer o que resta dos sucedâneos que sobreviveram à Primeira Semana. O fruto dos Exercícios é "vencer a si mesmo" e pôr em ordem a própria vida sem se deixar determinar por afeições desordenadas (EE 21). Obviamente não é um simples trabalho da vontade, é um trabalho da graça que procuramos nos dispor a receber. O "vencer a si mesmo" (EE 21), na Terceira Semana, refere-se a três coisas[16]:

---

15. Cf. MAY, GERALD, *Addiction and grace. Love and spirituality in the healing of addictions*, Harper Collins e-books 2009 (1ª ed. 1988).
16. CALVERAS, JOSÉ, *Qué fruto se ha de sacar de los Ejercicios Espirituales de S. Ignacio*, Barcelona, Librería Religiosa, 1951, 244ss.

1) "Superar a repugnância natural que o amor-próprio desperta diante da dor, da humilhação ou do sofrimento." A contemplação da Paixão do Senhor, com o pedido da graça que a acompanha, pode nos ajudar a remover nosso medo da dor e do sofrimento. Quando são vividos em união com Cristo, eles podem estar cheios de sentido e amor e podem ser muito terapêuticos e fortalecedores para o sujeito. Não é possível se livrar de uma afeição desordenada sem dor nem superar a síndrome de abstinência de um vício sem sofrimento. Mas o resultado é uma maior libertação da liberdade, um sujeito mais resiliente, capaz de *tudo e para sempre*, que não fugirá quando surgirem dificuldades, dor e sofrimento.

2) "Apaixonar-se por Jesus Cristo de tal maneira que sinta as tristezas e alegrias dele tão intensamente como se fossem suas." Esse é um passo para sair de si mesmo e ter um senso do outro, tornando-o seu próprio centro. É esse desejo amoroso de compartilhar tudo que é de Cristo que faz e fortalece a vontade de sofrer as consequências de nosso próprio pecado do parágrafo anterior e nos ajuda a padecer e a acompanhar os outros em sua dor e sofrimento, colaborando com Cristo na redenção.

3) E "ordenar nosso amor próprio de modo que somente em Deus busquemos nosso próprio valor e a satisfação de nosso desejo de felicidade". Ou seja, desconfiar do "porque eu mereço", desconfiar da crença em que posso valer alguma coisa, independentemente do dom recebido de Deus. Desconfiar da busca da felicidade na glória mundana, em prazeres efêmeros ou nas substituições que se tornaram tão familiares para nós. Essas distrações ou substituições do anseio fundamental, onde está nossa felicidade ou o sentido de nossa vida, podem ser tão pedestres quanto comer, beber, fazer compras, ficar preso à Internet, às notícias de um determinado canal, ao canal de esportes, a um determinado partido político ou ideologia, ou ao meu grupo social. Apegado ou viciado em parecer estar bem com todos... Esses ganchos surgem em atividades que são biológica, social ou culturalmente necessárias.

O sujeito espiritual que foi saindo de si mesmo e crescendo em vencer a si mesmo, com a ajuda da graça, está mais livre para fazer a vontade de Deus, superando as dificuldades que venham das criaturas ou do amor-próprio. Mas com frequência ele se deparará com áreas desordenadas de amor-próprio, áreas que ainda não foram liberadas. A raiz desse amor-próprio ainda precisa ser vencida.

A raiz da desordem do amor-próprio (*philautía*), origem de todas as outras desordens, deve ser procurada em uma *apropriação indevida*[17] e em *um erro de objeto*.

A *apropriação indevida* consiste em considerar o bem que está em nós como nosso, como nos pertencendo por direito, como fruto dos nossos méritos ou da nossa diligência, independentemente de Deus. Elevamos perante o Criador um eu autossuficiente que pretende ter a sua própria origem, o eu com os seus próprios direitos e antagonista de Deus. Essa apropriação indevida está relacionada com o "fazer ninho em casa alheia" (EE 322). Daí a exigência de que nos seja dada a glória que é devida apenas a Deus.

O *erro de objeto* consiste em: 1º) tomar o ter ou o parecer ter pelo ser. Isto é, acreditar que valemos mais ou somos melhores quando temos mais bens, quando gozamos de prestígio e estima porque somos bem falados. Quando a nossa grandeza consiste em nos apresentarmos humildemente diante de Deus, tendo feito frutificar, com a sua graça, os talentos que recebemos. E 2º) procurar a nossa felicidade nas criaturas, quando só Deus, plenamente amado, e n'Ele todas as criaturas, pode preencher o nosso coração. O erro de objeto consiste em nos enganarmos quanto ao objeto ou à orientação da nossa felicidade. As Regras para se Ordenar no Comer nos ajudarão, de alguma forma, a nos libertar desse erro de objeto.

O final da Segunda Semana nos convida a *sair do nosso amor próprio, querer e interesse*. Mas, graças ao erro do objeto e à apropriação indevida, o amor-próprio e a busca da felicidade se tornam amor-próprio, querer-próprio e interesse-próprio, que se opõem a e substituem o amor, o querer e o interesse de Deus.

---

17. J. Calveras, a quem sigo nestes parágrafos, chama isso de *extorsão da propriedade*.

As Semanas seguintes dos Exercícios, a Terceira e a Quarta, levam o exercitante a sair de si mesmo para entrar cada vez mais no amor, no querer e no interesse de Deus. Como já foi dito, uma das dinâmicas que os Exercícios tecem é sair de si mesmo. Isso nos permitirá ir às raízes da desordem do amor natural que temos uns pelos outros: a apropriação indébita e o erro de objeto.

Na Terceira Semana, ao nos identificarmos com Cristo, podemos tomar medidas contra a apropriação indevida, que estabelece a divisão entre Deus e o eu, entre a glória de Deus e a minha glória, entre os interesses de Deus e os meus interesses. Surgirá uma comunhão de interesses com o Senhor que me levará a procurar a glória de Deus e a viver como minhas as coisas do Seu serviço.

Na desejada "comunhão de interesses", própria da Terceira Semana, procuro me tornar um com Deus, reconhecendo-o pelo que Ele é e reconhecendo-me pelo que eu sou. Amando a Deus por si mesmo e amando-me apenas como algo que lhe pertence, como sua criatura. Daí resulta que eu procure a glória de Deus por si mesma e em primeiro lugar. Busque a minha excelência e a minha glória apenas como parte da própria glória de Deus e que eu já não tenha outros interesses para além do serviço divino.

Tudo isso se torna música de outro planeta se eu viver sequestrado pelo que vou comer, pelo que *tenho de fazer* (comprar, ver, ler, viajar...).

A articulação de duas dinâmicas humanas

Nós somos natureza e somos pessoas. A natureza cresce e se desenvolve absorvendo, engolindo, consumindo... A pessoa cresce e se desenvolve se doando, saindo de si mesma, de forma oblativa. Duas dinâmicas necessárias e opostas na nossa humanidade, que devem ser ordenadas. Uma parte da crise da nossa cultura está aqui: estamos nos despersonalizando, vivendo a partir dos instintos básicos: ter, possuir, desejar, poder... Vivendo com certa *devoração*. Podemos viver para as necessidades, tanto reais como criadas artificialmente. Jesus não só não vive para as necessidades, não transforma pedras em pão para Si, mas se oferece como pão para a vida do mundo.

Na Terceira Semana, a entrega total da *pessoa* de Jesus nos é revelada. Ele se entrega até o fim. Contemplamos o Senhor "comendo" na última ceia...

Jesus come na última ceia, mas de uma forma estranha. Quando comemos, nós nos enchemos, e às vezes nos empanturramos, mas Jesus está se esvaziando, entregando-se total e definitivamente. Ele está de fato dando de comer.

Na contemplação da Terceira Semana e em nossa vida cristã, experimentamos que a profunda comunhão com o Senhor exige o esvaziamento, a renúncia ao amor-próprio, o viver para os instintos inferiores... Isto é, de certa forma, "antinatural", vai contra nosso instinto animal. Pode até ir contra nosso instinto de autopreservação. Se precisamos nos esvaziar de nós mesmos, não é neutro nem o que está entrando nem a atitude com que o aceitamos. Teremos de estar atentos para que a *pessoa* submeta a *natureza*, o dar, ao absorver. Se quisermos nos esvaziar na doação, temos de cuidar do que entra em nós.

As Regras para se Ordenar no Comer nos recordam que não vivemos apenas para manter a vida animal, para comer e consumir, mas que isso tem um sentido mais elevado, que é alcançado ao passarmos pela morte, pelo esvaziamento de nós mesmos, pela *kénosis*. Quando buscamos apenas manter a vida (e nisso nossa cultura é mestra), quando nos recusamos a morrer e colocamos o viver como o significado supremo, é quando nos empanturramos comendo e nos enchemos de coisas, possuindo e consumindo. É isso que a natureza exige. Quando aceitamos a morte como parte da vida, aceitamos nos doar sem retorno. Acessamos uma vida mais elevada, a verdadeira vida, na qual a vida e sua manutenção não são o objetivo final. O superior subjuga o inferior.

Somos necessidade e liberdade. A natureza é necessidade, e a pessoa é liberdade. Na natureza, a necessidade governa. Mas a pessoa tem a capacidade de subjugar a natureza, assim como a liberdade pode estabelecer certos limites para a necessidade. A necessidade é cheia de urgência. O viciado, quando está em abstinência, é um bom exemplo de necessidade. Quando temos necessidades fisiológicas, estamos sujeitos à urgência e não estamos disponíveis para mais nada. A liberdade, por outro lado, nos vincula ao que é importante. Ao exercer a liberdade, abraçamos e construímos um sentido.

O que é necessário deve ser apenas isso, necessário. Não pode se tornar o sentido. Precisamos comer, consumir, produzir, trabalhar; e, para isso, descansar. Essa é a vida da necessidade, que é o que os escravos sempre tiveram, submetidos à força às necessidades da vida. Se nos dedicarmos a satisfazer as necessidades da vida, seremos escravos. A partir da necessidade, não alcançaremos a liberdade, porque nos tornaremos cada vez mais sofisticados em nossas necessidades, nossas refeições, nosso descanso, nosso lazer, cada vez com coisas mais extravagantes. Não alcançaremos o exercício da liberdade.

Como veremos, as coisas que são necessárias, biológica, social ou culturalmente, podem ser associadas a um prazer ou a algo que deslumbra. A partir daí, elas podem nos absorver completamente, sequestrando-nos para a necessidade, sem que alcancemos o reino da liberdade. Na realidade, essa é a história de nossa sociedade, uma sociedade de escravos submetidos ao ciclo da necessidade: consumir – produzir – descansar – produzir... Só que tornamos o consumo mais sofisticado, a produção menos dolorosa e o descanso e as férias mais sofisticados, mas ainda estamos no ciclo da necessidade.

Não descobrimos o verdadeiro ócio, no qual a beleza, a contemplação ou a construção de uma vida significativa em comum têm seu lugar. Também perdemos o sentido da festa, da celebração do sentido e da gratidão do que vivenciamos (o *Shabat*). O correto seria que o que é necessário fosse uma ajuda para ter acesso a bens mais elevados. Para isso, ele tem de ser subjugado pela liberdade. Ao nos dedicarmos às coisas necessárias, normalmente não alcançamos a liberdade.

Estamos sujeitos a dois amores: *cupiditas* e *caritas*: apetite e oblatividade. É uma questão de ordenar o apetite a partir da oblatividade, a necessidade a partir da liberdade, ordenando nossos desejos naturais (em um sentido amplo), nossos impulsos de apropriação, nossas tendências de absorção... Ordená-los a partir do amor, da *caritas*.

2. As regras

É à mesa e no jogo que se conhece um verdadeiro cavalheiro. A forma como come sempre diz muito sobre uma pessoa, como afirma o provérbio. Mas, como veremos, não se trata apenas de comer. Essas regras não são um quadro normativo nem um tratado de dietética. Elas são um poço de sabedoria sobre como funcionamos e como podemos nos dispor para uma vida espiritual na qual Deus é o Senhor. São conselhos pastorais para serem colocados em prática durante e após os *Exercícios*.

As Regras para se Ordenar no Comer são uma aplicação simples da ascese inaciana. Em algumas ocasiões, ouvi explicações bem-humoradas sobre elas durante alguns exercícios. Acredito que elas têm um papel importante e uma pedagogia para colocar ordem na vida em muitas atividades diárias que nos distraem daquilo que é importante. Elas podem ajudar a atualizar a ascese e a fortalecer o sujeito espiritual.

Eles buscam ordenar, para que tudo seja bem hierarquizado e subordinado ao fim pretendido. No Princípio e Fundamento, foi-nos ensinado que as coisas são boas, são para o ser humano *tanto... quanto...* A indiferença não admitia outro absoluto além de Deus. Há atividades diárias e necessárias que, se ficarem desordenadas, podem "distorcer a atenção ao objetivo final". Em outras palavras, tornam-se idolatrias.

Não se trata da distinção entre bom e mau. Para Inácio, não se trata de estigmatizar as coisas e os prazeres, mas de ordená-los. Aqui será para subordinar a *cupiditas* à *caritas*. Para aqueles cujo desejo é unificado, quase nada é igual. As regras têm o objetivo de ordenar a alimentação. É uma atividade necessária (não se pode passar sem ela) e saborosa, que produz prazer, atração, estimula o apetite. Trata-se de um desejo que pode facilmente se tornar desordenado.

Como já apontamos, essas regras podem ser aplicadas a muitas outras atividades necessárias (biológica, cultural ou socialmente) das quais não podemos prescindir no mundo em que vivemos ou na missão que temos, mas nas quais podemos nos desordenar. Essas atividades a serem ordenadas têm dois fins: no exemplo da comida, um primário, que é manter a vida, o sustento do corpo; e outro colateral ou concomitante, o prazer ou a repugnância que a comida produz. E o problema é que esta última pode acabar tendo precedência sobre a principal e necessária.

O prazer associado à comida (ou à atividade em questão) deslumbra, estimula o apetite por mais. Tende a nos saturar e a nos envolver no que estamos comendo e a neutralizar tudo o que é "outro", a começar pelo sentido. Podemos acabar vivendo para comer em vez de comer para viver. O prazer de comer passou a ter precedência sobre o propósito de sustento do corpo. Mas tanto o prazer quanto o sustento corporal estão em um contexto mais elevado de sentido: uma vida cujo sentido é amar e servir, viver em comunhão com o Senhor. Um sentido do qual podemos nos distrair ou que pode ser substituído pelo prazer de comer.

A alimentação é necessária para o sustento do corpo, mas a indulgência pode entorpecer o espírito. Em nosso mundo atual, consumir é essencial para adquirir os bens necessários à vida. Contudo, também pode implicar o desejo de posse, ostentação, luxo e cuidado com a própria imagem, o que pode entorpecer e se tornar idolatria.

Assistir à televisão ou navegar na Internet hoje é necessário para obter informações, se manter atualizado, descansar, mas também pode nos alienar, nos viciar em determinados programas, limitar nossa liberdade, excitar nossa libido com imagens que não nos ajudam... Pode nos viciar, nos tornar dependentes e colonizados. Com quatro horas de televisão ou redes sociais por dia, com um imaginário colonizado, é difícil ter uma vida espiritual profunda.

A informação é uma necessidade cultural em nosso ambiente. Em nossas sociedades polarizadas, cada um de nós está ligado a determinadas fontes de informação. Nosso interior, nossos amores e ódios, nossos instintos mais básicos são frequentemente alimentados pelo que era simplesmente uma necessidade. O problema é que o fim concomitante: o prazer, a morbidez, a excitabilidade do instintivo (ter, parecer, poder) podem não apenas superar o fim principal e necessário, mas também o contexto de sentido, e nos mergulhar em uma vida sem sentido.

O prazer de assistir à televisão pode se tornar uma morbidez que não apenas substitui o propósito principal para o qual a assistimos: informar, entreter, mas pode obscurecer e se oferecer como significado no lugar do amor, do serviço e da comunhão com o Senhor que buscamos. Não seria uma pena perder algo tão sublime por algo tão pequeno e prosaico? Mas isso acontece. Ficamos presos e nos distraímos.

O que se consegue com essas regras? Há uma concretude, uma letra, mas também um espírito, uma intencionalidade que transcende a letra. Essas regras nos ajudam a estar mais disponíveis para o fim que buscamos. Elas educam nossa sensibilidade. Procuram fazer com que nossa *cupiditas* se submeta à *caritas*. Também que nosso eu interior seja mostrado em nosso comportamento exterior. Que nossos apetites sejam hierarquizados pelo Princípio e Fundamento, pelo amor. Que vivamos nos doando, saindo de nosso próprio amor, querer e interesse, nos identificando com Cristo no cotidiano e no elementar da vida. Estar marcados por Ele.

O polo objetivo: o discernimento da coisa

Um princípio básico das regras, já declarado na primeira delas, é que o comum oferece menos perigos.

> Primeira regra: a primeira regra é que convém menos abster-se de pão, porque não é um manjar pelo qual o apetite costuma ser tão desordenado, ou no qual a tentação insista, como em outros alimentos (EE 210).

Essa regra faz distinção entre dois tipos de alimentos: o pão, o grosseiro ou comum, e os manjares. A distinção é entre o grosseiro e o fino ou apetitoso. No grosseiro ou comum, básico, sério, fundamental, necessário, ordinário, o apetite não costuma ser desordenado. Geralmente, não desperta uma atração especial. No fino (manjar) ou apetitoso, o que me deslumbra, me tira de mim mesmo, enfeitiça, eletriza, excita, não pertence à simples necessidade, o apetite costuma se desordenar. Quando ele se desordena, me controla, se apodera de mim.

Uma vez que tenha sido identificado como tal, não há necessidade de temer o grosseiro, nenhuma tentação tende a vir dele, os apetites geralmente não são perturbados por ele. "Convém menos abster-se de pão" porque ele não é uma iguaria. O mesmo pode ser dito sobre comprar canetas *bic* ou assistir ao noticiário, ou à seção nacional ou internacional do jornal, de roupas baratas e sem marca, de jogos infantis ou da terceira divisão... Nesses casos, o apetite não tende a se desordenar. Se o comum oferece menos perigo, é claro que o apetecível está mais sujeito à desordem.

> Segunda regra: a abstinência da bebida parece mais conveniente do que a abstinência de comer pão. Portanto, é muito importante observar o que é proveitoso para admiti-lo e o que é prejudicial para descartá-lo (EE 211).

Nessa regra, recomenda-se que a abstinência de bebida parece mais conveniente. Ela não faz distinção. Teríamos de corrigi-la de acordo com o clima. Em clima quente, onde há perigo de desidratação, é menos aconselhável abster-se de água e chá. Talvez se deva tomar mais cuidado com cerveja ou refrigerantes açucarados. Essa regra introduz uma distinção que parece ser de uma ordem diferente. O que é benéfico e o que é prejudicial. O primeiro deve ser admitido, o segundo deve ser descartado.

Há mais do que desordem aqui, há coisas que me prejudicam. Duas coisas prejudicam: a desordem, o excesso de algumas coisas, e algumas coisas em si mesmas (para mim), em qualquer quantidade. Devemos suprimir o excesso em algumas coisas: comer, consumir, assistir, ler, beber, novidades em minhas leituras, o último filme, o último romance, o último livro, o último *gadget*... Viver na empolgação não faz bem: descartar.

Há coisas que não são boas para mim porque em qualquer quantidade me fazem mal: alguns alimentos, alguns modos de descanso, algumas leituras, alguns filmes, algumas revistas íntimas, algumas compras... Não devemos ser vítimas da morbidez, com todos os apetites baixos excitados. Filmes escandalosos, revistas de escândalos de celebridades, pornografia na Internet etc. não me fazem bem. A lista de produtos que podem nos prejudicar e nos distrair de nosso propósito é imensa.

O excepcional deve manter o seu caráter como tal

> Terceira regra: a maior e mais completa abstinência deve ser observada com relação às iguarias, porque tanto o apetite, para se desordenar, quanto a tentação, para instigar, estão mais prontos nesta parte. Assim, para evitar a desordem, podem-se ter duas maneiras: uma, adquirindo o hábito

de comer alimentos grosseiros; a outra, se forem delicados, em pequenas quantidades (EE 212).

Nas iguarias, nas coisas excepcionais, naquilo que mais facilmente podemos nos desordenar, devemos ter a mais completa abstinência. Aqui temos a cultura que está contra nós. Em nossas mesas, não comemos mais a mesma coisa todos os dias, como costuma acontecer em contextos mais pobres. Quando olhamos os pratos, muitas vezes dizemos: "Nossa, faz muito tempo que não como isto". Nas iguarias, no fino, no apetitoso, no excepcional, o apetite é desordenado e a tentação instiga.

É tudo uma questão de venda, e o excepcional vende... Podemos ficar à mercê do comércio: "Uma vez por ano não faz mal", "não é todo dia, vamos aproveitar o dia de hoje". Em um ano cabem muitos *jogos do século*, em um mês cabem muitos *é apenas um dia*. Uma das características dos apegos e vícios é que nossa mente elabora estratégias de autojustificação e todos os tipos de motivos aparentes para manter o apego ou o vício.

Vivemos em uma cultura que comercializa tudo e transforma o excepcional em comum, que precisa vender e nos manter na crista da onda. O comum é que o mercado sempre nos oferece novidades e coisas extraordinárias. O comum é a novidade, o extraordinário. Trata-se de não cansar o consumidor. Lipovetsky disse que hoje o princípio da realidade não colide com o princípio do prazer, porque para que o sistema funcione, para manter a produção e não entrar em colapso, temos de nos dar prazeres. O princípio da realidade exige que nos demos prazeres. Caso contrário, entraríamos em recessão (algo como o inferno).

Vivemos em uma sociedade na qual uma exceção aparece todos os dias: o comum é uma sucessão de exceções. Vivemos colonizados: o jogo do século, o show do século, o livro do século, o atleta do século, o jogador de futebol do século... Como não assistir a este programa de TV, como não aproveitar esta oportunidade nas vendas, é uma ocasião única... Vivemos colonizados e organizados a partir de fora. A abstinência de iguarias, do fino, do excepcional, pode ser alcançada de duas maneiras: (1) acostumar-se ao grosseiro, prescindindo do fino, e (2) se for do fino, em pequenas quantidades.

Faz parte da pedagogia inaciana ter a abstinência como lugar fundamental de discernimento

> Quarta regra: cuidando para não cair em enfermidade, quanto mais a pessoa tirar do que lhe convém, mais rapidamente alcançará a medida certa no seu comer e beber, por duas razões: a primeira porque, assim ajudando-se e preparando-se, sentirá muitas vezes mais as comunicações internas, consolações e inspirações divinas a mostrar-lhe a medida que lhe convém. A segunda: se a pessoa percebe que tanta abstinência lhe diminui a força física e a disposição para os *Exercícios Espirituais*, facilmente julgará o que é mais conveniente para seu sustento corporal (EE 213).

Para encontrar o quanto comer, beber, consumir etc., a quantidade que devemos usar da coisa em questão, é preciso, evitando cair em uma doença, tirar do que é conveniente para encontrar o que é necessário. Assim, mais cedo alcançaremos os meios que devemos ter. "Meios" é entendido no duplo sentido dos meios corretos e do caminho para o fim desejado.

Inácio apresenta duas razões: (1) é uma forma de "dispor-se" e "ajudar-se" a sentir interiormente (sentir informações internas, inspirações divinas) o que é conveniente. Distanciar-se da coisa, não deixar nada entrar até que tenhamos certeza de que realmente precisamos daquilo. Já vimos essa pedagogia no Terceiro Tipo de Pessoas na Segunda Semana. (2) É uma forma de purificar ou ordenar a intenção, de modo que o que comemos ou consumimos recupere sua condição de meio para o fim que se pretende.

Por exemplo, quando sentimos as consequências da falta de alimento, a falta de força corporal, o fim pretendido se torna mais evidente. O propósito de comer é ter a força corporal necessária para o serviço divino e a prontidão para os serviços espirituais. Dessa forma, escolhem-se melhor os meios adequados para o fim pretendido. Os fins são purificados, e o que consumimos adquire sua função de meio.

Trata-se de uma aplicação das atitudes do Terceiro Tipo de Pessoas. Antes de tomar a coisa, eu a deixo para saber se é a vontade de Deus. Deixo a afeição pela coisa e só a tomo se for o maior serviço... É a maneira de saber o quanto tomar de algo, atento às consolações e à avaliação das necessidades objetivas. Agir a partir do discernimento, em vez de agir a partir da espontaneidade culturalmente colonizada.

O polo subjetivo: o discernimento a partir da atitude

A imitação de Cristo suscitada na contemplação será um critério fundamental de discernimento. Ao longo dos Exercícios procuramos educar a nossa sensibilidade segundo a de Cristo.

> Quinta regra: enquanto a pessoa come, considere como vê Cristo, nosso Senhor, comendo com seus apóstolos, e como ele bebe, olha e fala, procurando imitá-lo. De modo que a parte principal do entendimento se ocupe na consideração de nosso Senhor, e a menor no sustento corporal, para que assim tenha mais harmonia e ordem no proceder e agir (EE 214).

Não nos esqueçamos de que nossos apegos e vícios competem com Deus. Eles querem tomar o lugar que Ele merece dentro de nós. Inácio sugere que a maior parte do entendimento seja ocupada na consideração de Cristo e a menor no fim mais imediato da ação (sustento corporal, descanso necessário, informação, formação etc.), "para que assim tenha mais harmonia e ordem no proceder e agir". Comer como Cristo, adotar o modo de proceder semelhante ao de Cristo, com ordem e harmonia.

Já o vimos realizando suas obras, vivendo, relacionando-se com o Pai, comendo e fazendo de suas refeições um espaço de acolhida e inclusão. Também contemplamos seu despojamento ou esvaziamento ao comer a Última Ceia. Comer como entrega. Imitar Cristo na forma como comemos e na forma como nos relacionamos com as coisas necessárias da vida significa não nos deixarmos isolar e nos manter abertos a um sentido superior.

Não devemos permitir que nosso entendimento seja saturado pela atividade. Cristo é sempre a regra. Queremos ser colonizados somente por Ele, que não se apodera de nossa liberdade. Em tudo, devemos nos esforçar para imitar Cristo, "quer comais, quer bebais, fazei tudo para a glória de Deus" (1Cor 10,31).

Há uma hierarquia no sentir. O deleite deve estar subordinado ao fim da atividade, e isso é feito para a glória de Deus. O deleite é o que entorpece e pode impedir que o fim da atividade seja cumprido e que seja para a glória de Deus. Cristo é o único que tem o direito de nos saturar, porque Ele não nos isola. Ele nos deixa abertos para acolher os outros, para sermos outros Cristos. Cristo não é um apego nem um vício.

Há um exemplo na vida de Inácio em que podemos reconhecer o problema de nos deixarmos saturar pelo que não é Deus, mesmo que sejam coisas santas. No caminho de Loyola para Manresa, ele estava sempre pensando "no que faria". Estava saturado de seus apetites, ideais, modelos... Não conseguia encontrar ordem nem deixar Deus entrar. Estava fechado em si mesmo, com muita generosidade, mas isolado em sua própria ação.

Algo semelhante acontece conosco naqueles dias em que ficamos sobrecarregados com o quanto temos de fazer e ficamos mais sobrecarregados com a forma como encaramos a situação: "Tenho de", "tenho de", "tenho de", do que com o que realmente fazemos. Quando nos deixamos enclausurar pelos *tenho de*, o que vem de fora só nos incomoda, não o deixamos entrar.

É a autossuficiência da própria ação. Aqui Deus é supérfluo. Inácio, em um estágio posterior, abriu-se a Deus e deixou de pensar: "O que farei?". Passou a perguntar a Ele: "O que devo fazer?". Passamos de um Inácio centrado e fechado em suas ações para um Inácio aberto à vontade de Deus. Cristo, como o sentido último de nossas ações, nos mantém abertos e nos impede de nos fecharmos em nós mesmos e no sentido que damos às nossas ações. O sentido de nossas ações não nos pertence, pertence a Ele.

A 6ª Regra recomenda combinar a refeição corporal com algum exercício mais espiritual, a vida dos santos ou outra contemplação piedosa, a fim de concentrar a atenção em coisas mais elevadas.

> Sexta regra: enquanto come, pode tomar outra consideração, seja sobre a vida dos santos, seja sobre alguma contemplação piedosa ou sobre algum negócio espiritual que tenha de fazer. Porque, estando atento a tal coisa, terá menos prazer e sentimento no alimento corporal (EE 215).

Trata-se de não deixar que nosso cérebro seja sugado pelo deleite ou pelos sentimentos produzidos pela coisa boa em questão. Buscar outras considerações que se refiram mais aos fins desejados, ao sentido de nossas ações, que nos unificam no que é importante e não nos distraem. O objetivo é garantir que o deleite não nos entorpeça, que não nos prenda e assuma um papel em nós que não lhe corresponde. A sensualidade do fino é menos fina do que o sentir interior. Ela embota o sentir interior.

Havia um mestre de noviços que, ao explicar essas regras, reduzia tudo a este princípio: "Quando você for comer, nunca coma como se fosse comer a sério". Isso resumiria a mensagem da 7ª Regra: o estilo deve manifestar o senhorio; "ser senhor de si mesmo", não ser atropelado ou apressado pela comida. Não ser dominado pelo apetite ou aprisionado por ele.

> Sétima regra: acima de tudo, tenha cuidado para não colocar todo o seu ânimo voltado para o alimento, não coma apressado pelo apetite, mas seja senhor de si, tanto na maneira de comer como na quantidade que come (EE 216).

É o critério psicológico de discernimento. Acima de tudo, não tenha toda a sua mente focada no que você come ou absorvida pelo que você faz, quando se trata de atividades subordinadas a um objetivo maior. "Não coma apressado pelo apetite." A voracidade é uma atitude que nos leva a viver nos atalhos, a correr para chegar lá, a pular processos. Isso não é viver. Existe algo assim em nosso ritmo de vida. Como buscamos apenas o deleite, podemos pular o resto.

Todo o ânimo, toda a força vital, não pode ser colocada em algo tão secundário. Ela é retirada do que é mais valioso, do que é mais importante (erro de objeto). No dia do jogo do século, todo o trabalho é piorado, pois vivemos com pressa para que chegue o momento do jogo. Quando se aproxima o momento em que vou receber meu carro novo, quando saio para comprar o *aparelho* que vi ontem na vitrine da loja, ou quando o jogo do século se aproxima etc., estou com toda a minha mente e meu coração voltados para aquilo. Como orar com essas dependências? Como ouvir pacientemente o pobre que é lento? Como ouvir o paralisado cerebral de quem é preciso arrancar palavra por palavra? Se eu tiver habituado minha mente a ir rápido e me concentrar em outras coisas?

"Ser senhor de si mesmo" no como e no quanto. Ninguém dá o que não tem. Para podermos nos doar, precisamos ser senhores de nós mesmos. Se nossa liberdade for sequestrada por esses prazeres da comida, das compras, das imagens etc., não conseguiremos nos doar. Que sejamos guiados pelo Espírito e não pela impulsividade dos apetites.

Uma pedagogia contra a desordem: a saciedade como um lugar de discernimento. Na 8ª Regra, Inácio nos dá um aviso prudencial.

> Oitava regra: para eliminar a desordem, é de muito proveito, depois de comer ou depois do jantar ou em outro momento em que não sinta apetite para comer, determinar consigo mesmo para o próximo almoço ou jantar, e assim sucessivamente a cada dia, a quantidade que deverá comer, da qual não deve avançar por qualquer apetite ou tentação, mas, sim, vencendo todo apetite desordenado e tentação do inimigo; se for tentado a comer mais, coma menos (EE 217).

É impossível discernir sob o efeito da síndrome de abstinência. Decidir quando se está razoavelmente satisfeito e manter a decisão depois. Em um momento neutro, de apetite saciado, quando tivermos mais liberdade, determinar a quantidade da próxima atividade. Depois, manter a decisão. De modo algum, ultrapassar esse limite.

Se o apetite se tornar desordenado ou for tentado pelo inimigo, superá-lo aumentando ou diminuindo a quantidade [tentação de comer ou tentação de se tornar um monumento ascético] na direção oposta à tentação. Aqui Inácio aplica alguns dos critérios já estabelecidos na escolha e no *agere contra*.

Quando queremos nos esvaziar para nos doarmos com Cristo e nos assemelharmos a Ele, nos tornamos mais sensíveis ao que entra. Isso nos permite detectar melhor o fato de estarmos saturados, colonizados, alienados. Essas regras nos ajudam a discernir o que nossa liberdade quer que entre e o que não quer. Assim, a escolha feita na Segunda Semana é mais efetiva. É por isso que a aplicação dessas regras contribui para dar mais um passo no fortalecimento do sujeito espiritual.

Elas chamam nossa atenção e nos conscientizam dos mecanismos que se opõem à realização de nossa escolha. Libertam as dobras de liberdade que foram sequestradas por apegos e apetites que dirigem nossa vontade e substituem o verdadeiro sentido que deveria guiá-la para realizar aquilo que escolhemos livremente. Ajudam-nos a permanecer abertos ao Outro e aos outros, sem nos deixarmos isolar pela satisfação de apetites que tendem a nos fechar em nós mesmos, bloqueando os poros que nos relacionam com aquilo que difere de nós mesmos.

Uma aplicação: regras para se ordenar no uso da Internet

A seguir, proponho uma adaptação das Regras para se Ordenar no Comer, inspirando-me no trabalho de Dani Villanueva, SJ, versão de 2012, e plagiando grande parte dele. Vale a pena concentrar nossa atenção no uso da Internet, pois hoje ela se tornou parte de nossas vidas e podemos facilmente nos desordenar. Dizem que, no passado, quando se chegava a uma casa religiosa, perguntava-se a localização da capela, enquanto hoje se pergunta a senha do *wi-fi*.

A distinção entre a vida virtual e a vida real não é tão clara quanto as pessoas pensam. Diz-se que a vida virtual é um lugar impostado, artificial e de exibição. Por outro lado, existe o "eu real" escondido atrás de camadas de interações sociais e caracterizado por um acúmulo de virtudes indiscutíveis. "Trata-se de uma distinção absurda, uma falação tranquilizadora. O que é conhecido como 'vida virtual' versus 'vida real' é de fato a mesma coisa, apenas vida[18]." Assim, a hipervelocidade das redes produz "uma hiperansiedade que o sujeito sente 'de verdade' na 'vida real', ao interagir com os outros"[19]. As críticas e desqualificações recebidas nas redes afetam a vida real. O dano virtual tem repercussões na vida real. Nosso uso da Internet também exige ordem:

---

18. Galán, Edu, *La máscara moral. Por qué la impostura se ha convertido en un valor de mercado*, Barcelona, Debate, 2022, 40.
19. Ibid.

[210] Regras para se Ordenar no Comer de Agora em Diante	Regras para se Ordenar no Uso da Internet. (Com alterações da versão de Dani Villanueva),
1ª Regra. A primeira regra é que convém menos abster-se de pão, porque não é um manjar pelo qual o apetite costuma ser tão desordenado, ou no qual a tentação insista, como em outros alimentos.	1ª Regra. Navegar na Internet é uma atividade social e culturalmente necessária para nos informarmos, nos comunicarmos, trabalharmos, pesquisarmos... Do que é diretamente trabalho, durante o horário de trabalho, convém menos abster-se: escrever ou responder e-mails, ou por outros meios, procurar informações relacionadas ao trabalho ou ao apostolado, e outros auxílios ao trabalho.
[211] 2ª Regra. A abstinência da bebida parece mais conveniente do que a abstinência de comer pão. Portanto, é muito importante observar o que é proveitoso para admiti-lo e o que é prejudicial para descartá-lo.	2ª Regra. Com relação ao uso da Internet para descanso, ócio e tempo livre, relações sociais, parece mais razoável a *abstenção* do que ao usá-la como ferramenta de trabalho. Portanto, é muito importante observar sem ingenuidade *o que é benéfico* admitir e *o que é prejudicial*, para evitar.
[212] 3ª Regra. A maior e mais completa abstinência deve ser observada com relação às iguarias, porque tanto o apetite, para se desordenar, quanto a tentação, para instigar, estão mais prontos nesta parte. Assim, para evitar a desordem, podem-se ter duas maneiras: uma, adquirindo o hábito de comer alimentos grosseiros; a outra, se forem delicados, em pequenas quantidades.	3ª Regra. A abstinência mais completa deve ser observada naqueles usos que são mais facilmente desordenados ou que tendem a ser mais atraentes porque estão associados a um prazer ou apelam para os instintos inferiores, como, por exemplo, certas informações deslumbrantes ou certos usos para se manter atualizado, informações mais tendenciosas e polarizadoras, ou ações e comunicações em que o ego está mais à mostra. Tanto o apetite tende a se tornar mais desordenado quanto a tentação se torna mais presente. A abstinência pode ser feita de duas maneiras: quando não há nada de pecaminoso envolvido, usando a Internet exclusivamente como uma mera ferramenta de trabalho, ou em outros usos em quantidades pequenas e bem controladas.
[213] 4ª Regra. Cuidando para não cair em enfermidade, quanto mais a pessoa tirar do que lhe convém, mais rapidamente alcançará a medida certa no seu comer e beber, por duas razões: a primeira porque, assim ajudando-se e preparando-se, sentirá muitas	4ª Regra. Tomando cuidado para não causar dano de saúde, profissional ou humano a alguém ou a si mesmo, quanto mais a pessoa se afastar do *que é apenas conveniente* no uso da Internet e no consumo de *aparelhos eletrônicos* adjacentes, *mais cedo* alcançará *o que é realmente necessário*. É prudente não deixar o computador ou *os smartphones* sempre ligados, não os manter no local de descanso,

vezes mais as comunicações internas, consolações e inspirações divinas a mostrar-lhe a medida que lhe convém. A segunda: se a pessoa percebe que tanta abstinência lhe diminui a força física e a disposição para os *Exercícios Espirituais*, facilmente julgará o que é mais conveniente para seu sustento corporal.	lazer ou recreação e, principalmente, não substituir as relações pessoais presenciais pelas virtuais. Não ajuda associar o tempo livre a um uso indiscriminado da Internet que consome tempo e freia outras atividades mais proveitosas, como esporte, música, leitura ou interação com outras pessoas. Há duas razões para retirar o que é apenas conveniente: a primeira é que, ao se ajudar e se dispor dessa forma, muitas vezes a pessoa sentirá mais os estímulos internos, consolações e inspirações divinas para lhe mostrar os meios que lhe são convenientes; a segunda é que, se a pessoa se encontrar em tal abstinência e não tiver um bom desempenho no trabalho ou prejudicar os relacionamentos pessoais ou sua disposição para os *Exercícios Espirituais*, facilmente avaliará o que é mais conveniente para sua informação, para seu trabalho e para sua vida pessoal e espiritual.
[214] 5ª Regra. Enquanto a pessoa come, considere como vê Cristo, nosso Senhor, comendo com seus apóstolos e como ele bebe, olha e fala, procurando imitá-lo. De modo que a parte principal do entendimento se ocupe na consideração de nosso Senhor, e a menor no sustento corporal, para que assim tenha mais harmonia e ordem no proceder e agir.	5ª Regra. O uso da Internet pode nos distrair do que é existencialmente importante. Pense em como Jesus a usaria. Seja quem você é, mesmo *online*. Não ajuda esconder quem somos ou atuar com identidades falsas. Nunca usar a Internet para insultar ou difamar. Usar esse meio de comunicação espiritual e pastoralmente também nos ajudará a integrar nossa dimensão religiosa no mundo digital. É útil vê-lo como um ambiente relacional no qual, como Jesus, saímos ao encontro dos outros como somos.
[215] 6ª Regra. Enquanto come, pode tomar outra consideração, seja sobre a vida dos santos, seja sobre alguma contemplação piedosa ou sobre algum negócio espiritual que tenha de fazer. Porque, estando atento a tal coisa, terá menos prazer e sentimento no alimento corporal.	6ª Regra. Crie seus próprios espaços *off-line*. Respeite seu tempo e dê a si mesmo espaço para a interioridade, a espiritualidade e o silêncio digital. Inclua em sua vida momentos com ritmo humano. Crie espaços onde não haja computador ou outros dispositivos e não permita interrupções: gerencie alertas, desligue o som... Garanta espaços onde você possa se encontrar e onde você seja o ator principal em seu relacionamento com Deus, sem mediações ou interferências.
[216] 7ª Regra. Acima de tudo, tenha cuidado para não colocar	7ª Regra. Esteja no controle. Tenha controle de si mesmo ao fazer compras; não é necessário ter o

todo o seu ânimo voltado para o alimento, não coma apressado pelo apetite, mas seja senhor de si, tanto na maneira de comer como na quantidade que come.	último *dispositivo eletrônico*. Seja senhor de si mesmo quando estiver *on-line*. Vá somente aonde você quer ir e pelo tempo que quiser. Tente evitar navegar sem rumo na Internet, guiado por várias sugestões, sem ter clareza de onde está indo e para onde. Tente não permitir que a Internet seja a dona de seu tempo e de seu itinerário. Ao abrir o navegador ou o e-mail, é importante ter um objetivo e se ater a ele. É útil fazer anotações de novas ideias e linhas de trabalho para continuar em outro momento. Acesse você mesmo as ferramentas quando precisar delas (e-mail, redes sociais) e não permita interrupções automáticas constantes que dispersam e distraem. As ferramentas *de marcação de favoritos* e "Ler mais tarde" ajudam muito a evitar as intermináveis digressões e ramificações típicas das informações em rede.
[217] 8ª Regra. Para eliminar a desordem, é de muito proveito, depois de comer ou depois do jantar ou em outro momento em que não sinta apetite para comer, determinar consigo mesmo para o próximo almoço ou jantar, e assim sucessivamente a cada dia, a quantidade que deverá comer, da qual não deve avançar por qualquer apetite ou tentação, mas, sim, vencendo todo apetite desordenado e tentação do inimigo; se for tentado a comer mais, coma menos.	8ª Regra. Planejar. Para não me desordenar, é melhor planejar com antecedência o uso que farei desses meios de comunicação. Por exemplo, no final do dia, quando não me sinto tão impelido a me conectar, posso elaborar um plano para o dia seguinte. É bom estabelecer metas de tempo e tipo de uso. Prestar atenção especial à noite e ao final do dia, quando essas tecnologias tendem a ocupar espaços e horários que seriam essenciais para o descanso, a reflexão vital e o cuidado pessoal e espiritual.

Capítulo 5
Regras para Sentir com a Igreja em uma cultura individualista

> "Ressuscitou-nos com ele e nos levou aos céus em Cristo Jesus!"
> (Ef 2,6)

1. A cultura na qual aplicar as regras

As últimas regras que Santo Inácio nos propõe nos *Exercícios* são as Regras para Sentir com a Igreja (EE 352-370). Essas são as regras de discernimento que acompanham a Quarta Semana, que é aquela em que se contemplam os mistérios da Ressurreição, as "aparições" do Ressuscitado até à sua Ascensão. Inácio nos convida a aprender a contemplar a presença do Ressuscitado "pelos seus efeitos" (EE 223). Ou seja, pelo ofício de consolar que Ele exerce, agindo "como os amigos costumam se consolar" (EE 224).

Embora a fé seja pessoal, ao contemplar as "aparições", o encontro com o Senhor Ressuscitado nos remete à comunidade e à missão. O grupo que se dispersou durante a Paixão se reúne ao encontrar o Ressuscitado e se sentar à mesa com Ele. As Regras para Sentir com a Igreja têm sido vistas como "regras de discernimento para lidar bem com os conflitos eclesiais"[1]. Essas

---

[1]. Guillén, Antonio; Alonso, Pablo; Mollá, Darío, *Ayudar y aprovechar a otros muchos. Dar y hacer ejercicios ignacianos*, Santander, Sal Terrae, 2018, 141. Trad.

regras ajudarão a construir a unidade e fortalecer a comunidade em meio aos conflitos que não faltam na Igreja.

Uma evolução final no sujeito espiritual, após o processo das Semanas anteriores, será tornar-se uma pessoa com um senso aguçado do outro, dos outros e de Deus. A pessoa que termina os *Exercícios*, como a pessoa da experiência cristã, é construtora de comunidade. Acolhemos a experiência pessoal do Espírito na Igreja, e este encontro com o Senhor é para o bem da Igreja e para o bem dos outros, para que dê frutos. Os membros da Igreja serão fortalecidos por aqueles que se encontraram com o Ressuscitado e, ao mesmo tempo, estarão abertos a uma comunhão mais ampla.

Essas regras precisam de alguma interpretação e de algumas adaptações adequadas a uma situação que, cinco séculos depois, apresenta outros conflitos. Mas, devidamente compreendidas, elas nos dão uma orientação e critérios muito valiosos para o discernimento nesse caminho. De qualquer forma, estes não são bons tempos para a afeição pela Igreja e para a compreensão de sua natureza.

Há frases espirituosas que capturam as tendências e a dinâmica que estão nos conduzindo. Uma que podemos ter lido em vários lugares é a seguinte: "Primeiro se disse não à Igreja, sim a Cristo; depois, não a Cristo, sim a Deus; mais tarde, não a Deus, sim à religião; e agora se diz não à religião, sim à espiritualidade". A tendência mencionada acima aponta para uma encarnação progressivamente menor da experiência e para uma religiosidade ou espiritualidade mais difusa. Exatamente o oposto da experiência cristã.

Essa frase seria confirmada pela tendência panteísta que Alexis de Tocqueville descobriu na religiosidade de sua época, em 1835. Segundo esse autor, em uma sociedade em que temos condições mais iguais e somos mais parecidos uns com os outros, somos obcecados pela ideia de unidade, querendo abarcar uma multidão de objetos diversos, e tentamos entender Deus e o universo em uma única ideia. Assim, Tocqueville afirmava que, "dos vários sistemas pelos quais a filosofia tenta explicar o universo, o panteísmo me

---

bras.: *Ajudar e aproveitar a muitos. Dar e fazer exercícios inacianos*, São Paulo, Loyola, 2022.

parece ser um dos mais adequados para seduzir o espírito humano nos séculos democráticos"[2]. Foi assim que ele previu o futuro a partir de sua observação da sociedade que estava nascendo nos Estados Unidos, na qual também detectou o nascimento do individualismo: "Estou inclinado a acreditar", escreveu Tocqueville, "que [...] nossos netos tenderão cada vez mais a se dividir em apenas dois grupos, alguns se afastando completamente do Cristianismo e outros entrando no seio da Igreja Romana"[3].

Podemos concordar, com algumas nuances, com as reflexões desse observador perspicaz, reconhecendo a realidade das tendências previstas para o nosso tempo presente. Uma delas é a tendência para menos encarnação, para uma espiritualidade mais panteísta e difusa, sem concretude, que não é aquela que flui dos *Exercícios Espirituais*. O que hoje chamamos de "espiritualidade sem religião, sem Deus, sem Cristo ou sem Igreja": um tipo de religiosidade *da nova era*. A outra tendência, que ele identificou com a Igreja Católica Romana, na verdade ele a sugeriu porque viu nela uma Igreja com forte autoridade. Em nosso cenário, encontramos muita espiritualidade difusa *da nova era* e um pouco de fundamentalismo. O valor dessas previsões ou tendências é que elas registram a dinâmica que nos afeta. E uma consequência disso é que a Igreja não parece ser muito valorizada entre nossos contemporâneos.

Mas não precisamos aceitar tais previsões de forma determinista, como se a pessoa da média estatística existisse e sempre se comportasse como tal, pois ela não é um simples objeto, mas um sujeito. Essas previsões sempre seriam cumpridas se o ser humano não fosse livre e o Espírito não agisse de maneira misteriosa. O mundo em que vivemos sempre nos condicionará. Contudo, a graça de Deus e a liberdade humana tornam possível mudar as tendências estatísticas, e a história está repleta de exemplos.

Além disso, as dificuldades podem nos fazer desenvolver capacidades inexploradas de nossa humanidade. Os profetas e as grandes figuras do

---

2. Cf. TOCQUEVILLE, ALEXIS DE, *La democracia en América*, v. II, Madrid, Alianza, 1993, primeira parte, capítulo VII, 32. [Trad. bras.: *A democracia na América. Sentimentos e opiniões*, São Paulo, Martins Fontes, 2000. Livro 2.]

3. Ibid., 31.

Espírito são sempre imprevisíveis. No entanto, essas tendências estão presentes e condicionam nosso relacionamento com Deus e com a Igreja no tempo presente. Elas podem tornar nosso comportamento previsível, desde que nos comportemos como a pessoa da média estatística.

Antes de abordar as regras que nos foram propostas por Inácio, proponho revisar alguns aspectos do ambiente em que elas devem ser aplicadas hoje. Em primeiro lugar, examinaremos um vento contrário de nossa cultura: o individualismo e o enfraquecimento dos vínculos, que nos fazem prestar atenção a muitas vozes e problematizam a pretensão da Igreja de constituir sujeitos e fazer parte de sua identidade. Em seguida, daremos uma breve olhada nas redes sociais e em como elas criam novas formas de vinculação. Para estarmos mais conscientes do que estamos procurando, nos perguntaremos sobre que tipo de vínculos fortaleceria a Igreja.

Posteriormente, exploraremos a relação entre a experiência pessoal e a Igreja. Em um ambiente individualista, pode-se pensar que a experiência da Igreja ou o apreço por ela não tenha lugar. Essa pode ser uma tendência, mas temos de reconhecer que o individualismo nos fez crescer e, aproveitando o melhor dele, hoje, para as pessoas que creem, a experiência pessoal é imprescindível. E, quando essa experiência espiritual é autêntica, ela conduz à Igreja. O vínculo das pessoas que creem também foi fortalecido. As comunidades são os recipientes nos quais as formas de vida são preservadas e é fato que, sem a comunidade, uma forma de vida não é sustentada nem transmitida.

A seguir, explicaremos as regras que, para serem aplicadas hoje, exigem alguma interpretação e adaptação à Eclesiologia pós-Vaticano II. No entanto, elas ainda nos oferecem critérios espirituais e podem nos iluminar para sermos construtores de comunidade e para podermos viver em uma Igreja na qual há conflitos sem alimentar a polarização, sendo instrumentos de reconciliação e unidade. Para concluir, faremos um balanço da jornada feita pelo sujeito espiritual durante as quatro Semanas dos *Exercícios Espirituais*, constatando que "o caminho reto para Deus passa pelo Outro".

O individualismo e o enfraquecimento dos vínculos

O observador perspicaz e visionário Tocqueville, quando escreveu *La democracia en América* (*A democracia na América*), captou o que estava surgindo naquele continente e já se referia ao individualismo. Ele descreve assim:

> Os laços das afeições humanas estão cada vez mais frouxos [...]; aqueles que nos precederam são facilmente esquecidos e aqueles que nos sucederão não são levados em conta de forma alguma [...]; eles olham uns para os outros com indiferença, como se fossem estranhos entre si [...]. Esses homens não devem nada a ninguém e não esperam nada, por assim dizer, de ninguém. Eles se consideram abandonados a si mesmos [...]. [Esse modo de vida que Tocqueville viu nascer] não apenas relega os ancestrais de um homem ao esquecimento, mas também o esconde de seus descendentes e o separa de seus contemporâneos. Concentra-o incessantemente em si mesmo e ameaça encerrá-lo completamente na solidão de seu próprio coração[4].

Esse foi o nascimento do individualismo, que Peter Hans Kolvenbach, Geral dos Jesuítas, diagnosticou como uma "doença mortal" da vida religiosa. Se acompanharmos o modo como o individualismo evoluiu posteriormente, podemos concluir que em nossa sociedade os vínculos consistentes e sólidos vêm se enfraquecendo há muito tempo. E isso é um problema, porque a família, a comunidade, o povo, o país, a Igreja ou a civilização são fundados em algo invisível e intangível; nem nas coisas nem nos indivíduos, mas nos laços invisíveis que os unem, que tornam o todo maior do que a soma de suas partes.

A deserção e o distanciamento afetivo de muitos de nossos contemporâneos em relação à Igreja é um fato. É uma tendência que vem ocorrendo há muito tempo, e todas as pesquisas, pelo menos na Europa e na América Latina, já apontaram isso. É um fato que a Igreja deixou de ser normativa até mesmo para muitos cristãos, talvez a maioria. Os escândalos se somam a uma tendência anterior: o enfraquecimento do pertencimento e dos vínculos. O pertencimento está dando lugar ao "estar conectado".

---

4. Tocqueville, op. cit., 90.

Não é apenas a fragilidade do vínculo, mas também a experiência da fé ou da espiritualidade que encontram dificuldades em nosso tempo. Taylor pergunta em sua obra *Era secular*: "Por que é tão difícil acreditar em Deus (em muitas partes) do Ocidente moderno, enquanto em 1500 era praticamente impossível não acreditar?"[5]. Taylor detecta que nosso tempo adotou o que ele chama de "marco imanente", que é a "ordem natural" na qual nos movemos em oposição à outra, sobrenatural, que antes reinou.

Em outras palavras, passamos a viver em um mundo puramente natural. Neste espaço social, a razão instrumental governa, e o tempo é onipresentemente secular[6]. Mas, como disse Ernesto Sábato, "tudo o que a vida precisa é do espaço de uma fenda para renascer". E, quando, graças a alguma rachadura na estrutura imanente, ocorre uma experiência espiritual, a comunidade e a Igreja renascem e ganham força.

Uma reação aos vínculos individualistas são as "comunidades destrutivas", um modo doentio ou reativo de comunidade. Elas representam uma espécie de retorno ao útero materno, a uma fusão original. Nessa linha estariam aquelas detectadas por Richard Sennett nas sociedades urbanas[7], que se unem de forma muito emocional, quase se fundindo ao grupo, diante de um inimigo externo. O desenraizamento pode dar origem a reações exageradas, como a afiliação a grupos que oferecem esses pertencimentos patológicos: fundamentalismos, seitas, grupos neonazistas, *skinheads* etc.

Na década de 1980, Robert Bellah[8] observou o enfraquecimento e a privatização das "comunidades de memória". Ele viu uma proliferação de "locais

---

5. TAYLOR, CHARLES, *A secular era*, Cambridge-London, The Belknap Press of Harvard University Press, 2007, 539. [Trad. bras.: *Uma era secular*, São Leopoldo, Editora Unisinos, 2010.] Bajoit também detecta o aumento do desinteresse pela religião e a erosão do vínculo com a instituição eclesial. Cf. BAJOIT, *El cambio social*, op. cit., 121ss. [Trad. bras.: *Tudo muda. Proposta teórica e análise da mudança sociocultural*, Ijuí, RS, Ed. Unijuí, 2006.]

6. Cf. TAYLOR, op. cit., 542.

7. Cf. SENNETT, RICHARD, *Vida urbana e identidade personal*, Barcelona, Península, 1977.

8. BELLAH, ROBERT N. et al., *Hábitos del corazón*, Madrid, Alianza, 1989, especialmente 103-107; 203ss.

de estilo de vida" nos quais, em vez da história compartilhada daquelas comunidades, algumas características da vida privada são compartilhadas, como modelos de aparência ou formas de organizar o lazer. Poderíamos ver esta evolução como uma mudança do modelo de comunidade para o modelo de clube. E, nesse aspecto, nossas comunidades cristãs podem ter sido afetadas.

Há alguns anos, tem-se observado um passo a mais no individualismo em comparação com o apontado por Bellah. Alguns estudos sobre a vida cívica e o voluntariado constataram na sociedade americana (e não somos muito diferentes neste aspecto) que as mudanças sociais, o individualismo, a organização do tempo, a vida familiar, as condições de trabalho etc. levaram a novas formas de cooperação. Elas substituíram as associações tradicionais, nas quais as pessoas tinham atividades em comum, se relacionavam e se conheciam, por outras novas formas de associação.

Estas novas formas, também em muitos casos voluntárias, são mais profissionalizadas, especializadas, com objetivos mais específicos, com atividades que podem ser realizadas na solidão, no tempo livre ou como trabalho remunerado durante o expediente[9]. Essa tendência obviamente afeta a Igreja e sua maneira de congregar. Poucas pessoas, com o ritmo de vida atual, podem se dar ao luxo de participar de reuniões, encontros festivos etc.

A própria liturgia da Igreja, que também vincula, torna-se frágil. Como Tocqueville já apontou, mencionando uma tendência mais geral,

> há outra verdade que me parece clara: em tempos democráticos, as religiões devem se apoiar menos em práticas externas [...]. Nada repugna tanto o espírito humano em tempos de igualdade quanto a ideia de se submeter a fórmulas particulares. Os seres humanos que vivem neste tempo são impacientes com as imagens. Os símbolos lhes parecem artifícios pueris usados para encobrir ou disfarçar verdades que seriam mais naturais se fossem mostradas nuas e à luz do dia. As cerimônias os deixam frios, e eles naturalmente tendem a atribuir apenas uma importância secundária aos detalhes da liturgia[10].

---

9. Cf. WUTHNOW, ROBERT, *Loose connections, joining together in America's fragmented communities*, Cambridge-London, Harvard University Press, 1998.

10. TOCQUEVILLE, v. II, op. cit., 27.

A tese de Byun-Chul Han é muito semelhante ao que Tocqueville previu para o futuro. Daquela poeira, surgiu esta lama. Em sua obra *La desaparición de los rituales* ["O desaparecimento dos rituais"], Han diagnostica a erosão da comunidade e outras patologias do presente. Os rituais transmitem e representam valores que mantêm uma comunidade unida e "geram uma comunidade sem comunicação, enquanto o que prevalece hoje é a comunicação sem comunidade"[11]. Ouvir em silêncio também une as pessoas e gera essa comunidade sem comunicação[12].

Os ritos "tornam o mundo um lugar confiável", "tornam o tempo habitável" ou, citando Saint Exupéry, "os ritos são no tempo o que a habitação é no espaço"[13]. E, como diz a antropóloga Mary Douglas, "um dos problemas mais sérios de nosso tempo é o enfraquecimento do relacionamento que os símbolos comuns criam". Para Han, "o desaparecimento dos símbolos refere-se à atomização progressiva da sociedade"[14]. E a atomização, a destruição de vínculos, tem sido o método para o sistema se tornar onipotente desde a era do totalitarismo.

Se acrescentarmos a isso as novas condições de trabalho e vida social, que exigem cada vez mais disponibilidade, flexibilidade e mobilidade das pessoas e, ao mesmo tempo, oferecem menos estabilidade[15], entenderemos a dificuldade de ter comunidades fortes que sejam fontes de identidade. Exigem-se das pessoas mudanças constantes. "Uma destruição inescrupulosa do vínculo força a flexibilidade. O sujeito do desempenho, isolado em si mesmo, explora-se de forma mais eficiente quando permanece aberto a tudo, quando é flexível[16]." A única âncora é o próprio indivíduo e sua própria identidade

---

11. HAN, BYUNG-CHUL, *La desaparición de los rituales*, Barcelona, Herder, 2020, 11. [Trad. bras.: *O desaparecimento dos rituais. Uma topologia do presente*, Petrópolis, Vozes, 2021.]
12. Ibid., 54.
13. Ibid., 16.
14. Ibid., 17.
15. Cf. SENNETT, RICHARD, *La corrosión del carácter*, Barcelona, Anagrama, 2000. [Trad. bras.: *A corrosão do caráter. As consequências pessoais do trabalho no novo capitalismo*, Rio de Janeiro, Record, 1999.]
16. HAN, *La desaparición de los rituales*, op. cit., 42.

subjetiva. Mas essa identidade, como nos regimes totalitários, é assediada e minada.

Para muitas pessoas, a religião hoje tem muito a ver com sentir-se bem e buscar apoio emocional, portanto, também pode haver a tentação de criar comunidades intimistas para apoio emocional. Tais comunidades não promovem a Igreja. Podemos ser tentados a baratear ou endurecer as condições de filiação como uma estratégia pastoral, mas é sempre melhor pôr as pessoas em contato com o Evangelho, com Cristo, pois dessa forma a própria Igreja é recriada.

Nas últimas décadas, surgiu um fenômeno que enfraqueceu profundamente e colocou em dúvida os vínculos com a Igreja: a história dos abusos sexuais. Nunca pediremos desculpas suficientes pelos danos infligidos a menores e a pessoas vulneráveis e indefesas que se aproximaram de representantes da Igreja em um clima de confiança e foram traídas. O pedido de perdão se refere tanto aos danos diretos quanto ao encobrimento dos abusos sexuais. Tampouco trabalharemos com afinco suficiente para criar ambientes seguros no apostolado da Igreja.

Os escândalos financeiros têm sido outra fonte de críticas que também minaram a credibilidade da Igreja. Ainda há trabalho a ser feito. Contudo, tanto a Igreja local quanto a universal buscam uma economia que esteja de acordo com sua doutrina social e que seja transparente para que os fiéis possam saber como os recursos recebidos pela Igreja são usados.

Provavelmente, nenhuma outra instituição levou mais a sério a aplicação de protocolos e o cuidado para assegurar ambientes seguros. Mas há danos. Principalmente em países tradicionalmente católicos, onde a perda de confiança na Igreja e em seus ministros rompeu um vínculo sagrado que parece difícil de ser refeito. Isso empobrece os relacionamentos nessas sociedades, ao atomizá-las ainda mais do que já são e enfraquecendo um dos vínculos que dava mais consistência à pessoa e a tornava menos vulnerável à voz do megafone do sistema.

Está claro em nosso contexto que a Igreja está sujeita a críticas e campanhas contrárias contínuas. Talvez sempre tenha sido assim. É hora de aceitar humildemente as críticas sobre o que fizemos de errado, o que não é pouca coisa. Devemos pedir perdão, especialmente se houver vítimas. Mas não devemos deixar de amar e louvar a Igreja, mais do que por suas realizações históricas, que são sempre ambíguas. Devemos amá-la e louvá-la pelo que ela é, pelo que ela significa, o corpo do Ressuscitado.

Por outro lado, não podemos apresentar como um sucesso o fato de termos ambientes seguros e contas transparentes. Isso é o que devemos ter como certo. "O conhecimento do mal não é sabedoria" (Eclo 19,22). Não é suficiente conhecer e lutar contra o mal. A Igreja busca, acima de tudo, fazer o bem, levar o Evangelho de Jesus Cristo ao mundo. Para isso, é importante, vital, reconquistar a confiança dos fiéis, o que beneficiará a sociedade. Mas ainda mais importante é recuperar o sentido do que é a Igreja. Ela não é simplesmente um clube que foi mal administrado por alguns gerentes e que merece ser eliminado. Ela é o corpo do Ressuscitado.

Redes sociais, vínculos e comunidade eclesial

Novas redes e formas inovadoras de associação, mais apropriadas para pessoas ocupadas, se encaixam no ambiente social e estão preenchendo o espaço anteriormente ocupado por essas associações mais tradicionais. Há muitas formas de comunicação e associação que dispensam a presença física. Os indivíduos estão deixando de ser *membros* e passando a buscar *conexões* com outros indivíduos ou grupos. *Ser membro* demanda muito custo em termos de tempo para reuniões, para promover o espírito de grupo, para festas e comemorações etc., e *as conexões* são suficientes. "Pode-se fazer a mesma coisa com menos tempo", argumenta-se.

A comunicação digital acentua a tendência, quando, "em vez de criar relacionamentos, ela apenas estabelece conexões"[17]. Em *Fratelli tutti*, o Papa diz que "ficamos sobrecarregados de conexões e perdemos o gosto da fraternidade. Buscamos o resultado rápido e seguro e somos dominados pela impaciência e pela ansiedade, prisioneiros da virtualidade. Perdemos o gosto e o sabor da realidade"[18].

---

17. HAN, *La desaparición de los rituales*, op. cit., 18.

18. PAPA FRANCISCO, *Frattelli tutti*, n. 33, disponível em: <https://www.vatican.va/content/francesco/pt/encyclicals/documents/papa-francesco_20201003_enciclica-fratelli-tutti.html>.

As redes sociais possibilitam que nos vinculemos de uma nova maneira e vivenciemos nossa identidade de uma nova forma. As redes sociais são ferramentas de amplificação do eu. Fazem com que nos vinculemos mais fortemente com as pessoas que estão *sentimentalmente* próximas a nós, porque elas nos seguem, dão *curtidas*... Essas redes fazem com que confiemos mais nessas pessoas do que em outras, talvez mais próximas fisicamente, que podem ser mais objetivas:

> Como a sua amiga Mari vai enganar você com o *meme* que ela enviou pelo WhatsApp em que ela avisa sobre a intenção de Bill Gates de nos implantar chips 5G por meio de vacinação? Você a ama demais! Daí a importância de você sempre se manter emocionalmente conectado com as pessoas de seu círculo, que amam você (sic), que são seus amigos (sic), que são sua família virtual (sic). A prova quantitativa está no clique, no coração do Instagram, no *like* do Facebook, no *like* do Twitter [X]. Quanto mais *likes* eu recebo, mais eles me amam [...]. Objetivos vazios e esvaziados de significado, felicidade, autorrealização, empatia, sinceridade, só podem ser alcançados mascarando-se e tornando-se uma espécie de matriosca[19], alternando suas peles de madeira conforme a situação exige [...]. A matriosca central, a pequenina, sobre a qual o resto está montado, pode se quebrar a qualquer momento. Nossa sociedade [...] nos exortou a construir um tipo de estrutura psicológica que é insustentável nesta mesma sociedade[20].

As redes sociais têm uma capacidade extraordinária de disseminar informações e criar opinião pública, de polarizar e espalhar boatos, provavelmente a maior da história da humanidade. Isso tem consequências na maneira como criamos laços, formamos comunidades e vivemos na Igreja. Ao replicar os conteúdos, um grupo se torna coeso, o que ajuda a captar a atenção original e amplifica o *contágio moral*. "Com a replicação viralizada

---

19. *Matriosca* é o nome de um brinquedo tradicional russo, que consiste em um conjunto de bonecas de tamanhos diferentes, colocadas uma dentro da outra. Também conhecida como "boneca russa", a matriosca é um souvenir popular entre os turistas que visitam a Rússia. (N. do T.)

20. GALÁN, EDU, *La máscara moral. Por qué la impostura se ha convertido en un valor de mercado*, Barcelona, Debate, Barcelona, 2022, 46-47.

da moral, a coesão do grupo amplia seus horizontes físicos[21]." Em pontos geograficamente distantes, duas pessoas defendem a mesma causa.

Esse contágio moral está por trás dos processos de polarização, pois uma moral é expressa e se confronta com outras. Os processos de contágio moral geram uma coesão que é fruto da replicação de mensagens. As identidades podem ser máscaras morais. Dificilmente podemos pensar em tais relacionamentos para construir a Igreja e a comunhão nela. Mas devemos levá-las em conta quando quisermos construir a Igreja, a fim de aproveitar as possibilidades oferecidas pelas redes sociais e superar os problemas que elas apresentam, especialmente em termos de criação de opinião pública em tempos de pós-verdade.

Quando não há referências comuns, quando não há contextos compartilhados e os significados não são mais comuns, o testemunho cristão se torna problemático. O que é o testemunho cristão em tempos de pós-verdade? Por outro lado, com a mistura da "vida real" e da "vida virtual", própria deste tempo das redes sociais, estamos assistindo a uma grande dissimulação, na qual reina a falsidade[22]. O que pode ser, então, testemunhar a vida do Ressuscitado que dá origem à Igreja? Isso não será possível sem criar contextos nos quais esse testemunho seja compreensível e relevante, e sem fortalecer as comunidades, que são os recipientes que abrigam formas de vida.

É óbvio que esse desenvolvimento do enfraquecimento de nossos vínculos descrito enfraquece a Igreja. É uma tendência social que nos condiciona. Isso não apenas enfraquece a Igreja e qualquer comunidade, mas também enfraquece cada pessoa que vive nessas sociedades, à medida que ela se permite ser moldada e aceita ser "a pessoa da média estatística". Esse desenvolvimento tende a nos tornar mais inconsistentes.

Por outro lado, o processo que estamos descrevendo desde a Primeira Semana dos Exercícios nos torna conscientes, sujeitos livres com um senso do outro, se entrarmos em sua dinâmica. Ele nos retira progressivamente do rebanho e de sermos a média das estatísticas. Ele está nos constituindo,

---

21. Ibid., 64.
22. Esta é a tese do livro de Edu Galán.

dando-nos consistência, liberando camadas cada vez mais profundas de nossa liberdade. Ele nos ensina a ler onde estamos, fornecendo pistas para sabermos o que está acontecendo conosco, fornecendo uma cartografia interna.

Dessa forma, podemos ser pessoas guiadas por dentro, com um senso do contexto que nos cerca e, às vezes, nos agita, acolhendo o que nos ajuda e rejeitando o que nos distancia do nosso fim. Assim, nos conectamos com nós mesmos, a partir das profundezas de nossa pessoa, e nos tornamos capazes de escolhas conscientes e livres, de compromissos estáveis e de vínculos fortes. E, por meio do hábito de examinar o que acontece dentro de nós e o que nos afeta externamente, nos tornamos capazes de aprender com os erros e enganos e corrigir nosso rumo.

O encontro com o Ressuscitado nos ajuda a aceitar nossa própria verdade e fragilidade. Ele nos reabilita para o seguimento, para o serviço e para a comunidade naquilo que precisamos. Ele nos envia para construir o "nós", a comunidade, guiados pelo Espírito. Aqueles que encontram o Ressuscitado saem com uma missão e fortalecem a Igreja. As regras que Inácio nos propõe para sentir com a Igreja nos levam a construir um "nós" despojado de amor-próprio, ouvindo uns aos outros, reconciliando, unindo, ajudando os outros, incorporando, quebrando polarizações.

Que vínculo fortaleceria a Igreja?

É evidente que, em geral, no Ocidente, para a maioria, a Igreja perdeu seu poder configurador. Também se pode dizer que as comunidades cristãs perderam o poder de moldar os sujeitos. Entretanto, essa é sua vocação e é o resultado quando uma experiência cristã está bem enraizada no sujeito. Por outro lado, em livros sobre o mal-estar dos sacerdotes, observa-se com frequência que o uso instrumental dos sacramentos e da própria Igreja que o sacerdote se vê obrigado a fazer, ou geralmente faz, é um dos motivos desse mal-estar. Isso pode se tornar uma parte importante de seu trabalho e, em longo prazo, pode minar sua fé no ministério[23].

---

23. Cf. DAUCOURT, GÉRARD, *Preti spezzati*, Bologna, EDB, 2021, 18-19.

Uma maneira comum de estabelecer vínculos, que é útil em algumas áreas mas não para a Igreja, embora às vezes se estenda a ela, é o *vínculo instrumental*. Quando criamos um vínculo instrumental, temos uma motivação de interesse próprio. O grupo ao qual nos ligamos pode não ter nenhuma relação com quem somos. De fato, posso ser um criminoso ou uma pessoa honesta: só vou lá pelo que me interessa. Se me pedirem para colaborar com o funcionamento do grupo, eu o encaro como um pedágio a ser pago para satisfazer meus objetivos, que é o que me interessa. Só cooperarei e participarei de coisas comuns se isso atender aos meus interesses individuais.

A Igreja, com seus sacramentos, pode ser instrumentalizada para fazer com que algumas cerimônias pareçam boas ou para satisfazer as expectativas sociais, mas aqueles que a utilizam não se sentem realmente parte dela. A comunidade permanece externa aos objetivos e interesses dos indivíduos, que são gerados em outro contexto. Poderíamos pensar em comunidades cristãs em que as pessoas se reúnem mais para satisfazer algumas necessidades ou interesses particulares, enquanto as coisas importantes da vida se referem a outro contexto.

Às vezes, os indivíduos dão um passo além em sua ligação e compartilham certos fins com outros, deixando a comunidade entrar mais em suas vidas ao afetar seus sentimentos. Estou me referindo ao *vínculo sentimental*. Isso inclui alguns objetivos compartilhados; a cooperação com a comunidade não é um mero pedágio a ser pago, mas pode ser vista como algo bom em si mesmo. Os interesses individuais não são antagônicos. Eles também podem ser complementares ou sobrepostos.

Nem todas as motivações são egoístas. Também é possível promover o interesse de outras pessoas e até mesmo fazer alguns sacrifícios por elas. O *vínculo sentimental* é parcialmente interno aos sujeitos, pois atinge os sentimentos daqueles que participam do esquema cooperativo. Esse tipo de comunidade e vinculação provavelmente se tornou mais frequente nos grupos da Igreja atualmente.

Mas um vínculo sentimental ainda é individualista, ainda pressupõe interesses que são concebidos fora da comunidade. O sujeito *é constituído* fora da comunidade. Mesmo que ele participe e compartilhe partes de si mesmo com a comunidade, ele sempre permanece externo a ela. A comunidade não lhe traz novos fins. Considere o que pode ser a formação na vida religiosa, um mês de Exercícios ou simplesmente a Igreja, se o modo de ligação e pertencimento do indivíduo for meramente instrumental ou sentimental. A Igreja, mãe e mestra, não é nem uma coisa nem outra. O sujeito se dedica a atividades espirituais ou religiosas, mas elas não o tocam naquilo que ele é: ele permanece externo.

A pretensão da Igreja, da vida religiosa, dos *Exercícios Espirituais* e das comunidades cristãs é *constituir identidade* e vincular constitutivamente; tornar-se uma parte importante da identidade dos indivíduos. Cristo não é, e não pode ser, apenas mais uma coisa, mas o fundamento da pessoa. É o *vínculo constitutivo* que realmente molda um senso de pertencimento. Chegado o momento, o indivíduo descobre que seus propósitos e seu ser são *constituídos*, pelo menos em parte, por essa comunidade.

Dizemos que a Igreja é "mãe": ela nos gera na fé e nos constitui. A pessoa não pode responder à pergunta "quem sou eu?" sem mencionar a comunidade. Nela, ela estabeleceu um relacionamento que a constitui. A comunidade proporciona uma forma de autocompreensão, parcialmente constitutiva da identidade da pessoa que dela participa.

Diferentemente do modelo instrumental e do sentimental, aqui o indivíduo não permanece externo à comunidade. A comunidade não apenas define o que o indivíduo "tem" ou o que ele "quer", mas também, parcialmente, o que ele "é". Não se trata simplesmente de uma associação voluntária que é construída, pois há também um vínculo que é descoberto e nos constitui. Não se trata apenas de um atributo, mas de um elemento constitutivo da identidade[24].

Nem tudo conta, mas também não podemos nos colocar como juízes que descarregam o julgamento de Deus em uma Igreja com tantas manchas, pois o julgamento de Deus é sempre misericordioso. Às vezes, em nossa maneira de falar, fica evidente que não entendemos a natureza da Igreja. Pertencer à

---

24. Cf. SANDEL, *Liberalism...*, op. cit., 150. Cf. BELL, DANIEL, *Communitarianism and its critics*, New York, Oxford University Press, 1996 (1ª ed. 1993), 94ss.

Igreja não é escolhê-la por nós mesmos, mas permitir que sejamos escolhidos e chamados por Deus para sermos membros de sua herança. Pertencer é uma dádiva que nos é concedida. Em vez de explicar por que não a abandonamos, devemos ser gratos por ela não nos ter abandonado.

As Regras para Sentir com a Igreja são a última etapa do discernimento em que os *Exercícios Espirituais* nos formam. A jornada é uma ajuda para nos constituirmos como sujeitos espirituais. Para vivermos aquilo para o qual fomos criados. Para sermos interlocutores de Deus. Para vivermos em comunhão com Ele, com os outros e com a criação. Toda a jornada de oração e discernimento, ou a discrição dos espíritos, como Santo Inácio gostava de dizer, nos constitui. Uma das maneiras pelas quais a Igreja nos constitui é por meio dos *Exercícios Espirituais*.

Experiência pessoal e Igreja

Há algumas décadas, buscava-se a mudança das estruturas. Mais recentemente, em um contexto individualista e narcisista como o nosso, ou "na cultura do eu", como também tem sido chamada, caminhamos para uma religiosidade mais íntima ou intimista. Em nossos dias, há um grande desejo de interioridade e espiritualidade. Muitas dessas buscas, que se baseiam em parte no contexto religioso geral e em parte no contexto religioso cristão, estão muito centradas no eu e buscam alguma forma de autossalvação.

Em tal contexto, os sentimentos e as experiências pessoais provavelmente serão ampliados, e não é improvável que a pessoa se feche em si mesma. Já falamos sobre a heresia messaliana e a espiritualidade da *euforia*, na qual, quando se tem "o sentimento do Espírito", a Igreja é supérflua, os sacramentos são supérfluos e o estado de euforia é valorizado. As Regras para Sentir com a Igreja serão "música de outro planeta", sem ser compreendida nem ter nada a dizer. Mas essa não é toda a realidade.

Inácio de Loyola, em certo sentido, retoma a melhor parte do individualismo nascente da cultura renascentista: a experiência pessoal, a possibilidade de um encontro pessoal e imediato com o criador. "Os *Exercícios* partem da ideia de que é possível encontrar Deus imediatamente e procuram realizar esse encontro sem intermediários (EE 15) (e oferecem um caminho e uma ordem para que esse encontro ocorra)[25]."

Hoje em dia, dificilmente podemos propor a fé de uma forma que não seja personalizada, que não se refira a uma experiência pessoal. Isso não significa que cada pessoa adapte sua fé de acordo com o que lhe convém e o que não lhe convém. A personalização da fé é mais para nos tornar responsáveis por ela. E uma fé pessoal não dispensa a Igreja, nem é indiferente à forma como a Igreja é percebida, mas assume a responsabilidade pelo que é comum.

Uma experiência pessoal não precisa absolutizar o indivíduo, pois "é a comunidade eclesial que deve ser capaz de reconhecer tal experiência como uma verdadeira experiência de Deus"[26]. Na visão inaciana, o papel da Igreja está centrado em ser objetivadora da experiência de Deus e sua potenciadora. Para Diego Molina, isso tem a ver com os títulos usados por Inácio: "Esposa de Cristo" e "nossa mãe".

Por outro lado, desde Moisés (Êxodo 3) sabemos que, quando nos aproximamos da sarça ardente, o Senhor tem em seu coração o clamor de seu povo, ao qual Ele nos envia. A experiência espiritual autêntica nos abre para os outros, não nos fecha em nós mesmos. Em nossa tradição, não há experiência espiritual sem ser encarnada e transformada em serviço aos outros. E, quando a experiência espiritual é autêntica, o mesmo Espírito, que está em todas as coisas, leva à encarnação, ao serviço para o bem dos outros.

Já mencionamos como Inácio sugere a interpretação da experiência quando é o próprio Deus, o Absoluto, a última de todas as realidades, que vem ao nosso encontro na experiência. Quando "o Senhor move e força nossa alma a uma operação ou outra, abrindo nossa alma. Isto é, falando dentro dela sem nenhum ruído de vozes, elevando-a toda ao seu divino amor e a nós ao seu sentido, mesmo que quiséssemos, não poderíamos resistir"[27].

---

25. MOLINA, DIEGO, La vera esposa de Christo nuestro Señor [*Ej* 353]. La Iglesia en la dogmática ignaciana, in: URÍBARRI BILBAO, GABINO (ed.), *Dogmática Ignaciana. "Buscar y hallar la voluntad divina" [Ej 1]*, Santander-Bilbao-Madrid, Sal Terrae-Mensajero-Universidad Pontificia Comillas, 2018, 411-436, aqui 425.

26. Ibid.

27. Texto da carta no anexo.

Como já vimos, na carta a Teresa Rejadell, Inácio propõe que o sentido da experiência inefável, da experiência espiritual que vem de Deus, devemos acolhê-lo conformando-nos "aos mandamentos, aos preceitos da Igreja e à obediência de nossos anciãos". O motivo: "Porque o mesmo Espírito divino está em tudo". "A Igreja é uma garantia, não um substituto para a ação do Espírito. Ela não o suplanta, nos oferece um quadro de referência dentro do qual podemos acertar em tudo[28]." O processo de encarnação e concretização histórica do que é experimentado pessoalmente é um processo eclesial. Poderíamos dizer que a Igreja tem um sedimento de experiência que nos ajuda a discernir e acolher as experiências pessoais.

O cristão pode encontrar Deus, o *último*, e Ele pode lhe mostrar sua vocação e missão específicas. Mas, mesmo que possamos experimentar *o último*, só podemos expressá-lo *de forma penúltima*. O último, como tal, é inefável. Essa inefabilidade deve ser traduzida em algo *penúltimo* que, embora não diga o que é o último, o mostre, o indique. Essa é a tarefa do discernimento: examinar o que foi vivenciado e decidir sobre a *congruência*[29] do último experimentado com sua concretização histórica, penúltima, em alguma forma de testemunho.

Assim, aquilo que foi "falado sem som de vozes" e que moveu a alma à pura disponibilidade "elevando tudo ao seu divino amor", continua a fazê-lo não na inefabilidade do "sem som de vozes", mas na realização histórica de escolhas concretas. Isso ocorre nas mais diversas formas religiosas, nos lugares mais escondidos ou com os mais diversos estilos de comunidade, à medida que o Espírito se move, dando origem a um testemunho que remete para fora de si próprio, para Alguém maior que a própria pessoa.

Nas Regras da Segunda Semana, vimos que a maneira de aterrissar a experiência é entrar em harmonia com a Encarnação do Verbo. Na carta a Rejadell, Inácio propõe dois limites para a interpretação dessa experiência, de modo a não a aumentar nem diminuí-la. Acolhê-la de uma forma que esteja de acordo

---

28. MOLINA, op. cit., 428.
29. O termo *congruência* é o usado por RAHNER, KARL, *Lo dinámico en la Iglesia*, Barcelona, Herder, 1963, 173.

com os mandamentos e a Tradição da Igreja impede uma ampliação iluminista da experiência pessoal. A razão é que *o mesmo Espírito divino está em tudo*.

Por outro lado, Inácio adverte sobre outro possível engano. Esse consiste em diminuir o dom, "diminuir a lição recebida", de modo que "não cumprimos tudo o que nos foi mostrado". Não aterrissar suficientemente a experiência. Nesse caso, adverte Inácio: "É preciso mais advertência que em todas as coisas". O critério são os outros. "Pois nisso precisamos olhar mais para o sujeito dos outros do que para os meus desejos."

É importante prestar atenção à chamada de atenção de Inácio: "É preciso mais advertência do que em todas as coisas". Mais uma vez, a encarnação é o limite desse movimento interpretativo; se antes estava na visibilidade da Tradição, agora está na visibilidade dos outros. "Para o bem dos outros", é necessário que essa inefabilidade experimentada 'sem nenhum som de vozes' se torne discurso, ações, testemunho, formas religiosas concretas. Precisa se encarnar. Quando Inácio fala da Igreja hierárquica, ele está se referindo a toda a Igreja: à hierarquia sagrada e ao sujeito dos outros. E é precisamente a este último, como veremos nas Regras para Sentir com a Igreja, que ele atribui o maior interesse[30].

Quando uma experiência de Deus é expressa *de forma congruente* na história, no mundo, nas formas concretas de vida, no testemunho, ela pode se tornar presente ou mostrar o que foi experimentado. Os diferentes testemunhos, sem serem absolutos, podem mostrar o Absoluto. E, quando se trata de um grupo, os estilos de vida de cada família religiosa, sem serem absolutos, podem mostrar o Absoluto.

Hugo Rahner encontrou um elemento comum nas personalidades criativas da vida espiritual, como Bento, Francisco ou Inácio. Hugo Rahner se

---

30. Talvez essa seja a leitura que Paulo tenha feito do Concílio de Jerusalém. Diante das discussões doutrinárias com a hierarquia de Jerusalém, ele coloca o sinal da comunhão na solidariedade com os outros. "Estenderam as mãos a mim e a Barnabé em sinal de comunhão: para nós, os pagãos; para eles, os judeus. Devíamos somente lembrar-nos dos pobres, coisa aliás que me esforcei por fazer" (Gl 2,9-10). Daí a importância que Paulo dará à coleta para os santos de Jerusalém. A solidariedade com os outros é a prova da comunhão eclesial.

perguntava como era possível que as criações desses homens, que foram moldadas a partir de um ideal vislumbrado ou contemplado em uma graça mística pessoal especial, pudessem se encaixar na Tradição de forma tão surpreendente. Assim, entre a originalidade, ou seja, a falta de tradição da criação mística, e a Tradição estabelecida, há uma harmonia que parece ser pré-estabelecida.

Hugo Rahner enfatizou que o Espírito Santo tem um efeito sobre as almas que buscam sua energia. Ao mesmo tempo, "o mesmo Espírito molda a visibilidade histórica da Igreja, em relação à qual, então, a autenticidade dessas criações místicas deve sempre ser confrontada"[31]. É isto que Inácio deixará claro nas Regras para Sentir com a Igreja: que é o mesmo Espírito, o da experiência pessoal e mística e o que guia a Igreja visível.

Permanece, então, como critério para a verificação da experiência espiritual que a graça de Deus recebida se encarne na Igreja, uma vez que é o mesmo Espírito que está na origem de ambas. Para além das contingências epocais, há uma comunhão entre as pessoas que são dotadas do Espírito de todos os tempos: que a experiência do Espírito, sendo do Espírito de Cristo, se encarne e institucionalize eclesialmente de diferentes maneiras, de acordo com o momento histórico. A experiência espiritual de Bento, Francisco, Clara, Domingos, Catarina, Inácio, Teresa e de tantas outras pessoas ocorreu em diferentes momentos históricos e em contextos de crise na Igreja. Um critério para a autenticidade dessas experiências, que começaram como experiências individuais, é que elas encontraram (ou acabaram encontrando, depois de sofrerem alguma incompreensão) expressões concretas e renovadoras dentro da Igreja, em diferentes ordens ou famílias religiosas. Basicamente, é o critério da encarnação conduzida pelo Espírito de Cristo: o discernimento.

Ninguém ignora que o caminho pode ser árduo e cruciante. Dom Romero tomou como lema de seu episcopado a expressão "sentir com a Igreja"[32].

---

31. RAHNER, HUGO, *Ignacio de Loyola, el hombre y el teólogo*, Santander-Bilbao-Madrid, Sal Terrae-Mensajero-Universidad Pontificia Comillas, 2019, 200-201. Cf. também, do mesmo autor, *Ignacio de Loyola y su histórica formación espiritual*, Santander, Sal Terrae, 1955. Trad. port.: *Inácio de Loyola. Homem da Igreja*, Porto, Tavares Martins, 1956.

32. Cf. MARCOUILLER, DOUGLAS, *El sentir con la Iglesia de Monseñor Romero*, Santander, Sal Terrae, 2004.

Ele pertencia à hierarquia da Igreja, estava comprometido com o sofrimento de seu povo e, às vezes, sentia-se dividido pelo desejo de sentir com a Igreja. De um lado, estava a lealdade ao seu povo, a quem ele servia e via sofrer, a quem ele defendia, cuja realidade ele sentia intensamente e, de outro lado, estava a hierarquia do Vaticano e a de seu próprio país, a quem ele amava, com quem queria manter a comunhão, mas que achava difícil entender a situação do povo e parecia estar mais do lado daqueles que o exploravam e subjugavam.

O que nos resta é seu exemplo de fidelidade ao seu povo e à Igreja. Ele teve de viver em meio ao sofrimento, com dor, mas sem romper os laços. Sendo hierarquia, em comunhão com ela e servindo ao povo. "O mesmo Espírito está em todas as coisas", mas às vezes isso, em nossa história demasiadamente humana, significa a cruz. Hoje ele é um santo da Igreja:

> Nesta comunhão de amor que é o corpo de Cristo, sua Igreja, às vezes são introduzidas inconsistências que causam muito sofrimento. Devemos, então, fugir dessa comunhão? Nunca! Não podemos deixar de vir do outro lado do mundo, se necessário, para discernir o milagre de uma presença, a de Cristo, o Ressuscitado (Irmão Roger de Taizé).

2. As regras: "Para o verdadeiro sentido que devemos ter na Igreja militante"[33]

Não são regras do mínimo que se pode pedir a um católico, mas a expressão de uma verdadeira mística da Igreja, de profunda afeição, marcada pelo total esvaziamento de si mesmo em direção à plena união. São regras dirigidas ao exercitante que vive em uma situação difícil. São regras de discernimento para adquirir e expressar uma atitude de amor pela Igreja histórica e concreta. O campo de aplicação dessas regras não é mais o eu interior, mas

---

33. Na exposição das regras, vou me basear livremente em ARZUBIALDE, SANTIAGO, *Ejercicios Espirituales de san Ignacio. Historia y análisis*, Bilbao-Santander, Mensajero-Sal Terrae, 1992, 803-836 e COATHALEM, op. cit., 296-307. GUILLÉN; ALONSO; MOLLÁ, op. cit., 135-147.

a Igreja. Nela se insere o exercitante, uma vez terminados os *Exercícios*. É o contexto de nossa vida cristã.

Dois exemplos da vida do peregrino ilustram sua maneira pessoal de "sentir com a Igreja"

A experiência de Inácio nos ensina que o discernimento não é meramente uma experiência individual. É sempre eclesial. Em 1523, Inácio foi para a Terra Santa. Ele acreditava que estava indo para o martírio, convencido de que seu discernimento pessoal o levaria até lá e que deveria permanecer lá para ajudar as almas. O superior dos franciscanos, representando a Igreja, o impediu de ficar. Isso é o mesmo que dizer que a Igreja não compartilha de seu discernimento. Inácio parte em sua viagem de volta. Como entre Cristo, nosso Senhor, e sua esposa, a Igreja, é o mesmo Espírito que nos governa para a saúde de nossas almas, ele obedece ao vigário de Cristo para acertar em tudo.

Em 1539, Inácio e seus companheiros, após um longo discernimento em comum, escreveram as linhas gerais de sua espiritualidade, incorporadas na *Fórmula* do que viria a se tornar o novo Instituto religioso. Ela condensava o que eles haviam experimentado como um chamado de Deus para vivê-lo no futuro. Essa *Fórmula* é o fruto da escuta do Espírito como um grupo. Inácio confia o resultado do discernimento do grupo a Paulo III. (Ele também se movimenta oferecendo missas e conversando com cardeais para abrandar aqueles que se opõem.)

Inácio não ignora a corrupção da Igreja de seu tempo. A quem Inácio submete sua busca por Deus e a de seus companheiros é um Papa de caráter moral duvidoso: com quatro filhos, dois dos quais ele nomeou cardeais, com 14 e 17 anos. Inácio não ignora o que está acontecendo na Igreja, na corte papal, no clero, a corrupção e a negligência em todas as áreas. Inácio não fecha os olhos para as falhas que podem afetar a Igreja. Mas sua maneira de falar da Igreja é sempre inspirada pelo amor: "Deixando de lado todo o juízo próprio, devemos estar prontos e dispostos a obedecer em tudo à verdadeira Esposa de Cristo, nosso Senhor, que é nossa santa mãe, a Igreja hierárquica". Com todas as suas falhas e misérias, ela é um organismo social animado pelo Espírito Santo.

A mística de Inácio sobre a Igreja é muito realista. Inácio não é ingênuo. Não é que, quando Inácio e seus primeiros companheiros fizeram do Papa o superior da Companhia, eles pensaram, por exemplo, que o papado estava com melhor saúde do que o resto da cristandade. Uma das frases de Inácio alcançou sucesso: "Se o Papa reformasse a si mesmo e sua casa, e os cardeais em Roma, ele não teria mais nada a fazer, e tudo o mais seria feito na sequência"[34]. Mas ele não enfrentou a Igreja como um rebelde, mas como um apaixonado, precisamente porque a viu coberta de feridas. Essa espiritualidade dá à jovem Companhia a força a ser sempre construtiva em sua missão de servir a Deus e ao vigário de Cristo na terra. Tem como visão a união e a harmonia em uma Igreja dilacerada por posições unilaterais.

Sentir *com* ou *na* Igreja não é apenas sentir com a autoridade da Igreja, com a hierarquia, mas também com o povo, prestando atenção à sua sensibilidade para ajudar e nunca escandalizar. Para Congar, "sentir com a Igreja não se refere primordialmente à pura obediência às determinações da autoridade eclesial. Quando Inácio se refere à Igreja, ele não se refere à hierarquia isolada do corpo de fiéis"[35]. Como vimos na carta a Teresa Rejadell, Inácio não perde de vista "o sujeito dos outros [que] é mais importante do que meus desejos" quando se trata de aterrissar a experiência de Deus.

De Inácio ao Vaticano II

As regras que vamos comentar requerem uma primeira interpretação ou adaptação. Em uma eclesiologia do Vaticano II, na qual se enfatiza a Igreja como comunidade de batizados, seria necessário reformular a divisão povo pequeno entre maiores e menores[36] tão presente nas regras e na visão inaciana. O *sensus fidei* nos impede de fazer uma separação rígida entre *Ecclesia*

---

34. *Memoriale seu diarium Patris Ludovici González de Cámara*, FN I, Roma 1943, n. 343, citado por MOLINA, op. cit., 417.
35. MADRIGAL, SANTIAGO, *Estudios de Eclesiología ignaciana*, Madrid, DDB-Universidad Pontificia de Comillas, 2002, 15.
36. Cf. MADRIGAL, op. cit., 172-173.

docens e *Ecclesia discens* (Igreja que ensina e Igreja que aprende), pois até mesmo o rebanho tem seu "'faro' para os novos caminhos que o Senhor abre para a Igreja"[37].

A Lumen gentium mostrou uma nova face com a passagem da Igreja piramidal da cristandade para a visão da Igreja como o Povo de Deus (LG 9) e o sacramento universal da salvação[38]. A lógica arquitetônica dos três primeiros capítulos dessa constituição conciliar já aponta nesta direção: Mistério (capítulo 1), Povo de Deus (capítulo 2), Constituição hierárquica (capítulo 3), revelando que no desígnio histórico da salvação a hierarquia está a serviço do Povo de Deus (LG 27).

Nessa linha, sem renunciar à sua constituição hierárquica, como mostra o capítulo 3, a sinodalidade expressa a condição de sujeito que corresponde a toda a Igreja e a todos na Igreja (LG 31). Todos os batizados participam do único sacerdócio de Cristo (LG 1) e recebem os carismas do Espírito Santo (LG 12). Portanto, no Povo profético, sacerdotal e real de Deus, todos são sujeitos ativos, discípulos e missionários, chamados a proclamar e testemunhar o Evangelho (LG 10)[39]. Isso não anula a diversidade e a hierarquia dos carismas na Igreja.

Por outro lado, a consideração de outras confissões cristãs e até mesmo de religiões não cristãs mudou consideravelmente com o Concílio Vaticano II. Elas não serão mais consideradas idolatrias ou superstições. Ele reconhece nas outras religiões "seus esforços para responder de várias maneiras à inquietação do coração humano":

> A Igreja Católica não rejeita nada do que é verdadeiro e santo nessas religiões. Ela considera com verdadeiro respeito suas formas de agir e viver,

---

[37]. PAPA FRANCISCO, Discurso por ocasião da comemoração do 50º aniversário da instituição do Sínodo dos Bispos, disponível em: <https://www.vatican.va/content/francesco/pt/speeches/2015/october/documents/papa-francesco_20151017_50-anniversario-sinodo.html>.

[38]. Cf. LG 1, 48, 59; GS 45; AG 1, 5.

[39]. Cf. MADRIGAL, SANTIAGO, *Conferencias episcopales para una Iglesia sinodal*, Santander, Sal Terrae, 2020, 134.

seus preceitos e doutrinas, que, embora difiram em muitos aspectos do que ela professa, muitas vezes refletem um vislumbre daquela verdade que ilumina todos os homens e mulheres[40].

A própria Declaração *Nostra aetate* apela para a fraternidade universal, pois "não podemos invocar Deus, o Pai de todos, se nos recusamos a nos comportar fraternalmente com algumas pessoas, criadas à imagem de Deus"[41]. O fato de a Igreja trabalhar pela fraternidade universal não a coloca, como alguns querem, na condição de "religião da humanidade"[42]. Isso não nega que a chamada religião da humanidade tenha seu "mercado" na atualidade, pois, como vimos, a fé sem encarnação e as espiritualidades difusas não faltam em nosso meio.

O fato de a Igreja falar de justiça social ou fraternidade global não é uma corrupção da verdadeira fé ou razão. De fato, podemos concordar que a religião da humanidade tem muitos aspectos que podem ser criticados, podemos até vê-la como um ídolo, como faz Manent. Mas não podemos aceitar a atribuição dessa religião à Igreja Católica e ao Papa.

Nada poderia estar mais longe da verdade do que a afirmação de que a Igreja dilui a mensagem cristã em uma religião da humanidade. A encíclica *Fratelli tutti* está repleta de nuances positivas. A fraternidade não é feita de átomos isolados. É necessário nos constituirmos como pessoas e comunidades, como Igreja, para construir a fraternidade e romper os círculos que nos distanciam cada vez mais uns dos outros. É necessário ter raízes, ter relações de pertencimento, vínculos entre iguais e entre diferentes e laços entre gerações. A falta disso é viver em um estado de alienação, como se não fôssemos quem somos (FT 53). A Igreja não se dilui na fraternidade universal, mas é também uma comunidade que procura se constituir interiormente, cultivar a pertença, para poder contribuir com a fraternidade:

---

40. Concílio Vaticano II, *Declaração Nostra aetate*, n. 2.
41. Ibid., n. 5.
42. Cf. Manent, Pierre, *The religion of humanity. The illusion of our times*, South Bend (Indiana), St Augustine Press, 2022.

Também "os crentes precisam encontrar espaços para conversar e agir juntos para o bem comum e a promoção dos mais pobres. Não se trata de todos nós sermos *mais light* ou de esconder nossas próprias convicções pelas quais somos apaixonados para poder nos encontrar com outros que pensam de forma diferente [...]. Porque, quanto mais profunda, sólida e rica for uma identidade, mais ela poderá enriquecer os outros com sua contribuição específica". Nós, crentes, somos desafiados a voltar às nossas fontes para nos concentrarmos no que é essencial: a adoração a Deus e o amor ao próximo, para que alguns aspectos de nossas doutrinas, fora de seu contexto, não acabem alimentando formas de desprezo, ódio, xenofobia, negação do outro (FT 282).

O verdadeiro sentido

As regras não são normas ou receitas para casos específicos, mas têm a intenção de criar uma atitude, de alimentar um sentir interior, o "verdadeiro sentido". Trata-se de uma Igreja pecadora, com conflitos internos e escândalos, fruto da pequenez humana. Agora é hora de aprender a amar o imperfeito em nós mesmos e nos outros. É ali que Deus trabalha e é ali que Ele está.

Ao chamá-las de *regras*, estamos nos valendo de uma riqueza de sabedoria, fruto da experiência pastoral e eclesiástica. *O sentir*, como já vimos, não é mero conhecimento intelectual ou simples emocionalismo, mas conhecimento impregnado de afeto, fruto de uma experiência espiritual que envolve toda a pessoa. Esse sentir designa "um conhecimento real, assimilado, degustado e, por assim dizer, conaturalizado com o objeto"[43]. O discernimento, que nos ensina a sentir para nos deixarmos conduzir pelo sentir interior em sintonia com a Encarnação de Deus, nos ajudará agora a sentir em sintonia com o amor fiel de Deus na Igreja, habitada pelo mesmo Espírito de Cristo.

Se não acreditarmos que entre Cristo, o esposo, e a Igreja, a noiva, é o mesmo Espírito que nos governa, não fará muito sentido apelar para a obediência. Portanto, "o verdadeiro *sentido* tem essa dupla modalidade: a união afetiva com relação à Igreja 'mãe' e a disposição e prontidão para a

---

43. COATHALEM, op. cit., 300.

obediência"⁴⁴. O verdadeiro *sentido* é sentir em sintonia com a fidelidade de Deus, com seu Espírito.

Não damos nossa vida, nem obedecemos, a ideias, *slogans* ou declarações verdadeiras, mas a um Deus fiel, a Cristo, cujo sacramento é a Igreja. Nosso relacionamento com a Igreja não é externo, é interno. *O verdadeiro sentido* é como nos sintonizarmos com o Espírito que a esposa de Cristo tem sentido dentro de si há tantos séculos e que agora vem a mim depois que os impedimentos no processo dos Exercícios foram removidos. Esse é o objetivo das regras. O Espírito sempre conduz à encarnação.

O contexto histórico das regras é perceptível nelas. Há três grupos críticos na época: 1) Os alumbrados, que afirmavam ter uma ligação direta com Deus, ignoravam o dogma e consideravam a Igreja sem importância. 2) A Reforma, que negava pontos fundamentais da doutrina católica. 3) Os católicos críticos, sarcásticos em relação à Igreja, que lançavam dúvidas e confusão sobre as pessoas simples. Eles pretendiam reformar, mas com métodos destrutivos. Inácio não é polêmico, mas no pano de fundo das regras é possível vislumbrar o momento histórico em que foram escritas. Todos esses movimentos criaram confusão entre o povo simples, sendo este o mais prejudicado. Inácio presta muita atenção a isso.

Sentir com e sentir na Igreja

Os títulos das regras nas versões em espanhol e em latim dos *Exercícios* não coincidem. Em espanhol é: "*Para el sentido verdadero que en la Iglesia militante debemos tener se guarden las reglas siguientes*" [para o verdadeiro sentido que devemos ter *na* Igreja militante, as seguintes regras devem ser observadas]. Em latim, é: "*Regulae aliquot servandae ut* cum *orthodoxa Ecclesia vere sentiamus*" [Algumas regras a serem observadas para que possamos sentir verdadeiramente *com a* Igreja ortodoxa]. A diferença que tem concentrado a discussão dos autores é uma questão de preposições: sentir *com a* Igreja ou sentir *na* Igreja.

---

44. MADRIGAL, *Estudios de Eclesiología ignaciana*, op. cit., 225.

As duas traduções ou fórmulas expressam dois acentos. Sentir *com* tem sido entendido como um sentimento de viés mais frio e jurídico (Coathalem) ou como um apelo a um conformismo a uma regra externa, a algo objetivo que resiste a qualquer subjetivação (Congar). No entanto, podemos relacionar esse "sentir com" aos *Exercícios*, onde pedimos para sentir a comunhão *com Cristo* em sua dor e em sua alegria, em vários momentos ao longo dos mesmos (EE 147, 167, 203, 221). Fomos educados na sensibilidade da comunhão com Cristo.

Do sentir com Ele, que pedimos em certos momentos dos Exercícios, passamos à união com a Igreja, ao sentir *com a* Igreja, seu Corpo, sua esposa, pois o Espírito que conduziu Jesus ainda está presente, em meio a imperfeições e conflitos, e conduz sua Igreja. De Cristo conhecido, amado e seguido, segue-se uma dupla fidelidade: ao Espírito (Regras de Discernimento) e à Igreja (Regras para Sentir com a Igreja). Não são duas fidelidades, mas uma só, pois *o mesmo Espírito está em tudo*.

Sentir *com a* Igreja pode ser visto como uma realização prolongada do Terceiro Modo de Humildade (EE 165-167) e da Terceira e Quarta Semanas dos Exercícios. Sofrer e se alegrar com Cristo e com a Igreja. Os Modos de Humildade (EE 165-167), que são três níveis de amor, também podem ser aplicados ao amor à Igreja. Há um amor de respeito, um amor de amizade e um amor louco. Poderíamos também distinguir os três tipos de amor propostos por Santo Agostinho e aplicá-los ao amor à Igreja. O amor enfermo, que não consegue fazer o bem. O amor fraco, que consegue fazer o bem, mas não suporta o mal. E o amor forte, que faz o bem e padece o mal. Às vezes, o amor à Igreja se manifesta no que se padece por ela.

A Igreja, assim como o Ressuscitado, não é compreendida a partir de fora. Aqueles que julgaram e condenaram Jesus não entendiam o que estava acontecendo no grupo daqueles que seguiam Jesus. A Igreja, o Corpo de Cristo Ressuscitado, como a Ressurreição, convida à fé, suscita a fé e só pode ser compreendida a partir da fé. Há uma experiência do mistério da Igreja. Precisamos fazer a experiência da Igreja. É uma graça, assim como é experimentar Jesus, senti-lo interiormente. Corella intitulou seu livro *Sentir la Iglesia* ["Sentir a Igreja"]. Essa experiência pressupõe um senso de pertença.

Um profundo senso de pertença, ligado à fidelidade amorosa de Deus, que não se conforma com a fragilidade dos vínculos com os quais vivemos hoje.

Sentir *com a* Igreja, como sentir com Cristo, significa, portanto, aceitar sofrer e morrer por ela, aceitar o desprezo, ser considerado louco, e encontrar a verdadeira vida nisso.

Sentir na Igreja refere-se a como continuar com o sentir interior na Igreja. A preposição *em* apela para "o processo pelo qual o cristão se sente Igreja, pela apropriação de uma realidade objetiva [...] da qual ele se sente membro ativo de sua vida"[45]. Sentir dentro da Igreja concreta, "nestes tempos tão perigosos", cheios de tensões e conflitos.

Inácio nos convidará a amar a Igreja visível que se expressa em sinais. Aceitar a Igreja humana, que é fonte de escândalo. Ter uma atitude de integração das tensões em vez de exacerbá-las ou atuar com valores opostos. E assumir uma atitude de relativização prudente e amorosa. A fé do povo nos ensina e nos convida a abraçar o que talvez nunca tenha ocorrido a nós, mas que está enraizado em sua fé: procissões, celebrações populares... É a fé do povo e é o sentir na Igreja. Inácio não é a favor de uma Igreja dos ilustrados.

Santo Inácio se refere ao verdadeiro sentido *na Igreja militante*: sentir no interior da Igreja, e em sintonia com o Espírito que nela habita, na Igreja concreta e histórica. Não se trata da Igreja gloriosa e triunfante, nem da Igreja sociológica, um mero grupo humano. Trata-se da Igreja hierárquica e militante. É comum confundir a Igreja hierárquica, expressão original de Inácio, com a hierarquia da Igreja. Não é assim para Inácio. A Igreja hierárquica é "a verdadeira Esposa de Cristo, nosso Senhor" (EE 353)[46], que é mais ampla e não está abrangida na expressão "hierarquia da Igreja". Nos *Exercícios*, aliás, não aparece a expressão *hierarquia da Igreja*, mas *Igreja hierárquica*.

Por outro lado, as regras não podem ser lidas como regras de relacionamento com a hierarquia, mas sim com a *Igreja militante*. Essa Igreja militante

---

45. MADRIGAL, *Estudios...*, op. cit., 16.
46. De acordo com o excelente estudo de MADRIGAL, *Estudios...*, op. cit., 253-399, na Idade Média e na época de Inácio, era aceita a visão de mundo do Pseudo-Dionísio e seu tratado *Sobre a hierarquia celestial*. Essa concepção poderia estar por trás da ideia de hierarquia da época.

é a Igreja que está aqui militando, a Igreja real, a Igreja sinodal e hierárquica. Uma comunidade na qual há uma diversidade de carismas, e entre eles a hierarquia, e para a qual todos contribuem com o que receberam do Espírito. Para sermos fiéis à mente de Inácio, não devemos separar a fidelidade ao Senhor e à sua Igreja; nem ao vigário de Cristo e às forças vivas da Igreja; nem à hierarquia eclesiástica e ao povo de Deus ou ao povo simples. Mesmo que isso às vezes seja cruciante.

Para a maioria dos autores, entre eles H. Rahner[47] e Arzubialde[48], a tônica principal dessas regras é o processo encarnacional da graça particular, que deve se tornar visível. Antes disso, o que vem à tona em uma primeira leitura é a atenção à sensibilidade dominante das pessoas comuns, das "*pessoas simples*", da religiosidade popular. Aqui também se poderia dizer que "é necessário mais advertência do que em todas as outras coisas".

Tem sido debatido se as regras são antierasmianas ou antiprotestantes[49]. De qualquer forma, o que é importante ressaltar é que as regras não são polêmicas a respeito de Lutero ou Erasmo. Embora Inácio tenha dito que a leitura de Erasmo o esfriava, na verdade, ele tinha pontos de concordância com Erasmo e Lutero quanto aos fins:

> Para Inácio, o drama de seu tempo era precisamente o drama da alma. Ele também estava preocupado, acima de tudo, com a renovação do seguimento de Cristo em um nível pessoal e piedoso (nisso ele estava próximo de Erasmo) e com a salvação do ser humano em Deus (nisso ele não estava longe de Lutero)[50].

Pode-se dizer que Inácio conhece a cultura de seu tempo, os problemas vigentes. Sem entrar em polêmicas estéreis, dá ao exercitante, que já tem uma forte referência existencial em sua própria experiência e vocação, um guia para caminhar na Igreja, enriquecendo-a, colaborando com e colocando em

---

47. Cf. também ARZUBIALDE, op. cit., 809, nota 2; 811, nota 10.
48. Cf. ibid., 811.
49. Ibid., 810. Cf. também notas 7 e 8.
50. H. VOLTER, citado por MOLINA, op. cit., 415.

ação o dom recebido em comunhão, sem confundir ou escandalizar os frágeis, construindo a unidade.

Não podemos nos esquecer de que essas regras são dirigidas às pessoas que tiveram uma forte experiência com Deus. Ou, se se preferir, às pessoas que tomaram consciência de sua vocação ou carisma particular. E o que se lembra a elas é que sua experiência foi na Igreja, seu carisma é para enriquecer a Igreja e não está acima dela.

Tanto o sentir *com* quanto o sentir *em* nos levam a vivenciar a Igreja a partir de dentro, de seu interior e de nosso próprio interior. Hoje em dia, frequentemente encontramos posições polarizadas que têm pouco a ver com o verdadeiro sentido na Igreja ou com a Igreja. Um aspecto que é frequentemente usado para dividir é rotular as diferentes maneiras de vivenciar a Igreja hoje como conservadorismo ou progressismo. Em épocas de críticas à Igreja, como a nossa, nos deparamos com duas tentações: desidentificar-se (a Igreja é assim, mas eu não sou, sou diferente) ou identificar-se demais (a Igreja é assim, nós somos assim, não somos como os outros). Duas formas doentias de se relacionar com a Igreja.

Sejamos claros: a Igreja progressista e a Igreja conservadora não existem. Em ambos os casos, modelos externos são aplicados à Igreja. Se me permitem uma caricatura: uma Igreja progressista seria como um círculo vazio cercado por aqueles que olham para ela e a julgam, com certa presunção, distanciando-se dela. Ressalta-se o "eu", que não é como a caricatura dos outros. Uma Igreja conservadora seria um clube exclusivo de propriedade daqueles que se julgam justos para se diferenciar de tanta gentalha indigna. O "eu" é enfatizado. Estes gostam de se identificar externamente, como os fariseus, excluindo os outros. Aqueles gostam de ser como todo mundo, para que ninguém perceba a diferença. Em sua *Meditação sobre a Igreja*, Henri de Lubac escreveu:

> Há algum tempo, as pessoas têm falado sobre a Igreja – muito mais do que antes e especialmente em um sentido mais amplo. Todos podem comprovar isso. Alguns até acreditam que há muito falatório e muita falta de consideração. E nos perguntamos se não seria melhor simplesmente fazer um esforço, como tantas gerações têm feito, para viver a partir dela. Ao considerá-la de fora para estudá-la, não se adquire o hábito de se separar

dela? Não se corre o risco de, se não de rompê-la, pelo menos de afrouxar os laços íntimos sem os quais não se pode ser verdadeiramente católico? Será que tantas ambiguidades, tantos problemas sutis, com toda a agitação intelectual que acarretam, são compatíveis com aquela antiga simplicidade e aquele espírito de obediência que sempre caracterizaram os filhos fiéis da Igreja[51]?

Atitudes básicas: abnegação e renúncia para sentir com a Igreja (1ª, 9ª e 13ª Regras)

A partir do Princípio e do Fundamento, os *Exercícios Espirituais* nos ensinam que eu não sou Deus, sou uma criatura; nem as outras coisas, entre elas minhas ideias, são Deus. Isso significa abnegação e renúncia[52]: nenhum endeusamento ou qualquer idolatria das coisas. A pessoa que fez os *Exercícios* ou que teve uma profunda experiência espiritual aceita sua experiência com humildade e não tenta moldar a comunidade ou a Igreja de acordo com seus próprios pontos de vista, como se sua experiência a colocasse acima dos outros. Inácio propõe uma obediência imediata, alegre e incondicionada de execução, vontade e juízo à Igreja. Isso requer uma experiência espiritual do mistério da Igreja e um senso de obediência a ela[53]. Nestas três regras, Inácio nos apresenta três atitudes fundamentais diante da Igreja hierárquica:

1) *Abandonar o juízo e obedecer em tudo*:

> Primeira regra: deixando de lado todo juízo próprio, devemos ter o ânimo preparado e pronto para obedecer em tudo à verdadeira esposa de Cristo, nosso Senhor, que é a nossa santa mãe Igreja hierárquica (EE 353).

Abandonar o juízo não significa deixar de pensar ou cometer um haraquiri intelectual. Significa nos libertarmos de nosso próprio juízo, às vezes

---

51. DE LUBAC, HENRI, *Meditación sobre la Iglesia*, Madrid, Encuentro, 2008, 40.
52. HAUSHERR, IRENEE, Abnégation, renoncement, mortification, *Christus*, n. 6 (1959) 182-195. [Trad. bras.: Abnegação, renúncia, mortificação, *Itaici: Revista de Espiritualidade Inaciana*, n. 28 (1997) 24-32.]
53. Cf. ARZUBIALDE, op. cit., 814ss.

inamovível e muito misturado com orgulho ou *ego*, que nos impede de acolher a novidade do Espírito. Desde o início dos *Exercícios*, pressupõe-se que "todo bom cristão deve estar mais pronto a salvar a proposição do próximo do que a condená-la" (Ex 22). Há uma escuta ideológica ou blindada, que espera que o outro tropece ou é impermeável ao que ele pode nos dizer. Isso impede a obediência e a comunidade.

Nos Evangelhos, Jesus às vezes é abordado com base nesse tipo de escuta. Se quisermos ser construtores de comunidade, não podemos ter a pretensão de impor nosso julgamento sobre os outros conforme o *nosso*. Obviamente, podemos contribuir humildemente com nossos pensamentos e com o que nos foi dado sentir nos *Exercícios* ou em nossa vida espiritual para a busca da verdade e do bem.

2) *Obediência amorosa*: "Estar pronto para buscar razões em sua defesa (dos preceitos da Igreja) e de modo algum para ofendê-la" (9ª Regra, EE 361). É necessária uma predisposição afetiva positiva em favor da Igreja. Para obedecer e buscar razões em favor dos preceitos da Igreja, é necessário ter o ânimo pronto, cuidar das próprias disposições, dos próprios pressupostos.

3) *Relativizar a própria subjetividade*:

> Décima terceira regra: devemos sempre manter, para acertar em tudo, que o branco que vejo posso crer que é preto, se a Igreja hierárquica assim determina, crendo que entre Cristo, nosso Senhor, o esposo, e a Igreja, sua esposa, é o mesmo espírito que nos governa e rege para a saúde de nossas almas. Porque, pelo mesmo Espírito e Senhor nosso, que deu os Dez Mandamentos, nossa santa mãe Igreja é regida e governada (EE 365).

Para Inácio, não basta acertar, mas "acertar em tudo". E, se a unidade é sacrificada, não se acerta em tudo. Para acertar em tudo, devemos relativizar nossa própria subjetividade – e não tentar impô-la – em favor da Igreja hierárquica. Não podemos pretender ser ou ter a última palavra sobre a Igreja. É uma aplicação daquele *"sair de seu próprio amor, querer e interesse"*.

Nesta última regra ressoa Erasmo: "Pois o preto não poderia ser branco, por mais que o Romano Pontífice afirmasse isso, o que tenho certeza de que ele nunca fará"⁵⁴. A sensibilidade erasmiana estava no ambiente cultural da época. Sua frase, embora verdadeira, pode ser bastante tingida de soberba, dependendo da maneira e do contexto em que é usada.

Inácio subjetiviza a frase de Erasmo: não se trata de o preto *ser* branco porque o *Romano Pontífice* assim o diz, mas que *o que eu vejo como* branco *acredito ser* preto, se a *Igreja hierárquica* assim o determina. Muitas vezes o problema não está no que as coisas são, mas em como as vemos e interpretamos. Além disso, em questões de fé e em realidades espirituais, não podemos aspirar ao tipo de certeza e segurança com que os sentidos corporais captam as realidades físicas. Muitas vezes o problema está em um *ego* que não dá o braço a torcer.

Há uma *dupla razão teológica* aduzida por Inácio para essa deposição de juízo ou suspeita e relativização da própria subjetividade. a) "Entre Cristo, nosso Senhor, o esposo, e a Igreja, sua esposa, é o mesmo Espírito que nos governa e rege para a saúde de nossas almas" (EE 365,2). E b) "porque, pelo mesmo Espírito e pelo Senhor nosso que deu os dez mandamentos, é regida e governada nossa santa mãe Igreja" (EE 365,3):

> O mesmo Espírito, que guiou o povo de Israel no Antigo Testamento [...] e guiou Jesus durante toda a sua vida na busca e submissão à vontade do Pai, é o dom que o Pai nos transmitiu por meio da exaltação de Jesus à direita de Deus. E é Ele quem agora também a orientará. É o Espírito que a governa e rege para nossa salvação, nos vincula na unidade e interpreta a Tradição. Sua obra é a história da salvação⁵⁵.

A obediência é normalmente automática, se não houver grande dissonância, porque é o mesmo Espírito que move Inácio e que move a hierarquia da Igreja, e geralmente coincidem. Inácio apresenta suas razões ao Papa e aos bispos (basta lembrar seu relacionamento com o Papa Paulo IV e como Inácio resistiu ao estabelecimento do coro na Companhia de Jesus ou como se opôs à concessão do cardinalato a Francisco de Borja, apresentando suas

---

54. Citado por ARZUBIALDE, op. cit., 818, n. 31.
55. ARZUBIALDE, op. cit., 817.

razões). Em sua maneira de obedecer à hierarquia, Inácio não é um mero sujeito passivo. A *representação* não é uma reivindicação pessoal mas uma ajuda ao governo e à obediência, a fim de humildemente acertar melhor no cumprimento da vontade de Deus.

Trata-se de renunciar a ter razão às custas dos outros, de relativizar a própria subjetividade, mas não em favor de outra subjetividade. Renunciar à própria subjetividade em favor de outra seria entrar no plano sociológico. Colocar o problema em termos de poder, de vencedores e perdedores. Relativiza-se a própria subjetividade em favor do Espírito, que está em tudo, ao qual tenho acesso a partir de minha subjetividade. Isso, podemos dizer, passa por mediações, passa pela intersubjetividade eclesial, da qual minha subjetividade também faz parte. Ela é relativizada em favor da Igreja hierárquica (Inácio não fala de renúncia em favor da hierarquia).

O desdobramento dessas três regras, que são tanto para o cristão quanto para a hierarquia, e ainda são válidas para nós hoje, é um convite à humildade, a sair do próprio amor, querer e interesse, e a ouvir o Espírito:

> Onde o Espírito governa, a liberdade da fé não pode ser usada contra a comunidade dos fiéis e contra a obrigação de preservar a unidade (Ef 4,4-6). Mas a transmissão do Evangelho, sob o domínio do Espírito, também não pode assumir a forma de dominação clerical que mantém os fiéis em uma dependência que os impede de alcançar a verdadeira liberdade da imediatez com Deus. A suspeita em relação ao Espírito é uma constante histórica[56].

Devemos ter cuidado para não diminuir a lição recebida ou ampliá-la de forma iluminista. Ninguém tem as soluções *a priori*, nem o mapa do que o Espírito pode inspirar. Há uma hierarquia e há um Magistério. Eles têm uma função específica na Igreja, uma função necessária, um carisma a ser exercido. Mas, entre o carisma pessoal ou grupal e a hierarquia, há o diálogo e *o sujeito dos outros*. Não se trata de uma simples luta de subjetividades. O mesmo Espírito está em todos. Acima de tudo, manter a unidade.

---

56. MADRIGAL, *Estudios...*, op. cit., 190.

*Respeito e atitude positiva em relação às expressões de fé
do povo cristão acolhidas pela Igreja*

As 2ª e 9ª Regras formam o bloco dos preceitos da Igreja e das recomendações (mandamentos) dos que nos precederam. Inácio propõe a atitude básica de louvar. Louvar as maneiras pelas quais o povo de Deus adora, vive, celebra, se comunica com Deus ou se entrega a Ele. A insistência dessas regras está na visibilidade da Igreja e da piedade cristã. A piedade deve ser encarnada[57]. O princípio é o Mistério da Encarnação. A atitude é de louvor. E como pano de fundo está o respeito pela fé do povo, que é expressa e encarnada de várias maneiras. Trata-se de dar atenção ao sujeito dos outros acima dos próprios desejos e ideias. O bloco consiste nas seguintes seções:

1) Vida litúrgica e sacramental (EE 354-355)
2) O valor da consagração religiosa (EE 356-357)
3) A piedade ou religiosidade popular (EE 358-360)
4) Todos os preceitos da Igreja (EE 361a).

Para todas essas expressões de fé, Inácio pede o louvor. Metade desses louvores diz respeito a temas para os quais Santo Inácio não se sentia chamado. Ele não aceitou a oração em coro na Companhia de Jesus (EE 355); nem penitências nem jejuns por meio de constituições (EE 359). Nem a veneração de relíquias nem a venda de indulgências (EE 358) faziam parte das recomendações aos enviados em missão. As pessoas se relacionam com Deus de maneiras muito diferentes, e todas as que são aceitas pela Igreja são louváveis.

É a expressão autorizada da fé do povo que é louvada: confissão e comunhão frequentes (EE 354), celebração frequente da Eucaristia, bem como hinos, salmos, orações e recitação do ofício divino (EE 355). Louvar a vida religiosa, a virgindade e a continência (EE 356). Louvar os votos religiosos de pobreza, castidade e obediência (EE 357). Louvar a veneração das relíquias dos santos, peregrinações, indulgências, velas acesas (EE 358); jejum, abstinência, vigílias, penitências (EE 359). Louvar os ornamentos e edifícios das

---

57. ARZUBIALDE, op. cit., 819ss.

igrejas (EE 360); louvar os preceitos da Igreja e buscar razões em sua defesa (EE 361). Todas as regras desse bloco começam com a palavra *louvor*.

Nessas regras, está muito presente o contexto da discussão que ocorreu no momento eclesial em que elas foram escritas. Algumas delas seriam discutíveis hoje em alguns círculos, como a que desmerece um pouco a vida conjugal em comparação com a dos votos (EE 357). As práticas inspiradas por Lutero e Erasmo, que de certa forma relativizam e criticam a prática religiosa comum do povo cristão, estão presentes como interlocutoras das regras inacianas.

Para Lutero, a confissão é uma questão psicologicamente saudável, mas não é verdade que o sacerdote possa absolver. Erasmo tem pouca consideração pelas *coisas visíveis*, critica as cerimônias e os ritos[58], relativiza a vida religiosa[59] e a religiosidade popular[60]. Inácio pede louvor para o culto interior e exterior do povo cristão.

Não há nenhuma polêmica nas regras inacianas com os reformadores. Louvar não significa adotar as práticas mencionadas. Inácio estabeleceu limites a algumas delas para os membros da Companhia de Jesus. O que ele realmente deplora é a tendência de atacá-las e ridicularizá-las[61], o que prejudica o povo. Em vez disso, essas regras tentam não deixar o povo indefeso, sem suas devoções, sem suas formas de acesso a Deus e seus modos de expressão religiosa, que são sempre mais do que modos de expressão. Percebemos, de fato, uma atenção à fé do povo e às suas devoções, em uma época em que elas eram bastante criticadas e pouco consideradas, principalmente pelos setores intelectuais ou humanistas.

Se pensarmos nos dias de hoje, com nossa cultura tão globalizada e ao mesmo tempo tão diversificada, o louvável pode ser diferente em diversas

---

58. Cf. Erasmo de Roterdã, *Enquiridion o Manual del Cavallero Cristiano*, Alcalá de Henares, Ed. M. Eguía, 1529, 231.251, citado por Arzubialde, op. cit., 821, nota 42. [Trad. bras.: *Manual do cavaleiro cristão*, Clube de Autores, 2024. Disponível em: <https://clubedeautores.com.br/livro/manual-do-cavaleiro-cristao>.]

59. Erasmo, op. cit., 410-411, in: Arzubialde, op. cit., 821, nota 46.

60. Erasmo, op. cit., 276, in: Arzubialde, op. cit., 821, nota 47.

61. Kolvenbach, Peter-Hans, Pensar con la Iglesia después del Vaticano II, in: Id., *Selección de escritos (1991-2007)*, Madrid, Curia Provincial da España, 2007, 588.

áreas geográficas. Pense nas expressões de fé na Alemanha, no Brasil, nos Estados Unidos, no Congo ou na Índia. Elas provavelmente nos pedirão para louvar coisas diferentes, com as quais estaremos mais ou menos em sintonia. Já na primeira Companhia de Jesus há exemplos de atenção às sensibilidades religiosas de cada povo e de como evitar escândalos. Temos o caso da admissão de judeus na Companhia de Jesus. Dependendo do sentir das pessoas, havia regiões em que isso era possível e outras em que não era. O bem dos outros exige adaptação.

Isso não significa que não possamos acompanhar o povo e ajudá-lo a vincular melhor a expressão de sua fé com a fonte da mesma. Essa é a maneira de purificar as expressões, conectando-as à fonte. Mas isso não pode ser feito de fora, nem é imediato. Essa é a tarefa dos bons pastores. Ao contrário de outros reformadores, Inácio não propõe mudanças de fora para dentro.

O processo da encarnação, que guia o discernimento e a ação inaciana, consiste em sair do próprio mundo, entrar em outro mundo com todas as suas consequências e, de dentro, guiado pelo Espírito, e não raro com a cruz, recriá-lo (Fl 2,5-11). Mas, quando encontramos nossa expressão pessoal ou nossa maneira de nos relacionarmos com Deus, não é para denegrir, desqualificar ou ridicularizar os outros.

É certo que essas regras e essa sensibilidade, talvez com as devidas adaptações, sejam aplicáveis hoje. Hoje, como naquela época, a fé não é um sentimento íntimo. Ela tende a se encarnar e se expressar. Hoje em dia, podemos encontrar certa repulsa em alguns de nossos círculos em relação à piedade popular, à devoção, à expressão pública da fé... Há meios de comunicação que, por exemplo, nunca publicam a manchete: "Os bispos dizem isso", mas sim: "Os bispos atacam". Também é importante evitar polêmicas que levem à polarização. Isso nos pede para sermos cuidadosos ao falarmos sobre diferentes manifestações religiosas nas redes sociais ou na mídia. Como vimos, o contágio moral que ocorre nas redes sociais pode criar estados de ânimo que são prejudiciais à prática da fé.

Por outro lado, a defesa da Igreja e das práticas de fé deve ser inteligente. Ela não pode entrar na briga horizontal. É necessário buscar algo mais alto. Em uma ocasião, Inácio recomendou não ser papista para atrair os hereges.

Ser "papista" não é o verdadeiro sentido que devemos ter na Igreja, e a razão é que isso não possibilita a unidade, a atração, mas sim a ruptura[62].

Problemas típicos em tempos de mudança

De acordo com especialistas, as Regras para Sentir com a Igreja foram redigidas em momentos diferentes, de acordo com os problemas enfrentados. Uma parte foi provavelmente escrita por Inácio em Paris, e outra em Roma. Essas três regras (10ª, 11ª e 12ª) tratam de três dificuldades próprias de períodos de mudança[63]. Todas as três tratam da *maneira de falar* sobre certos assuntos que têm a ver com a autoridade, que em tempos de mudança é questionada. Elas dão atenção especial ao efeito de falar sobre o "povo simples".

É comum, ao realizar estudos arqueológicos ou etológicos, questionar costumes e tradições. Esse é o assunto da 10ª Regra.

> Décima regra: devemos estar mais dispostos a apoiar e louvar as determinações, recomendações e costumes daqueles que nos precederam; porque, mesmo que algumas não sejam ou não tenham sido dignas de louvor, falar contra elas, seja pregando em público seja falando diante do povo simples, geraria mais murmuração e escândalo que proveito. Assim, o povo ficaria indignado contra seus superiores, quer temporais, quer espirituais. Portanto, assim como é prejudicial falar mal na ausência dos líderes às pessoas simples, também pode ser benéfico falar dos maus costumes às próprias pessoas que podem remediá-los (EE 362).

A 10ª Regra é uma dobradiça e um reflexo do imaginário medieval. Ela propõe *louvar* as constituições, as recomendações e os costumes das pessoas que nos precederam e cuidar da maneira como falamos com o povo simples, como será proposto nas 15ª e 16ª Regras. Santo Inácio é devedor, aqui, da concepção medieval de sociedade, seguindo as três ordens: clérigos, guerreiros e trabalhadores. Inspirada pelo Pseudo-Dionísio, a Idade Média concebeu

---

62. Cf. MOLINA, op. cit., 427.
63. ARZUBIALDE, op. cit., 823.

a sociedade e a própria Igreja hierarquicamente. O povo é concebido como uma massa de *minores* e *pauperes* [menores e pobres], em oposição aos cavaleiros e eclesiásticos. Para Inácio, a distinção entre o "povo simples" e os "mais velhos" é evidente. Ele propõe evitar a murmuração, o escândalo ou a indignação. Em vez disso, para o proveito do povo simples, falar com aqueles que podem remediar os maus costumes. Seria injusto julgar o funcionamento do Antigo Regime a partir de nossas categorias democráticas[64].

Não se trata de esconder informações, mas de não gerar uma opinião pública que envenene uns contra os outros. A preocupação de Inácio é como seguir em frente, como corrigir o que está errado. "Fazer o bem" em vez de provocar escândalo, murmuração ou indignação. Portanto, convém falar com as pessoas que podem remediar o problema. A proposta é evitar críticas e controvérsias e gerar opinião pública. E hoje, em nossas condições, com a facilidade de multiplicação das redes sociais, onde todos podemos publicar, é preciso maior atenção para não gerar confusão nos outros, pois podemos acabar "como ovelhas sem pastor".

Pode haver alguns costumes que não sejam louváveis. Mas Inácio pede, desde o início, uma disposição positiva para aceitar e louvar "constituições[65], recomendações (mandamentos) e costumes de nossos superiores". O problema que se pode levantar é que "alguns não eram tais", que podem não ser louváveis; há realismo nisso. Sua insistência é evitar a murmuração, o escândalo e a indignação do povo contra as autoridades constituídas, para evitar divisões e seitas, e denunciar, às pessoas que podem remediá-lo, onde o problema pode ser remediado.

Talvez também se possa entender que, no período humanista, começaram algumas investigações "arqueológicas" de costumes e que se denunciou que os costumes não eram tais, que as constituições ou recomendações não eram tais. Sair criticando abertamente pode gerar muita confusão entre as pessoas não esclarecidas e pode colocar a fé delas em crise, lançando dúvidas não apenas sobre o costume em questão que não era tal, mas gerando

---

64. Cf. Madrigal, op. cit., 229-233.
65. Erasmo se opôs a elas. Cf. Arzubialde, op. cit., 823, nota 55.

sobretudo desconfiança. Além da recomendação de focar onde o problema pode ser resolvido, nada invalida a necessidade de maior educação das pessoas para que não vivam com a fé da primeira comunhão.

Algo semelhante à leitura da Bíblia de acordo com os métodos histórico-críticos de nosso século, que levantou a questão de saber se o que foi narrado era "verdadeiro". Os estudiosos da Bíblia não têm escrúpulos em reconhecer que certos fatos não são históricos, mas fazem parte da verdade da fé. Mas, para uma pessoa simples, sem conhecimento bíblico, ouvir isso poderia colocar em dúvida a utilidade da palavra de Deus para sua vida. Isso criaria confusão.

A doutrina e a tradição também eram questionadas com frequência. Isso é tratado na 11ª Regra.

> Décima primeira regra: louvar a doutrina positiva[66] e a escolástica. Como é mais próprio dos doutores positivos, São Jerônimo, Santo Agostinho e São Gregório etc., mover os afetos para em tudo amar e servir a Deus, nosso Senhor; assim, é mais próprio dos escolásticos, como São Tomás, São Boaventura e o Mestre das Sentenças etc., definir ou declarar para os nossos tempos as coisas necessárias para a salvação eterna, combatendo e declarando todos os erros e todas as falácias. Porque os doutores escolásticos, como são mais modernos, não só se valem da verdadeira inteligência das Sagradas Escrituras e dos positivos e santos doutores, mas, sendo iluminados e esclarecidos pela virtude divina, também se valem dos concílios, cânones e constituições de nossa santa mãe Igreja (EE 363).

Havia diferentes escolas teológicas na época, como há hoje. Inácio não entra na polêmica entre a doutrina positiva e a escolástica. Ele elogia ambas. Ambas respondem ao mesmo Espírito. Uma valoriza mais as raízes, e a outra, a aplicação aos nossos tempos. Em segundo plano, pode-se encontrar também um toque de atenção ao acesso direto à Igreja primitiva, pois há um sedimento de experiência que é a fé da comunidade e, assim como a Escritura, é lida e interpretada em comunidade.

---

66. *Doutrina positiva* é a teologia baseada nas fontes da revelação (Sagrada Escritura e Santos Padres da Igreja). (N. do T.)

Nessa regra, Inácio elogia a doutrina positiva por "mover os afetos para em tudo amar e servir a Deus, nosso Senhor", e a escolástica por "definir ou declarar para os nossos tempos". Esse "declarar para nossos tempos" é um acréscimo autógrafo de Inácio, pelo qual ele mostra que é para ele um valor teológico tornar disponível ao povo, em um dado momento histórico, "as coisas necessárias para a salvação eterna"[67]. Nessa regra, ele cita São Jerônimo, que era o autor favorito de Erasmo, e Santo Agostinho, que era o favorito de Lutero.

O terceiro aspecto da crise em tempos de mudança é a autoridade ou, como diríamos hoje, a liderança.

> Décima segunda regra: devemos ter cuidado para não fazer comparações entre nós, que estamos vivos, e os bem-aventurados do passado, porque há um grande erro nisso; ou seja, ao dizer: este sabe mais do que Santo Agostinho, este outro é mais do que São Francisco, é outro São Paulo em bondade, santidade etc. (EE 364).

Essa regra tenta evitar discussões e comparações entre teólogos, homens da Igreja e santos. Fazer comparações entre os vivos e os mortos. Parece que as comparações entre Erasmo e São Jerônimo ou Santo Agostinho estavam no ar, o que Inácio provavelmente não ouviu. No entanto, ele ouviria um elogio à santidade de Lutero feito pelos alumbrados de Alcalá[68]. Essa regra tenta relativizar os protagonismos pessoais. Ele mesmo teve a experiência de ter vivido de comparações. O discernir, em tal caso, equivale a desapegar-se emocionalmente, deixando que o Espírito seja o verdadeiro protagonista da história da salvação[69].

A partir das três regras inacianas e das chamadas de atenção, poderíamos inferir uma intencionalidade mais ampla. Mais uma vez, a base deve ser

---

67. Não parece que Inácio se pergunte nessa regra qual doutrina é preferível, mas, precisamente, ele elimina a polêmica ao elogiar ambas. De fato, nas *Constituições* da Companhia de Jesus, ele mostrará certa preferência pela escolástica (algo que também é sugerido nessa regra), mas sem desprezar a positiva, embora esta última esteja subordinada à primeira (cf. *Constituições* 366.446.464).

68. Cf. GARCÍA VILLOSLADA, RICARDO, *Loyola y Erasmo*, Madrid, Taurus, 1965, 175-176, citado por ARZUBIALDE, op. cit., 825, nota 63.

69. Cf. ARZUBIALDE, op. cit., 825s.

encontrada na atenção ao sujeito dos outros. É fácil imaginar o espetáculo patético de discussões apaixonadas e a formação de grupos entre as pessoas simples, ou sobre questões sobre as quais faltam dados (qual é a origem dos costumes, quais teologias são melhores, como os santos eram comparados). Todas essas discussões hoje tendem a se polarizar entre diferentes tendências dentro da Igreja.

Há muitos blogs e sites, de várias tendências, que semeiam divisão, crítica, suspeita, quando não desprezo e desqualificação de autoridades, doutrinas ou costumes, muitas vezes com pouca base. É triste ver quando nos tornamos meros porta-vozes desses meios de comunicação, muitas vezes polarizados, defendendo suas posições interesseiras de forma um tanto panfletária, sem saber realmente o que estamos defendendo. Esse não é o povo de Deus cuja vida e experiência essas regras buscam proteger. É o povo de Deus transformado em uma plebe por alguém que se aproveita disso. Ter pedagogia e formar o povo de Deus não divide nem gera desconfiança.

Se há um fruto claro da aplicação dessas regras, é de não gerar sectarismos, maledicências ou manipulações (polarizações, diríamos hoje), que são sinais inconfundíveis da ausência do bom espírito. Uma experiência autêntica de Deus não cria tais conflitos. A atenção às pessoas simples, ao sujeito dos outros, mostra que na Igreja os problemas não são os dos ilustrados, mas os das pessoas e suas preocupações com a salvação. A Igreja de Inácio não é uma Igreja de ilustrados.

Dessa forma, Inácio subtrai a experiência espiritual da retórica. Aquele que está certo ou, se preferir, aquele que tem o Espírito não é aquele que fala melhor, que consegue lidar melhor com a mídia, que convence mais ou que tem mais pessoas do seu lado. Mais uma vez, isso está subjacente à suposição de que o mesmo Espírito está agindo em todos. E somos convidados a falar com humildade e a ajudar.

O tratamento de questões teológicas

As últimas cinco regras (14ª a 18ª) dizem respeito a dogmas. Em particular, *ao modo de falar* sobre eles. Especialmente aqueles que estavam sendo discutidos na época, cujo tema central é a graça e a colaboração do ser humano com o Espírito de Deus[70]. Parece que essas regras são um acréscimo do período de Roma. No pano de fundo dessas regras está a fé calvinista e a luterana.

A primeira pedra de tropeço com a qual ele lida é o fatalismo: a predestinação e as obras.

> Décima quarta regra: embora seja verdade que ninguém pode ser salvo sem ser predestinado e sem ter fé e graça, deve-se ter muito cuidado com o modo de falar e comunicar sobre todos eles (EE 366).

Há nessas regras um apelo a um senso pastoral. A perspectiva de Inácio não é a discussão teológica, mas a ajuda na vida de fé das pessoas. Em uma vida apostólica que busca ajudar as almas, devemos evitar paralisá-las no caminho do bem. Sabemos que o mau espírito quer que o bem não seja feito. E ele tenta interrompê-lo de todas as formas possíveis, também com a doutrina. Para Inácio, o problema não é qual doutrina é a melhor, mas como falar sobre elas. Inácio, mais uma vez, não polemiza, ele dá ao adversário a razão onde ele está certo. Mas, na discussão entre a graça e a colaboração humana, Inácio procura garantir que as pessoas não fiquem paralisadas por dúvidas ou ideias bloqueadoras.

> Décima quinta regra: não devemos falar muito sobre a predestinação, por força do hábito. Mas, se de alguma forma e às vezes se fala dela, que seja de tal modo que o povo não caia em erro, como às vezes acontece, dizendo: 'Se vou ser salvo ou condenado, já está determinado. Para o meu bem ou mal, não pode mais ser diferente'. Com isso, ficam entorpecidos e negligenciam as obras que levam à salvação e ao proveito espiritual de suas almas (EE 367).

A 15ª Regra ainda diz respeito a como falar da predestinação. É melhor não falar, mas, caso se fale, que seja de modo que não induza o "povo simples" ao erro e entorpeça sua ação, pensando que, como já está predestinado, fique

---

[70]. Cf. Arzubialde, op. cit., 826ss. Arzubialde não considera a 18ª Regra dentro dessa seção.

paralisado em sua vida cristã, acreditando que não faz diferença fazer uma coisa ou outra.

O segundo modo pelo qual ele pode ser bloqueado é por meio do abandono, uma consequência de uma má resolução da tensão fé-obras ou graça-liberdade.

> Décima sexta regra: do mesmo modo, deve-se advertir que, ao falar muito da fé e com muita intenção, sem alguma distinção e declaração, não se deve dar ao povo ocasião para ser descuidado e preguiçoso em suas ações, seja antes seja depois da fé ter sido formada na caridade (EE 368).
>
> Décima sétima regra: do mesmo modo, não devemos falar demais, insistindo tanto na graça, a ponto de gerar veneno para tirar a liberdade. De modo que se possa falar da fé e da graça, tanto quanto possível, com o auxílio divino, para o maior louvor de sua Divina Majestade. Mas não de tal maneira ou por tais meios, especialmente em nossos tempos tão perigosos, que as obras e o livre-arbítrio recebam qualquer detrimento ou sejam tidos por nada (EE 369).

Essas tensões mal explicadas podem resultar em um bloqueio da ação. Novamente, não se trata de uma questão de argumento teológico ou de defesa de uma posição. É apenas uma questão de modo de falar. Inácio sugere que não se enfatize a fé de tal forma que as obras e a caridade sejam negligenciadas ou desconsideradas, nem que se fale da graça de tal forma que a liberdade acabe sem função e nossas escolhas e obras sejam indiferentes.

A terceira pedra de tropeço é o medo: temor-amor.

> Décima oitava regra: uma vez que, acima de tudo, devemos estimar servir muito a Deus, nosso Senhor, por puro amor, devemos louvar muito o temor de sua Divina Majestade. Porque não apenas o temor filial é uma coisa piedosa e santíssima, mas até mesmo o temor servil ajuda muito a escapar do pecado mortal, quando a pessoa outra coisa melhor ou mais útil não alcança. Tendo escapado, ela chega facilmente ao temor filial, que é totalmente aceito e agradável a Deus, nosso Senhor, porque é um só com o amor divino (EE 370).

Quando não se consegue fazer as coisas por amor, Inácio sugere que pelo menos o temor deve ser alcançado. Lutero rejeitou o arrependimento por causa do temor. Para Inácio, mesmo o temor servil não é de pouca utilidade para se afastar do pecado mortal. E, a partir daí, outros caminhos podem ser abertos. Mas, mesmo que seja por temor das consequências, é bom se afastar daquilo que nos mata.

Inácio encerra o livro dos *Exercícios* com uma nota de realismo e adaptação à sensibilidade da Igreja em que vivia. Embora o ideal cristão seja o desinteresse do puro amor da vida filial, o temor pode ajudar a recuperar o caminho e, a partir daí, "chega facilmente ao temor filial, que é totalmente aceito e agradável a Deus, nosso Senhor, porque é um só com o amor divino". Estas são as últimas palavras do livro e aquilo para o qual toda a experiência espiritual aponta: "Sendo um só com o amor divino" (EE 370).

Todas essas são questões teológicas muito candentes da época de Inácio. Hoje, provavelmente falaríamos de outras tensões: fé e justiça; oração e ação; temporalismo e espiritualismo; libertação intramundana e salvação escatológica. O fato de o viés da principal preocupação nessas regras ser o cuidado na maneira de falar, em vez de a conclusão das disputas teóricas por trás de cada regra, nos direciona de volta à preocupação com "o sujeito dos outros".

Dois princípios podem ajudar. 1) A necessidade de *integrar* sem enfatizar a distinção. Os movimentos pendulares não são benéficos. Aqui, também, deve ser realizado um estudo sério e rigoroso. Não fazer teologia de *slogans*. 2) *Senso pastoral*: estar atento a como o problema é apresentado ao povo na pregação e ao grau de sua formação. Essas regras não proíbem falar sobre a graça e a fé. Elas recomendam, mas pedem que seja feito de tal forma que nem as obras nem a liberdade sejam afetadas negativamente.

Inácio é um mestre em entender como as palavras mudam de significado, dependendo do contexto em que são faladas, e em respeitar os processos. Podemos retomar uma recomendação que ele dirige a quem dá os *Exercícios* com relação à pessoa que os faz: "Não dê [...] coisas que a pessoa não possa com tranquilidade realizar e tirar proveito". E que a pessoa que acabou de fazê-los pense que nem todas as pessoas atingiram o mesmo grau de misticismo que ela.

As Regras para Sentir com e na Igreja deixam claro que a Igreja não é dos ilustrados, dos retóricos ou dos puros. Sentir na Igreja militante é olhar para os outros, mais do que para a hierarquia ou para as elites. Sem nunca se colocar acima do povo ou se situar fora da Igreja. E dar ou dizer o que ajuda. Como legado das regras, permanece um critério para sentir na Igreja: a experiência ou o carisma, ao ser expresso, não esfrie a ação do povo ou o uso de sua liberdade. Em suma, não alienar.

Para quem fez a experiência dos *Exercícios*, Inácio termina sugerindo que respeite "a disciplina do êxodo": que sua experiência deve ser contextualizada na Igreja hierárquica, na qual nem todos andam na mesma velocidade. Mesmo podendo esticar a marcha, ela não deve ser rompida. Há um critério importante de discernimento que também é deduzido da última regra: atenção aos mais frágeis, a quem segue processos mais lentos. Quem não alcançou o puro amor não é deixado para trás. Não é desprezado, mas acolhido para que possa crescer em direção ao puro amor. No final, como na Primeira Carta aos Coríntios, é o amor que acaba hierarquizando os carismas.

Ao longo das regras, ficamos nos perguntando: mas o que Inácio pensa? Ele sugere muitas coisas, passa por todos os problemas teológicos de sua época e acabamos sem saber o que ele pensa sobre eles. Essa é a intenção. Não se trata de expor, e muito menos de impor, o que se pensa, mas de falar sobre coisas em conflito, apreciando o que pode ajudar na unidade. Tampouco se trata de adotar uma postura intransigente, o que não é o caso. Trata-se de encontrar critérios que sejam válidos e ajudem na comunhão quando há uma pluralidade de formas de ver.

As regras são como faróis que devem ser observados para que o individual não rompa o comunitário. Para que cada um não queira normatizar a Igreja como um todo a partir de si mesmo, de suas próprias ideias e experiências. Uma prova da autenticidade da experiência espiritual é que ela nos faz Igreja, não nos leva para fora para tentar pontificar e conduzir os outros em nosso caminho, nem nos coloca acima de ninguém, pois nos faz respeitar a todos, especialmente a fé do povo. Somos todos alunos da escola do Espírito.

Dito de maneira simples, o que Inácio propõe como Regras para Sentir com a Igreja (e isso é igualmente válido para o cristão comum e para a hierarquia) nada mais é do que relativizar o próprio ponto de vista. Renunciando desde o início a ter o próprio caminho, obedecendo e respeitando as expressões dos outros, assumindo uma postura proativa em favor da comunhão.

Lembremo-nos das atitudes nos *Exercícios* para entrar em escolha: escolher o caminho da pobreza e da humildade em vez do caminho da riqueza e da cátedra (EE 136-147). Não nos apegarmos à nossa própria vontade para sentir e seguir a vontade do Senhor (EE 149-156). E pedir um amor a Cristo que procure imitá-lo e compartilhar sua sorte no mundo (EE 165-167). Essas são exatamente as atitudes que nos ajudarão a ser mais verdadeiramente guiados pelo Espírito, para realizar nossa escolha na vida da Igreja.

Sentir com a Igreja e nela é sofrer com ela e se alegrar com ela, sem se deixar levar por tantos enganos que, no fundo, buscam apenas fazer sobressair um ego pouco domesticado e humilde. Essas regras são também regras de discernimento. Elas ajudam a discernir se a pessoa permanece bem animada pelo Espírito do Senhor ressuscitado que vive e cresce na Igreja para o estabelecimento do seu Reino. A perceber se ela permanece em sintonia com o sentir da Igreja e se essa sintonia permanece operante nela. O mesmo Espírito está em tudo e nos leva a "ser um só com o amor divino".

Conclusão
O caminho reto para Deus passa pelo outro

Alguns ensaístas apontam o *desaparecimento do outro* em nossa vida pessoal e social como uma patologia de nosso tempo. Entretanto, como uma dissidência cultural, o Evangelho, os *Exercícios Espirituais* e o discernimento nos conduzem pelo caminho do outro, dos outros e do Outro. Foi isso que aprendemos neles. Sem um senso do outro, não podemos nos distinguir do que acontece conosco. Precisamos diferenciar e identificar o outro que nos afeta e nos altera, reconhecer sua ressonância em nós e escolher. E isso requer aprender a sentir.

A primeira palavra na vida espiritual não é *eu*, mas *eis-me aqui* (Ex 3,4). Há Outro que nos precede, que nos ama e nos chama. E esse relacionamento nos constitui. Discernir e encarnar o dom recebido requer o que podemos chamar de "desvio da alteridade". O "eu penso", o "eu sinto", o "eu quero", o "eu desejo", o "eu planejo" ou o "eu vou" (ou nós) têm de fazer um *desvio* pelo outro, para o outro, para os outros, para o Outro, para se despojar de seu prometeísmo e de sua *hýbris*[1].

---

1. O termo *prometeísmo* ou *prometeanismo* deriva do mito de Prometeu, o titã da mitologia grega que roubou o fogo dos deuses e o deu aos humanos, simbolizando o dom da tecnologia, conhecimento e rebelião contra os poderes estabelecidos. O prometeísmo pode ser visto como algo heroico, emancipador; mas, em excesso, pode se tornar *hýbris*. *Hýbris* é um conceito da tragédia grega que significa algo como arrogância extrema, excesso, ou orgulho desmedido. Ocorre quando uma pessoa ultrapassa os limites

O "eu" tem de se perder para se encontrar. Fazer um desvio para fora de si mesmo. Sair de si mesmo, "do próprio amor, querer e interesse" (EE 189). Perder a vida para ganhá-la. Afetado e alterado por vários movimentos interiores, como vimos, ele deve aprender a distinguir a boa da má alteridade. Aprender a ter diálogos interiores consigo mesmo como outro, a se deixar conduzir por outro, pela alteridade boa, a entrar em seu Senhor, o Outro, e a caminhar em comunhão com Ele. E, por meio disso, tornar-se outro: *alter Christus* (outro Cristo).

O caminho que une a experiência espiritual e seu fruto deve ser conduzido pelo mesmo Senhor que a origina; pelo "mesmo Espírito que está em todas as coisas". E o caminho é aprender a sentir em Cristo. Inácio já nos advertiu que, neste processo de aterrissar o dom e torná-lo fecundo, podemos, para receber o vinho novo, nos tornar prisioneiros de nossos odres velhos, de nossos hábitos, juízos ou ideologias, que podem perverter o dom ou reduzir sua novidade ao que já sabemos ou às nossas categorias (EE 336). Não vale a pena sair de nós mesmos para entrar na ideologia dominante ou na lógica do sistema. Só se justifica quando é para entrar em Deus, nosso Senhor, e em sua santíssima vontade. É por isso que é importante que todo o processo seja guiado pelo *sensus Christi*.

Aprender a sentir em Cristo é adquirir esse *sensus Christi*. Essa é a versão *estética* do desvio da alteridade. Discernir não é analisar como *me sinto*, não é simplesmente *sentir a si mesmo*. É aprender a sentir em sintonia com a Encarnação de Deus em Cristo, excentricamente; saindo de nós mesmos, tendo nosso centro fora de nós mesmos, em Cristo. É transformar nossa maneira de sentir para ter a mesma estrutura do sentir (*noûs*) (1Cor 2,16) e os mesmos sentimentos (Fl 2,5) de Jesus Cristo.

Há uma educação da sensibilidade, um aprendizado a sentir, que é necessário para não ser um impedimento e continuar a ser conduzido pelo mesmo Espírito que originou a experiência, "doce, leve, suavemente, como uma gota de água entrando em uma esponja". Esse sentir não é meramente um

---

impostos pelos deuses ou pela ordem natural das coisas. Inevitavelmente, paga o preço por isso. (N. do T.)

sentir suave, agradável e sem conflitos. Refere-se à educação da sensibilidade que se produz no processo de contemplação dos Mistérios da Vida de Cristo nos *Exercícios Espirituais* e através da aplicação dos sentidos (EE 121-126). Ali somos convidados a sentir e saborear "a infinita suavidade e doçura da divindade" em sua humanidade (EE 124), também no Getsêmani.

Quem aprendeu a sentir a infinita doçura e suavidade da divindade na humanidade, contemplando os Mistérios da Vida de Cristo, pode se conduzir na vida em congruência com essa experiência, escolhendo aquilo que entre "doce e suavemente" como a água em uma esponja. Assim, podemos entender o discernimento como aprender a sentir em Cristo, em sintonia com a Encarnação de Deus. E esse é o sentir interior que conduz os projetos, os planos e as estratégias para tornar a experiência espiritual real e frutífera para o bem dos outros e do mundo.

Entrar nessa dinâmica contracultural do Evangelho fortalece o sujeito e o capacita para enfrentar melhor a vida. Os *Exercícios* são um método entre outros que ajudam a viver o Evangelho. Sua própria dinâmica, com a aplicação das regras contidas neles, ajuda a construir e fortalecer esse sujeito espiritual. Ao longo da experiência, o sujeito terá crescido em *consciência, liberdade* e *senso do outro*. Vejamos como isso acontece ao longo das Semanas dos *Exercícios*.

O efeito esperado da Primeira Semana de Exercícios em termos de consciência é sair com o conhecimento do "que não é"; daquilo que nos destrói. Um conhecimento interno do próprio pecado, da desordem interna que nos leva a ele, e o conhecimento do mundo. Este, sendo bom na medida em que é criado por Deus, contém alguns elementos que nos perturbam e dos quais devemos tomar consciência para estarmos atentos e não entrarmos em dinâmicas destrutivas. Graças às Regras dessa Primeira Semana, também nos conscientizamos da alteridade dentro de nós e começamos a ser capazes de ler o que está acontecendo dentro de nós. Tomamos consciência das estratégias contrárias e de como nos defender delas.

Ao tomar consciência das moções internas e decidir sobre elas – aceitando-as ou rejeitando-as –, o sujeito exerce sua liberdade e cresce nela. Por outro lado, nessa Primeira Semana, ele começa a liberar sua liberdade à medida que se dissocia do que é destrutivo e da desordem que prende sua liberdade e o leva para onde ele não quer ir, onde ele se destrói. A liberdade quer e decide abandonar o caminho "do que não é". Ela ainda não está equipada para escolher "o que é", mas está equipada para dizer: "Chega de viver uma vida que parece ter sido planejada por meus inimigos".

O sentido do outro também cresceu à medida que, ao final da primeira semana e depois de aplicar suas regras, o sujeito será capaz de ler melhor o que está acontecendo dentro dele e estará mais consciente das estratégias dos espíritos. Ele tem uma primeira cartografia interior que lhe permite identificar melhor sua alteridade interior e seus jogos. Ele será capaz de situar melhor seu próprio eu em relação ao outro: situar-se na humildade, evitando "fazer ninho em casa alheia", recuperando sua capacidade de agradecer e evitando que o tentador usurpe sua liberdade.

Na Segunda Semana, a pessoa procura identificar o caminho do bem. A contemplação dos Mistérios da Vida de Cristo, em chave de chamado, orienta a pessoa e oferece uma primeira revelação do caminho do bem. A verdadeira consolação a conduz nessa semana. Nela, a consciência dá passos importantes e se torna mais refinada.

O conhecimento interno de Cristo, desejado e adquirido na contemplação, lhe dará uma consciência do bem e, ao contemplá-Lo como um chamado, lhe manifestará o bem que está fundamentado e concreto para ela. Ao mesmo tempo, ela se torna consciente de outros tipos de tentações, neste caso sob a aparência de bem, que são como cantos de sereia, relacionados ao ter, ao aparecer e ao poder, e que, a longo prazo, podem acabar afastando-a do bem.

À medida que ela se torna consciente dos enganos mais sutis, próprios da Segunda Semana, e os rejeita, sua liberdade se desenvolve ao ser exercida. E um momento culminante é quando ela associa sua liberdade ao bem particular que lhe foi oferecido, fazendo uma escolha, aceitando a vida que nosso Senhor lhe dá a escolher (EE 135). Para essa escolha, sua própria vontade deve ser abandonada a fim de se encontrar na vontade de Deus. Assim, aparentemente perdendo sua própria liberdade, ela se realiza.

Na Segunda Semana, o sentido do outro também se aguça. A tentação mais sutil forçará a pessoa que se exercita a identificar melhor a alteridade interior. A estratégia do mau espírito se torna mais personalizada e sutil. Por meio da contemplação e do conhecimento interno, Cristo se torna mais natural nela, de modo que ela configura seus sentidos aos de Cristo (Fl 2,5), e Cristo se torna seu mestre interior por meio de seu Espírito. Dessa forma, ela vai aprendendo a se sentir em harmonia com a Encarnação de Deus.

Se o caminho certo para Deus passa pelo outro, nessa Segunda Semana ele passa por Cristo e pelo abandono da vontade própria, fazendo o desvio pela vontade do Pai, tornando-a própria, rejeitando os enganos sutis do tentador. Também na vida cotidiana, para Inácio de Loyola, "o caminho que leva os homens à vida" passa por "imitar e seguir Cristo em todas as coisas que nos são possíveis" (*Co* 101).

Aceitar o chamado e fazer uma escolha também vai além da Primeira Semana, situando o sujeito em seu ser, colocando-o em seu lugar em relação ao Senhor. Isso o leva a encontrar seu próprio lugar, com humildade, reconhecendo sua verdade. Ao mesmo tempo, reconhece a dignidade do chamado recebido, que o ultrapassa, e dessa lacuna brota a gratidão pelos dons e graças recebidos para levá-lo adiante. Isso também situa o "eu" no sentido de que ele não permanece externo à escolha, nem ao fazê-la nem ao vivê-la, como se ela pudesse ser feita ou vivida "de fora".

A Terceira Semana e a Quarta serão confirmatórias da escolha e também o ajudarão a dar os passos necessários para viver sua escolha em comunhão com o Senhor. Na Terceira Semana, a contemplação dos mistérios da paixão do Senhor é feita com o desejo, expresso na petição, de comungar com ele em seu sofrimento. Essa contemplação o ensina a ver como Cristo "sofre em sua humanidade" e a reconhecê-lo quando "a divindade se esconde" e, como consequência, quando a humanidade se desfigura.

Nessa Terceira Semana, a consciência descobre suas próprias resistências e fendas de liberdade que resistem a ser entregues, fragmentos de liberdade que podem estragar a escolha que foi feita. As Regras para Ordenar-se no Comer nos conscientizam dessas desordens que aparecem em nossa vida cotidiana e que sequestram a liberdade (apetites, prazeres, apegos ou vícios). Elas nos ajudam a dar mais alguns passos na liberação da liberdade, a fim de torná-la efetiva e poder levar adiante a escolha feita em comunhão com o

Senhor. O sentido do outro, nessa semana, leva o sujeito a querer compartilhar em sua vida comum o destino do mestre. Ele sabe que a escolha pode ter as mesmas consequências cruciantes que a vida do mestre teve e quer aceitá-las, porque sabe que é "o caminho que conduz os homens à vida".

A graça almejada na Terceira Semana é viver *em Cristo à* maneira de Paulo: "Sou um crucificado com Cristo. Eu vivo. Mas não mais eu: Cristo é que vive em mim" (Gl 2,19-20). Paulo expressa essa identificação com o Crucificado Ressuscitado como a complementação do que falta na Paixão de Cristo. "Sempre trazemos no corpo os sofrimentos da morte de Jesus, para que também a vida de Jesus se manifeste em nosso corpo" (2Cor 4,10). Ou: "Conformar-me a ele na morte. E assim chegar, se for possível, à ressurreição dentre os mortos; esta é a minha corrida" (Fl 3,10b-11). Ou: "Completo na minha carne o que falta às tribulações de Cristo, em favor do seu Corpo, que é a Igreja" (Cl 1,24). Ao mesmo tempo, o eu dá um passo adiante na busca de seu lugar diante do Outro, aprofundando-se na apropriação indébita que é atribuir a si mesmo como próprio ou como direito o que é graça. E, assim, não mais buscar a felicidade à sua maneira, sem o Outro.

Na Quarta Semana, o Mistério da Ressurreição é contemplado com o desejo, que se torna petição, de comungar na alegria do Cristo Ressuscitado. A escolha é confirmada ao descobri-la como aquilo que torna possível viver a verdadeira vida e viver em comunhão com Cristo em sua vida ressuscitada. Paulo também ajuda a formular a graça que é buscada: "Porque estais mortos para essas coisas e vossa vida está escondida com Cristo em Deus" (Cl 3,3). Deus "nos deu de novo a vida com o Cristo, quando estávamos mortos pelos nossos pecados! É por graça que agora estais salvos! Ressuscitou-nos com ele e nos levou aos céus em Cristo Jesus!" (Ef 2,5-6). O sujeito toma consciência da *realidade da realidade*, que foi ampliada e assumiu novas dimensões com a ressurreição do Senhor, pois "a realidade é Cristo" (Cl 2,17).

A liberdade encontrou seu objetivo, está liberada para escolher a verdadeira vida e viver sua vida ressuscitada em comunhão com Cristo. Ela não busca mais a felicidade fora de Deus, nem em criaturas sem Ele. Ela encontrou a verdadeira vida ao amar a Deus em todas as coisas e todas as coisas n'Ele, e deve continuar escolhendo, guiada pelo mesmo Espírito que está em tudo.

Na Quarta Semana, o caminho para Deus continua passando pelo outro de uma forma mais encarnada. Ele passa por nossa santa mãe, a Igreja, e, para os jesuítas, desde o início, passa pelo Papa, como eles desejavam "para não errar *na via Domini*" (Co 605). É o mesmo espírito que nos conduz pessoalmente e que conduz a Igreja.

As Regras para Sentir com a Igreja são regras de como ser construtores da comunidade. As pessoas que encontram o Ressuscitado são chamadas a fortalecer a comunidade que tornou possível seu encontro com o Ressuscitado e a enriquecê-la com o dom que lhes foi dado, realizando a missão que lhes foi confiada a serviço dos outros.

O proveito dos outros, expresso ou objetivado em práticas ou em um discurso, com os "outros" e para os "outros", hoje poderíamos concretizá-lo no proveito dos pobres e das periferias do mundo, que, em certo sentido, são mais "outros". Esse proveito, por sua vez, torna-se um destino e um critério de verificação e autenticidade da experiência espiritual. Esses outros de carne e osso fazem parte do desvio da alteridade necessário para que o significado do que é sentido não seja pervertido. A versão *estética* do desvio da alteridade que nos ensina a sentir, em Cristo, o outro e o Outro deve ser completada com a *ética*.

O protótipo de uma leitura ética do desvio da alteridade é encontrado na parábola do Bom Samaritano (Lc 10,30-37), que toma o caminho que passa pelo "outro ferido e necessitado". Na realidade, é o samaritano que nos mostra que o caminho reto passa pelo outro. Ele segue o caminho reto e não precisa se desviar. O sacerdote e o levita, seguindo seu próprio caminho, têm de se desviar para evitar o próximo necessitado. É como se o espaço fosse curvado pelo "outro" e, para evitar o caminho da alteridade, é preciso desviar-se da estrada.

Falamos do "desvio da alteridade" como se houvesse um "atalho para o eu". Na realidade, esse desvio da alteridade ao qual nos referimos é o caminho reto da vida espiritual, que sempre passa pelos outros e pelo Outro. E o "atalho do eu", para o que é existencialmente importante, é sempre um desvio, que nos afasta de "ser um com o amor divino" (EE 370).

Anexo
Carta de Inácio a Teresa Rejadell[1], de Veneza, em 18 de junho de 1536

[1. Introdução]

Ihs

A graça e o amor de Cristo, N. S., estejam sempre a nosso favor e em nosso auxílio.

Nos últimos dias, quando recebi vossa carta, muito me alegrei no Senhor a quem servis e desejais servir melhor, a quem devemos atribuir todo o bem que se vê nas criaturas. Como em vossa carta dizeis que Cáceres me informaria longamente sobre vossas coisas, assim o fez, e não só sobre elas, mas também sobre os meios ou o parecer que vos deu para cada uma delas. Lendo o que ele me disse, não encontro mais nada que eu possa escrever, embora preferisse ter a informação em sua caligrafia; pois ninguém pode dar uma compreensão tão boa das próprias paixões como a pessoa que as sofre.

Vós dizeis que, pelo amor de Deus, N. S., eu cuide de vossa pessoa. É verdade que há muitos anos sua Divina Majestade, sem que eu o mereça, tem me dado o desejo de tudo fazer para satisfazer todos aqueles e todas aquelas que andam em sua boa vontade e bem querer. Da mesma forma, quero servir

---

1. Transcrevo a versão do MHSI, *Epp.* I, 99-107, modificando ligeiramente sua grafia. Os títulos e as separações não pertencem ao texto nem correspondem a uma divisão já "padronizada". Eu os introduzi inspirado em uma divisão feita por Ulpiano Vázquez, para facilitar a leitura.

às pessoas que trabalham em seu devido serviço. Não duvido que vós sejais uma delas; por isso, desejo encontrar-me em um lugar onde o que digo possa ser manifestado em atos.

[2. Intenção da carta]

Da mesma forma, vós me pedis que vos escreva por completo o que o Senhor me disser, e eu vos direi minha opinião com determinação. Eu vos direi o que sinto no Senhor e vos direi com muita boa vontade. E, se em alguma coisa eu parecer amargo, serei mais contra aquele que procura perturbá-la do que contra vós. Em duas coisas o inimigo vos perturba, mas não de modo a vos fazer cair na culpa do pecado, de modo a vos afastar do vosso Deus e Senhor, mas ele vos perturba e vos afasta do seu maior serviço e do vosso maior descanso. A primeira é que isso vos coloca e vos leva a uma falsa humildade. A segunda é que ele infunde extremo temor a Deus onde vos detendes e ocupais demais.

[3. Os dois discursos do inimigo]

[3.1 O curso geral]

[a) Primeira arma]

E, quanto à primeira parte, o curso geral que o inimigo tem com aqueles que querem e começam a servir a Deus, N. S., é colocar impedimentos e obstáculos. É a primeira arma com a qual ele tenta feri-los, a saber: como podes viver toda a tua vida em tanta penitência, sem gozar de parentes, amigos, bens, e em tal vida solitária sem um pouco de descanso? De outra maneira podes ser salvo sem tantos perigos. Dá-nos a entender que devemos viver uma vida mais longa por causa dos sofrimentos, jamais vividos por homem algum, que coloca diante de nós. E não nos dá a entender os muitos confortos e consolações que o Senhor está acostumado a dar a tais, se o novo servo do Senhor romper todos esses inconvenientes, escolhendo querer sofrer com seu Criador e Senhor.

[b) Segunda arma]

Em seguida, o inimigo tenta com a segunda arma, a saber, com a jactância ou vanglória, dando-lhe a entender que há muita bondade ou santidade nele, colocando-o em um lugar mais alto do que merece.

[c) Terceira arma]

Se o servo do Senhor resiste a essas flechas, humilhando-se e rebaixando-se, não consentindo em ser como o inimigo persuade, este traz a terceira arma, que é a falsa humildade. Procede assim: como vê o servo do Senhor tão bom e tão humilde que, fazendo o que o Senhor ordena, ainda se julga todo inútil e olha para suas fraquezas, e não para qualquer glória, põe-lhe no pensamento que, se ele encontrar qualquer coisa do que Deus, N. S., lhe deu, tanto em obras, como em propósitos e desejos, ele peca por outro tipo de vanglória, porque fala em seu próprio favor. Assim, procura que não fale dos benefícios do seu Senhor, para que não faça nenhum fruto nos outros, nem em si mesmo: pois a lembrança dos benefícios recebidos sempre ajuda para ações maiores. Entretanto, o falar deles deve ser muito comedido e movido pelo maior proveito de todos, isto é, de si e dos outros, se estiverem preparados para crer e tirar proveito. Assim, ao nos ver humildes, ele se esforça para nos levar a uma falsa humildade, ou seja, a uma humildade extrema e viciada; disso vossas palavras dão testemunho adequado.

[Aplicação]

Porque, depois de narrar algumas fraquezas e temores bem a propósito, dizeis: "Sou uma pobre religiosa; desejosa, parece-me, de servir a Cristo, N. S.". Ainda não ousais dizer simplesmente: "Sou desejosa de servir a Cristo, N. S.", ou "o Senhor me dá desejos de servi-lo". Mas ficais no "parece-me". Se bem considerais, aqueles desejos de servir a Cristo, N. S., não são vossos, mas dados pelo Senhor. Falando assim: "O Senhor me dá crescidos desejos de servi-lo", o estais louvando, porque publicais seu dom e vos gloriais nele e não em vós; pois não atribuís a vós mesma essa graça.

[3.1.1 Regulamentação incipiente]

Portanto, devemos olhar muito o seguinte: se o inimigo nos alça, abaixemo-nos, lembrando nossos pecados e misérias. Se nos abaixa e deprime, levantemo-nos em verdadeira fé e esperança no Senhor, enumerando os benefícios recebidos e pensando com quanto amor e bondade nos espera para nos salvar, enquanto o inimigo não se importa em nos falar verdade ou mentira, mas só busca nos vencer.

[Aplicação]

Olhai como os mártires, diante dos juízes idólatras, diziam que eram servos de Cristo. Assim, vós, posta diante do inimigo de toda a natureza humana e por ele tentada, quando vos quer tirar as forças dadas pelo Senhor, e vos quer tornar tão fraca e tão temerosa com insídias e enganos, não ousareis dizer apenas que sois desejosa de servir a nosso Senhor, mas haveis de dizer e confessar que sois sua servidora e antes morrereis do que vos afastareis do seu serviço. Se ele me representa justiça, respondo-lhe logo misericórdia; se misericórdia, logo ao contrário digo justiça. Assim, é necessário que caminhemos para não ser perturbados. Fique, assim, o enganador enganado e invoquemos para nós aquele texto da Sagrada Escritura: "Guarda-te, não sejais tão humilde que, assim humilhado, te deixes arrastar à estultice".

[3.2 O outro discurso]

Passando ao segundo ponto, se o inimigo pôs em nós temor, com uma sombra de falsa humildade, para não falarmos nem sequer de assuntos bons, santos e proveitosos: depois traz outro temor pior ainda, a saber, de estarmos apartados, separados, longe do Senhor Nosso. Isso se segue, em grande parte, do primeiro temor, quando o inimigo alcança vitória: então acha facilidade para nos tentar desse modo. Para melhor o declarar, exporei outra tática do inimigo. Se acha uma pessoa de consciência larga, que passa os pecados sem ponderá-los, ele se esforça, quanto pode, para que o pecado venial não seja nada e o mortal seja venial e um enorme pecado mortal pouca coisa. Assim, ele vence com o defeito que sente em nós, a saber, o da consciência demasiadamente larga.

Se acha outra pessoa de consciência delicada, que como tal não comete falta e afasta de si os pecados mortais e veniais possíveis, pois nem todos é possível evitá-los, e que ainda procura lançar de si toda semelhança de pecados mínimos, imperfeições e defeitos, então o inimigo se esforça por tornar exagerada essa consciência tão boa, imaginando pecado onde não há, defeito onde há perfeição, a fim de nos desbaratar e afligir. Onde não pode induzir a pecar nem espera alcançá-lo, procura pelo menos atormentar.

[4. As duas lições que o Senhor costuma dar ou permitir]

Para melhor explicar, em parte e brevemente, como se causa o temor, exporei duas lições que o Senhor costuma dar ou permitir. Pois dá uma e permite a outra:

[4.1 A que dá: consolação interior]

A que dá é a consolação interior, que afasta toda a perturbação e atrai a todo amor do Senhor: a estes, ilumina em tal consolação, àqueles revela muitos segredos e mais do que isso. Finalmente, com essa consolação divina, todos os sofrimentos são prazer e todas as fadigas são descanso. A quem caminha com esse fervor, calor e consolação interior, as maiores cargas lhe parecem leves, penitenciais e outros trabalhos lhe são doces. Essa nos mostra e abre o caminho do que devemos seguir e do contrário que devemos fugir; não está sempre em nosso poder, mas nos acompanha em certos tempos, segundo a ordenação divina. Tudo para nosso proveito:

[4.2 A que permite: a tentação]

pois, ficando sem essa consolação, logo vem a outra lição. Nosso antigo inimigo, trazendo-nos todos os impedimentos possíveis para nos desviar do bem começado, tanto nos atormenta contra a primeira lição, que muitas vezes nos mete tristeza, sem sabermos nós mesmos por que estamos tristes. Então não podemos orar ou contemplar com alguma devoção, nem ainda falar nem ouvir coisas de Deus, N. S., com sabor ou gosto interior algum. E não é só isso. Se nos acha fracos e muito humilhados por esses pensamentos deprimentes, nos sobrepõe outros, como se de todo fôssemos esquecidos por Deus, N. S., e cheguemos a pensar que de todo estamos apartados de nosso Senhor. Então, o quanto fizemos ou queríamos, nada vale. Procura, assim, nos sugerir desconfiança de tudo: assim se causa nosso grande temor e fraqueza, olhando demasiadamente, nesse tempo, nossas misérias e humilhando-nos muito com seus falazes pensamentos.

[4.3 Regulamentação incipiente]

Por isso, é necessário a quem combate olhar: se é consolação, devemos nos abaixar, humilhar e pensar que logo virá a prova da tentação. Se vem desolação, obscuridade e tristeza, devemos ir contra elas, sem ressentimento algum, e esperar com paciência a consolação do Senhor, a qual expulsará todas as perturbações e trevas de fora.

[5. Compreender o sentido da lição do Senhor]

Agora resta falar o que sentimos, lendo a respeito de Deus, N. S., como o temos de entender; e, entendido, como o temos de aproveitar.

[Como acontece]

Acontece que muitas vezes o Senhor nos move à força, abrindo nossa alma a isto ou aquilo. Então fala dentro dela sem ruído algum de vozes, erguendo-a toda a seu divino amor e nos abre seu sentido, sem podermos resistir, ainda que o quiséssemos.

[*Seu sentido*]

O seu sentido, que apreendemos, está necessariamente em conformidade com os mandamentos, preceitos da Igreja e obediência a nossos Superiores, e cheio de toda a humildade, porque o mesmo espírito divino está em tudo.

[Os possíveis enganos após a "inspiração"]

[*Adicionar à lição*]

Onde bastantes vezes nos podemos enganar, é depois de tal consolação ou inspiração. Como a alma fica cheia de gozo, aproxima-se o inimigo, todo envolto de alegria e boa cor, para nos fazer aumentar o que sentimos de Deus, N. S., e assim desordenar e desconcertar tudo.

[*Diminuir a lição*]

Outras vezes nos diminui a lição recebida, pondo-nos embaraços e inconvenientes, porque não cumprimos inteiramente o que nos foi mostrado.

[*Regulamentação incipiente*]

É preciso mais advertência que em tudo mais, refreando muitas vezes a grande vontade de falar das coisas de Deus, N. S.; outras, falando mais do que pedem a vontade e o movimento que nos acompanham: pois nisso é necessário olhar mais a situação dos outros do que os meus desejos. Quando o inimigo nos leva a aumentar ou diminuir o bom sentido recebido, nós, de nossa parte, vamos tentando aproveitar aos outros, como quem passa um vau: se se acha bom passo ou caminho ou esperança de que se seguirá algum proveito, passar adiante! Se o vau está turvo e se escandalizam das boas palavras, reter as rédeas sempre, buscando tempo ou ocasião mais propícia para falar.

[6. Ainda há coisas que são melhores para serem sentidas do que declaradas]

Há tantas coisas que não podem ser escritas, pelo menos não sem um processo muito longo, e mesmo assim, ainda haveria coisas que é melhor deixar para serem sentidas do que declaradas, quanto mais por escrito. Se ao Senhor Nosso assim apraz, espero que em breve nos veremos lá, onde nos poderemos entender mais interiormente em alguns assuntos. Entretanto, tendes aí mais perto o doutor Castro: creio que seria bem vos corresponderdes com ele. Donde nenhum dano pode vir, algum proveito pode seguir. E, como vós me dizeis que vos escreva em tudo o que sinto no Senhor, digo que sereis bem-aventurada se souberdes conservar o que tendes.

[7. Despedida]

Termino rogando à Santíssima Trindade, por sua infinita e suma bondade, que nos dê completa graça para que sintamos e inteiramente cumpramos sua santíssima vontade.

De Veneza, aos 18 de junho de 1536.
Pobre de bondade,
INÁCIO.

Bibliografia citada

AGUIRRE, Rafael. *La mesa compartida. Estudios del NT desde las ciencias sociales*. Santander: Sal Terrae, 1994.

ARENDT, Hannah. *La condición humana*. Barcelona: Paidós, 2009. [Trad. bras.: *A condição humana*. Rio de Janeiro: Forense Universitária, ^{13}2016.]

——. *Eichman en Jerusalén. Un estudio sobre la banalidad del mal*. Barcelona: Lumen, 2003. [Trad. bras.: *Eichmann em Jerusalém. Um relato sobre a banalidade do mal*. São Paulo: Companhia das Letras, 1999.]

——. *Life of the mind*. San Diego-New York-London: Harcourt Brace, 1981. [Trad. bras.: *A vida do espírito*. Rio de Janeiro: Forense Universitária, 2009.]

——. *Orígenes del totalitarismo*. Madrid: Taurus, 1974. [Trad. bras.: *Origens do totalitarismo*. São Paulo: Companhia das Letras, 2012.]

——. *Rahel Varnhagen. The life of a Jewish Woman*. San Diego-New York-London: Harcourt Brace, 1974. [Trad. bras.: *Rahel Varnhagen. A vida de uma judia alemã na época do romantismo*. Rio de Janeiro: Relume-Dumará, 1994.]

ARZUBIALDE, Santiago. *Ejercicios espirituales de san Ignacio. Historia y análisis*. Bilbao-Santander: Mensajero-Sal Terrae, 1992.

BAJOIT, Guy. *El cambio social. Análisis sociológico del cambio social y cultural en las sociedades contemporáneas*. Madrid: Siglo XXI, 2008. [Trad. bras.: *Tudo muda. Proposta teórica e análise da mudança sociocultural nas sociedades ocidentais contemporâneas*. Ijuí: Unijuí, 2006.]

——. La tiranía del "Gran ISA". *Cultura y Representaciones Sociales*, Cidade do México, v. 3, n. 6, p. 9-24, mar. 2009. Disponível em: <https://www.scielo.

org.mx/scielo.php?pid=S2007-81102009000100001&script=sci_arttext>. Acesso em: 08 abr. 2025.

BAUMAN, Zygmunt. *Vidas de consume*. México: Fondo de Cultura Económica, 2007. [Trad. bras.: *Vida para consumo. A transformação das pessoas em mercadoria*. Rio de Janeiro: Zahar, 2008.]

BELL, Daniel. *Communitarianism and its critics*. New York: Oxford University Press, 1996 (1ª ed. 1993).

BELLAH, Robert N. et al. *Habits of the heart. Individualism and commitment in American life*. Berkeley: University of California Press, 1985. Trad. esp.: *Hábitos del corazón*. Madrid: Alianza, 1989.

BERNARDO, São. Sermón 5 en el Adviento del Señor, 1-3. In: *Opera omnia*, Edición cisterciense, 1966. [Trad. bras.: *Sermões. Volume 1: Sermões para o Advento e o Natal*. São Paulo: Paulus, 2023.]

BERNE, Eric. *Los juegos en que participamos. Psicología de las relaciones humanas*. Madrid: Gaia, 2021. [Trad. bras.: *Os jogos da vida. Análise transacional e o relacionamento entre as pessoas*. São Paulo: Artenova, 1977.]

BRUCKNER, Pascal. *La euforia perpetua, sobre el deber de ser feliz*. Barcelona: Tusquets, 2001. [Trad. bras.: *A euforia perpétua. Ensaio sobre o dever de felicidade*. Rio de Janeiro: DIFEL, 2002.]

CALVERAS, José. *Qué fruto se ha de sacar de los Ejercicios espirituales de san Ignacio*. s.l.: Librería Religiosa, 1951.

CASIANO, Juan. *Colaciones*. Madrid: Rialp, 2019. v. I. [Trad. bras.: *Conferências 1 a 7*. Juiz de Fora: Edições Subiaco, 2003. v. I.]

COATHALEM, Hervé. *Comentario del libro de los Ejercicios*. Buenos Aires: Apostolado de la Oración, 1987.

CONFERENCIA EPISCOPAL ESPAÑOLA (ed.). *Concilio ecuménico Vaticano II. Constituciones. Decretos. Declaraciones*. Madrid: BAC, ²2022.

COSTA, Maurizio. *S. Ignazio de Loyola. Autobiografía*. Roma: CVX/ CIS, 1991. [Trad. bras.: *O relato do peregrino (Autobiografia)*. São Paulo: Loyola, ²2006.]

DAUCOURT, Gérard. *Preti spezzati*. Bolonha: EDB, 2021.

DEMOUSTIER, Adrien. *Le dinamism consolateur et les règles du discernement des sprits dans la deuxième semaine des Exercises Spirituels d'Ignace de Loyola*. Paris: Mediasèvres, 1989.

Dictionnaire de Spiritualité. Paris: Beauchesne, 1980. v. X.

EUROPEAN ENVIRONMENTAL AGENCY. *Environmental noise in Europe*, Report n. 22/2019. Disponível em: <https://www.eea.europa.eu/ publications/environmental-noise-in-europe>. Acesso em: 09 abr. 2025.

FAUSTI, Silvano. *Ocasión o tentación. El arte de discernir y decidir.* Madrid: PPC, 2001.

FESSARD, Gaston. *La dialectique des Exercices Spirituels de Saint Ignace de Loyola. I. Temps. Liberté. Grace.* Paris: Aubier, 1956.

GALÁN, Edu. *La máscara moral. Por qué la impostura se ha convertido en un valor de mercado.* Barcelona: Debate, 2022.

GARCÍA, José Antonio. *En el mundo desde Dios. Vida religiosa y resistencia cultural.* Santander: Sal Terrae, 1989.

——. *Ventanas que dan a Dios. Experiencia humana y ejercicio espiritual.* Santander: Sal Terrae, 2010.

GARCÍA DE CASTRO, José. *El Dios emergente. Sobre la consolación sin causa.* Bilbao-Santander: Mensajero-Sal Terrae, 2001.

GERGEN, Kenneth J. *El yo saturado, dilemas de la identidad en la vida contemporánea.* Barcelona: Paidós, 1992.

GIL, Daniel. *Discernimiento según san Ignacio.* Roma: CIS, 1980.

——. *La consolación sin causa precedente.* Montevideo: Centro de Espiritualidad, 1971.

GONZÁLEZ, Luis. *El primer tiempo de elección según san Ignacio.* Madrid: Studium, 1956.

GOUVERNAIRE, Jean. *Quand Dieu entre à l'improviste.* Col Christus, n. 50. Paris: DDB, 1980.

GRUPO DE ESPIRITUALIDAD IGNACIANA. *Diccionario de Espiritualidad Ignaciana.* Bilbao-Santander: Mensajero-Sal Terrae, 2007.

GUILLÉN, Antonio; ALONSO, Pablo; MOLLÁ, Darío. *Ayudar y aprovechar a otros muchos. Dar y hacer ejercicios ignacianos.* Santander: Sal Terrae, 2018. [Trad. bras.: *Ajudar e aproveitar a muitos. Dar e fazer exercícios inacianos.* São Paulo: Loyola, 2022.]

HAN, Byung-Chul. *El aroma del tiempo. Un ensayo filosófico sobre el arte de demorarse.* Barcelona: Herder, 2015. [Trad. port.: *O aroma do tempo. Um ensaio filosófico sobre a arte da demora.* Lisboa: Relógio D'Água, 2016.]

——. *La desaparición de los rituales.* Barcelona: Herder, 2020. [Trad. bras.: *O desaparecimento dos rituais. Uma topologia do presente.* Petrópolis: Vozes, 2021.]

——. *La expulsión de lo distinto.* Barcelona: Herder, 2017. [Trad. bras.: *A expulsão do outro.* Petrópolis: Vozes, 2022.]

———. *La sociedad del cansancio*. Barcelona: Herder, 2012. [Trad. bras.: *Sociedade do cansaço*. Petrópolis: Vozes, ²2017.]

———. *La sociedad paliativa*. Barcelona: Herder, 2022. [Trad. bras.: *Sociedade paliativa. A dor hoje*. Petrópolis: Vozes, 2021.]

HAUSHERR, Irenée. Abnégation, renoncement, mortification. *Christus*, n. 6 (1959) 182-195. [Trad. bras.: Abnegação, renúncia, mortificação, *Itaici: Revista de Espiritualidade Inaciana*, n. 28 (1997) 24-32.]

———. *La direction spirituelle en Orient autrefois*. Roma: Pont. Institutum Orientalium, 1955.

HORTAL, Augusto. *Notas mecanografiadas sobre escrúpulos y dudas paralizantes*.

INACIO DE LOYOLA. *Obras completas*. Madrid: BAC, ³1977.

KOLVENBACH, Peter Hans. *Decir... al "Indecible". Estudios sobre los Ejercicios espirituales de San Ignacio*. Bilbao-Santander: Mensajero-Sal Terrae, 1999.

———. *Selección de escritos (1991-2007)*. Madrid: Curia Provincial de España, 2007.

LASCH, Christopher. *La cultura del narcisismo*. Barcelona: Andrés Bello, 1999. [Trad. bras.: *A cultura do narcisismo. A vida americana em uma era de expectativas decrescentes*. São Paulo: Fósforo, 2023.]

———. *The minimal self. Psychic survival in troubled times*. New York: W.W. Norton & Company, 1984. [Trad. bras.: *O mínimo eu. Sobrevivência psíquica em tempos difíceis*. São Paulo: Brasiliense, 1990.]

LIPOVETSKY, Giles. *La era del vacío. Ensayos sobre el individualismo contemporáneo*. Barcelona: Anagrama, ⁴1990. [Trad. bras.: *A era do vazio. Ensaios sobre o individualismo contemporâneo*. São Paulo: Manole, 2005.]

———. *La felicidad paradójica. Ensayo sobre la sociedad de hiperconsumo*. Barcelona: Anagrama, 2007. [Trad. bras.: *A felicidade paradoxal. Ensaio sobre a sociedade de hiperconsumismo*. São Paulo: Companhia das Letras, 2007.]

———. *Gustar y emocionar. Ensayo sobre la sociedad de la seducción*. Barcelona: Anagrama, 2020. [Trad. port.: *Agradar e tocar. Ensaio sobre a sociedade da sedução*. Porto: Edições 70, 2019.]

LOP SEBASTIÁ, Miguel (traducción notas y estudio). *Los directorios de los Ejercicios (1540-1599)*. Bilbao-Santander: Mensajero-Sal Terrae, 2000.

LUBAC, Henri de. *Meditación sobre la Iglesia*. Madrid: Encuentro, 2008.

MADRIGAL, Santiago. *Conferencias episcopales para una Iglesia sinodal*. Santander: Sal Terrae, 2020.

———. *Estudios de Eclesiología ignaciana*. Madrid: DDB-Universidad Pontificia de Comillas, 2002.

MANENT, Pierre. *The religion of humanity. The illusion of our times*. South Bend (Indiana): St. Augustine Press, 2022.

MARCOUILLER, Douglas. *El sentir con la Iglesia de monseñor Romero*. Santander: Sal Terrae, 2004.

MAY, Gerald G. *Addiction and grace. Love and spirituality in the healing of addictions*. Harper Collins e-books 2009.

MERTON, Thomas. *Nuevas semillas de contemplación*. Santander: Sal Terrae, 2003. [Trad. bras.: *Novas sementes de contemplação*. Petrópolis: Vozes, 2017.]

——. *La saggezza del deserto. Detti dei primi eremiti cristiani*. Torino: Lindau, 2009. [Trad. bras.: *A sabedoria do deserto. Ditos dos primeiros eremitas cristãos*. São Paulo: WMF Martins Fontes, 2004.]

NICOLAU, Miguel. *Jerónimo Nadal. Obras y doctrinas espirituales*. Madrid: CSIC, 1949.

NIETZSCHE, Friedrich. *La gaya ciencia*. Madrid: M. E. Editores, 1995. [Trad. bras.: *A Gaia Ciência*. São Paulo: Companhia de Bolso, 2012.]

——. *Genealogía de la moral*. Madrid: Alianza, 2005. [Trad. bras.: *Genealogia da moral*. Petrópolis: Vozes, 2013.]

ORTEGA Y GASSET, José. *La rebelión de las masas*. Madrid: Revista de Occidente, 1972. [Trad. bras.: *A rebelião das massas*. Campinas: Vide Editorial, 2016.]

PAPA FRANCISCO. Discurso por ocasião da comemoração do 50º aniversário da instituição do Sínodo dos Bispos. Disponível em: <https://www.vatican.va/content/francesco/pt/speeches/2015/october/documents/papa-francesco_20151017_50-anniversario-sinodo.html>. Acesso em: 09 abr. 2025.

PENNING DE VRIES, Piet. *Discernimiento. Dinámica existencial de la doctrina del Espíritu de san Ignacio de Loyola*. Bilbao: Mensajero, 1967.

RAHNER, Karl. *Lo dinámico en la Iglesia*. Barcelona: Herder, 1963.

RAHNER, Hugo. *Ignacio de Loyola, el hombre y el teólogo*. Santander-Bilbao-Madrid: Sal Terrae-Mensajero-Universidad Pontificia Comillas, 2019.

——. *Ignacio de Loyola y su histórica formación espiritual*. Santander: Sal Terrae, 1955.

RAMBLA, Josep Maria. *El peregrino. Autobiografía de san Ignacio de Loyola*. Bilbao-Santander: Mensajero-Sal Terrae, 1990. [Trad. bras.: *O relato do peregrino (Autobiografia)*. São Paulo: Loyola, ²2006.]

RICOEUR, Paul. *Soi même comme un autre*. Paris: Seuil, 1990. [Trad. bras.: *O si-mesmo como outro*. São Paulo: WMF Martins Fontes (POD), 2014.]

ROSA, Hartmut. *Alienación y aceleración. Hacia una teoría crítica de la temporalidad en la modernidad tardía*. Buenos Aires: Katz, 2016. [Trad. bras.: *Alienação e aceleração. Por uma teoria crítica da temporalidade tardo-moderna*. Petrópolis: Vozes, 2022.]

——. *Alienación, aceleración, resonancia y buena vida*. Entrevista disponível em <https://loyol.ink/govsp. Acesso em: 09 abr. 2025>.

——. La "resonancia" como concepto fundamental de una sociología de la relación con el mundo. *Revista Diferencias*, n. 7 (2019) 71-81. Disponível em: <https://loyol.ink/4rljk>. Acesso em: 09 abr. 2025.

——. *Resonancia. Una sociología de relación con el mundo*. Buenos Aires: Katz, 2019. [Trad. bras.: *Ressonância. Uma sociologia da relação com o mundo*. São Paulo: Unesp, 2019.]

SANDEL, Michael. *Liberalism and the limits of Justice*. New York: Cambridge University Press, ²1998. [Trad. port.: *O liberalismo e os limites da justiça*. Lisboa: Fundação Calouste Gulbenkian, 2005.]

SENNETT, Richard. *La corrosión del carácter*. Barcelona: Anagrama, 2000. [Trad. bras.: *A corrosão do caráter. As consequências pessoais do trabalho no novo capitalismo*. Rio de Janeiro: Record, 2015.]

——. *Vida urbana e identidad personal*. Barcelona: Península, 1977.

ŠPIDLÍK, Tomas. *El camino del Espíritu*. Madrid: PPC, 1998.

TAYLOR, Charles. *A secular era*. Cambridge-London: The Belknap Press of Harvard University Press, 2007. [Trad. bras.: *Uma era secular*. São Leopoldo: Unisinos, 2010.]

TOCQUEVILLE, Alexis de. *La democracia en América*. Madrid: Alianza, 1989. [Trad. bras.: *A democracia na América. Sentimentos e opiniões*. São Paulo: Martins Fontes, 2000. Livro 2.]

TORNOS, Andrés. Voces mudas de la cultura entre los ejercitantes de hoy. *Manresa*, n. 70 (1998) 129-147.

URÍBARRI BILBAO, Gabino (ed.). *Dogmática ignaciana. Buscar y hallar la voluntad divina [Ej 1]*. Santander-Bilbao-Madrid: Sal Terrae-Mensajero-Universidad Pontificia Comillas, 2018.

WUTHNOW, Robert. *Actos de compasión. Cuidar de los demás y ayudarse a uno mismo*. Madrid: Alianza, 1995.

——. *Loose connections, joining together in America's fragmented communities*. Cambridge-London: Harvard University Press, 1998.

Edições Loyola

editoração impressão acabamento
Rua 1822 nº 341 – Ipiranga
04216-000 São Paulo, SP
T 55 11 3385 8500/8501, 2063 4275
www.loyola.com.br